U0925017

學習大成
百〇七歲叟馬識途

尚书·礼记

【精选】

传世·经典国学集

顾迁　吕友仁　译注

四川文艺出版社

图书在版编目（CIP）数据

尚书·礼记：精选 / 顾迁, 吕友仁译注. -- 成都：四川文艺出版社, 2021.12
ISBN 978-7-5411-6217-6

Ⅰ.①尚… Ⅱ.①顾… ②吕… Ⅲ.①中国历史—商周时代②礼仪—中国—古代 Ⅳ.①K221.04②K892.9

中国版本图书馆CIP数据核字(2021)第244418号

SHANGSHU · LIJI (JINGXUAN)

尚书·礼记（精选）

顾迁　吕友仁　译注

出品人　张庆宁
策划人　袁　艺　孙晓萍
责任编辑　卫丹梅　张亮亮
责任校对　文　雯
责任印制　桑　蓉

出版发行　四川文艺出版社（成都市槐树街 2 号）
网　　址　www.scwys.com
电　　话　028-86259287（发行部）　028-86259303（编辑部）
传　　真　028-86259306

邮购地址　成都市槐树街 2 号四川文艺出版社邮购部　610031
排　　版　四川胜翔数码印务设计有限公司
印　　刷　成都东江印务有限公司
成品尺寸　145mm × 208mm　　开　本　32 开
印　　张　12.5　　字　数　270 千
版　　次　2021 年 12 月第一版　　印　次　2021 年 12 月第一次印刷
书　　号　ISBN 978-7-5411-6217-6
定　　价　49.00 元

前言

什么是“国学”？国学又称“汉学”“中学”“中国学”等，简单地说，就是关于中国既往历史的各个方面的知识和学说。

从语言内涵的角度看，“国学”有一个明显的分期的不同。西方文化传入之前的含义是国家最高级的学校或学说。“国学”一词始于周朝贵族子弟学习“六艺”知识，训练技能之用，历代多有沿袭。刘宋时傅亮草拟的《立学诏》中涉及的“宏振国学”的“国学”，包含了“国家学术”的意味，语义有所不同。现代流行的“国学”一词，则是相对于“西学”而言的学问，包括各个方面有关中国的研究的材料和理论。清末从日本传入，胡适称为“国故学”，所以有时等同“国粹”之义。今天出版的书籍，讲授、讨论的“国学”，主要是后者的宗旨所指，内容丰富多彩。

国学与每一个中国人都有关系，其社会价值非常大。作为人，不论是来自于中国本土还是侨居、侨生，都有一个根子问题，即使三观如何变化而不同，也不能割断基因的延续，尤其是文化基因的影响。国学中儒家经典讲的“修身，齐家，治国，平天下”的步骤和阶段，首先就是人自身。任何人都需要修身，修身就需要了解自己何所自，何所立，何所往。《孟子》说“饱食，暖衣，逸居而无教，则近于禽兽”，人之别于禽兽，就在于学习。

国学中的文化弹性很大，涉及的社会问题复杂。和谐社会与国学的关系就是“越是古典的越是现代的”，越是现代的越是古典可以解释的。只有明白了社会、制度、道德、人伦的所以然，才能鉴别为什么要从古典之中取其精华，去其糟粕。这就是国学的普遍的社会价值。

出版国学书籍有什么目的呢？人生与社会，除了依赖物质而生存之外，还有精神食粮，国学影响着每一个中国人，不读书的也在历史文化的惯性中生活，中国人不会不知道过年了，没听说过清明节、高粱酒、腊肉等，何况年轻的一代又一代人入学比例已经很高，都能识文断字，与书籍相关，就现代而言，这就与国学更关系密切了。

出版国学书籍的目的，就是打通社会大众的与精神食粮的道路，传递丰富的知识，传扬立身处世的道理，培养和陶冶人格情操，提升人生认知的高度，增加人生的宽度和厚度等等。

国学书籍，大都可以陶冶情操，畅快心境。情操包含了求知、审美、道德等内涵，是持久的心理状态，是人的高级感情。中国知识人的情操，最突出的表现就是在“随”与“不随”之间。随与不随，其性情操守在人生的重大关头，或一生的三观取向作出。《史记》“列传”，首先就是《伯夷叔齐列传》，二君子宁愿饿死也不随，却随节操而去，是随或不随的大问题。屈原也不随波逐流，不与世推移。不浊不醉，选择了结束生命，抱石自沉，称之为高尚的情操。可是晋人张翰“见秋风起，因思吴中莼菜羹、鲈鱼脍，曰：人生贵得适意尔，何能羁宦数千里以要名爵！遂命驾而归”，是不追求声名，随情适意的典范。王子猷也是随兴之人，见雪怀友，长途而往，到了门口又“兴尽而返”，不问不见，还振振有词，“何必见戴”。他又爱竹，不择地理，不顾礼仪，径入人家，以至于诗人王维钦慕，写下了“到门不敢题凡鸟，看竹何须问主人”，看来王维也是有傲气的诗人。很多古人歌唱归隐，还乡，田园之乐，苏轼却说：“何必归乡也！江山风月本无常主，闲者便是主人。”他也说：“几时归去，作个闲人，对一张琴，一壶酒，一溪云。”真是深得随“闲”适意旨趣的高人，所以能笑对折磨：“九死南荒吾不恨，兹游奇绝冠平生。”他的情操是如何陶冶而来，他说“腹有诗书气自华”。诗书者，国学也。他还有“一肚皮不合时宜”，但都随遇而安之。苏轼的情趣人品的影响如何，后代人、现代人对他浓浓的爱尽是注脚。性灵人甚至把他的小品文捧读为经册，高文典册也为之逊色。袁随园以“随”标举，“随其高为置江楼，随其下为置溪亭，随其夹涧为之桥……”曾撰《所好轩记》，不讳言“袁子好味，好色，好葺屋，好游，好友，好花竹泉石，好珪璋彝尊，名人字画，又好书”。他之所好，其实从东坡得来。有知识的人，似乎最高的精神境界，最快乐的人生，就是追随农夫之乐。司马迁的外孙杨恽回复朋友的信时，有“仰天抚缶而呼乌乌……人生行乐耳，须富贵何时”的酣畅淋漓的抒情，是借题发挥，表达其狂傲不羁。而郑板桥笔下对的农夫生活的赞美，却是朴实纯真，如一幅风俗画：“天寒冰冻时，穷亲戚朋友到门，先泡一大碗炒米送手中，佐以酱姜一小碟，最是暖老温贫之具。暇日咽碎米饼，煮糊涂粥，双手捧碗，缩颈而啜之，霜晨雪早，得此周身俱暖。嗟乎！嗟乎！吾其长为农夫以没世乎！”“缩颈而啜之”，多么鲜活如睹的画面！

今天的中国人，只要在国学书籍中有所感受，陶冶情操就会迎面袭来，不得不招架。随与不随只是百味中的一味。大者性命，小者爱好，陶冶其中，能独立思考，有所取舍，都是性情中人。

这一套丛书涉及历史文化各个方面，百家学说在内，同时又有启蒙做人、家训世道、玄学哲学、风水阴阳等内容……

龚祖培

目　录

尚书

虞夏书

尧 典

解题：秦朝焚书，《诗》《书》因为博士所掌，仍能传习，未遭完全灭绝。《尚书》由博士伏生（伏胜）传下，到汉代，分为欧阳、大小夏侯氏三家，都立为学官，称为《今文尚书》，共二十八篇。此《尧典》即为其中第一篇。其间，又发现《太誓》一篇，号为二十九篇。先秦另有《舜典》一篇，散逸未能传下。西汉中期孔子十一世孙孔安国任汉武帝的博士，应诏献上家传用先秦古籀文字书写的《古文尚书》，发现多出“逸《书》”十余篇，西汉刘歆崇信其学，东汉马融、贾逵、郑玄等也传古文之学。至东晋出现了伪《古文尚书》，将《尧典》的后半部分从“慎徽五典”句以下割裂出来，又增加二十八字作为篇首来冒充《舜典》。唐代孔颖达作《五经正义》，《尚书》即用伪古文本，流传至今。今仍从古说将其恢复，归到《尧典》一篇。

先秦《左传》《国语》《孟子》《荀子》等文献称引《尧典》文句达十余次，可见其古老。从内容上看，可以感觉《尧典》的作者接触了大量原始的神话传说和科学资料，经加工后作了理性的叙述，仍然具有宝贵的史料价值，如其中对观象授时等天文活动的记述，为后世中外天文学家所广泛讨论。另一方面，某些生吞活剥的记载也造成了一些理解上的矛盾。先秦旧籍一般都经过了汉人的传习和整理，《尚书》也是如此，《尧典》一篇也有秦汉人的事实掺杂其中，一般认为其主体成于春秋孔子的时代，是没有问题的。

《论语·述而》说：“子所雅言，《诗》《书》执礼。”《尚书》一直是孔子教导门徒的重要历史典籍。有人认为《尚书》是经孔子之手编定，不无道理。篇中文句间亦流露出儒家的精神思想，也是值得注意考察的。

曰若稽古帝尧①，曰放勋②，钦、明、文、思、安安③，允恭克让④，光被四表⑤，格于上下⑥。克明俊德⑦，以亲九族⑧；九族既睦⑨，平章百姓⑩，百姓昭明，协和万邦⑪。黎民于变时雍⑫。

注释

①曰若稽古：史臣追记古事的开头用语。曰若：句首发语词，无意义。经传、金文或作“粤若”“越若”“雩若”，皆同音假借。稽，察考。尧：相传为原始社会后期的一个部落首领，在后代儒家文献中逐渐被神话为德业最高的圣王。

②放（fǎng）勋：尧的名号。

③钦、明、文、思、安安：对尧各种美德、风度的赞美。蔡沈《书集传》云：“钦，恭敬也；明，通明也；敬体而明用也。文，文章也；思，意思也；文若见而思深远也。”安安，今文作“晏晏”，宽容、温和的样子。

④允恭克让：确实恭谨，善能推让。孔《疏》云：“持身能恭，与人能让，自己及物，故先恭后让。”

⑤光被（pī）四表：（尧的名声）充塞、覆盖于四方之外极远之处。光，今文作“横”“广”，充满。被，同“披”，覆盖。

⑥格于上下：充溢天地。格，至。

⑦克明俊德：指尧能发扬昭明其大德。俊，许慎《说文》云“才千人也”，此处引申为大。

⑧九族：许多氏族。这里九是虚数，约举其多。

⑨既：已。

⑩平章百姓：辨别、彰明各个氏族的首领。平，今文作“便”，经传通借作“辨”“辩”，音义皆同。百姓，这里指百官。

⑪协和万邦：团结联络好各个部落。

⑫黎民：犹言“苍生”，庶民、老百姓之谓。这里指当时的氏族成员。于：助词，无义。变：通“弁”，喜悦快乐。时雍：是以风俗大和。时，通“是”，金文“时”皆作“是”。

译文

查得古时候有个帝尧，名叫放勋，他恭敬庄严，通明事理，而且风度文雅，思虑深远，给人以宽厚博大的感觉。律己严谨、勤于工作，又能举贤让能、重用人才。他的道德名望充溢于四方之外以至天地上下。尧发扬着他的大德，以身作则，使各个氏族和睦相处；各族和睦了，又辨明彰显朝中百官，协调处理其职守；百官和谐了，进而团结联络其他各个部落。天下老百姓都和乐亲善，风俗因此也很淳美。

乃命羲和[①]，钦若昊天历象[②]——日月星辰[③]，敬授民时[④]。

注释

①命：任命。羲和：原是神话中太阳女神的名字，这里指主管天文历象的官员。

②钦若昊（hào）天历象：恭敬地按照天空中日月星辰的运转现象去认识它。钦，敬。若，顺。昊天，广大的天空。历象，日月星辰等天体运转的现象。

③辰：这里指据以分辨季节的标准星相，即下文的四中星。

④敬授民时：把观测日月星辰所总结出的天象节令知识告诉老百姓，以利于农耕。

译文

于是任命羲氏、和氏按照日月星辰的运动来认识天象，把观测、总结出的节令知识告诉人民，以安排农时，方便耕作。

分命羲仲宅嵎夷曰旸谷[1]，寅宾出日[2]，平秩东作[3]。日中、星鸟[4]，以殷仲春[5]。厥民析，鸟兽孳尾[6]。

注释

①分：分别。宅：居。嵎（yú）夷：古有“九夷”，地在渤海东岸。这里指东方极远之地。旸（yáng）谷：神话中日出之处。

②寅：通“夤”，敬。宾出日：殷商有“宾日”祭礼，见于甲骨文，“出日”“入日”也有专门之祭。此处可理解为“迎接”。

③平秩：使有秩序。东作：春天的农事活动。本篇以东、南、西、北配春、夏、秋、冬，见下文。

④日中：白昼长度适中，白天和夜晚一样长，这里指春分时节。星：中星，傍晚在南方天空正中的星，这里所举鸟、火、

虚、昴四星分别是古代春分、夏至、秋分、冬至的标准星。鸟：古代对一恒星的命名，现代天文学家定为长蛇座α。

⑤殷仲春：定春分节令。殷，端正，使……正。仲春，春分所在之月，指二月。按以孟、仲、季称春夏秋冬四季的三个月，分别对应正月、二月、三月。

⑥厥民析，鸟兽孳（zī）尾：此处文义难解，学者推断，《尧典》作者误解、改造古代四方神名、风名原始神话资料，造为此文，以致意义荒诞。甲骨文有"东方曰析""凤曰劦"之辞，"析"为东方之神名，"凤"即"风"，而《尧典》作者无法理解，遂曲折改字，以下三处亦然，详参胡厚宣《甲骨文四方风名考证》及顾颉刚、刘起釪《尚书校释译论·尧典》，此不赘述。但沿误已久，姑就原文释之，下同。厥，其。析，分散。孳尾，泛指鸟兽繁殖，孳，指哺乳动物的生殖，尾，指虫鸟之类的生殖。

译文

分别任命羲仲在遥远的东方日出之处叫旸谷的地方，主持对日出的宾礼祭祀，并引导春天的农作活动按程序进行。白昼和黑夜一样长的日子，傍晚在南方天空正中看到鸟星，可凭以确定是春分节令了。这时气候温和，人民分散在田野里劳作，鸟兽也在繁殖。

申命羲叔宅南交①，平秩南为②，敬致③。日永、星火④，以正仲夏。厥民因⑤，鸟兽希革⑥。

注释

①申：重、又、再。南交：指南方极远之地。此下至“平秩南为”间文例与上文异，当有脱文。下冬季亦然。

②南为：亦指农事活动。甲骨文、今文的“为”字是以手牵象使供劳作之形，乃其本义。

③敬致：二字似为脱落之残文，当在上“平秩南为”之前，指对日的祭祀、崇敬。下译文即如此序，以顺文例。

④日永：白昼最长的日子，指夏至。永，长也。火：古代对一恒星的命名，与“鸟”多见于卜辞。古籍称“大火”“心宿二”，现代天文学家定为天蝎座α。

⑤因：老弱因丁壮在田而纷纷出门相助。

⑥希革：毛羽稀少。

译文

又任命羲叔在遥远的南方南交之地，主持对日的敬致之礼，然后引导夏天农作活动按程序进行。白昼最长的日子，傍晚在南方天空正中看到大火星，可凭以确定是夏至节令了。这时气候炎热，农事繁忙，人民无论老幼都出来帮丁壮干活，鸟兽毛羽渐稀，以避炎热。

分命和仲宅西曰昧谷①，寅饯纳日②，平秩西成③。宵中、星虚④，以殷仲秋。厥民夷⑤，鸟兽毛毨⑥。

注释

①西：本篇所说东、南、北三方“宅”下都是两字，此处独

一“西”字，显有脱漏。《史记》补作“西土”，亦以意为之。可理解为西方极远之地。昧谷：神话中日落之处。伪《孔传》云：“昧，冥也。日入于谷而天下冥，故曰昧谷。”

②饯纳日：商代有“入日”祭礼，今文“纳”即作“入”。饯，送。

③西成：农事活动，因秋天庄稼丰收，故用“成”。

④宵中：夜间的长度适中，即夜晚和白天一样长。这里指秋分。虚：恒星名，居二十八宿“北方玄武”斗、牛、女、虚、危、室、壁七宿中间。现代天文学家定为宝瓶宫β。

⑤夷：平静。

⑥毛毨（xiǎn）：毛羽重生，齐整美丽的样子。

译文

又分别任命和仲在遥远的西方日落之处叫昧谷的地方，主持对落日的礼祭，然后引导秋收活动按程序进行。黑夜和白昼一样长的日子，傍晚在南方天空正中看到虚星，可凭以确定是秋分节令了。这时气候转凉，农作告成，人民渐渐平静下来，鸟兽开始长出齐整的羽毛。

申命和叔宅朔方曰幽都①，平在朔易②。日短、星昴③，以正仲冬。厥民隩④，鸟兽氄毛⑤。

注释

①朔方：指北方最远之地。幽都：即下文之“幽洲”，神话传说中北方山名，这里指极北之地。

②在：似当作“秩”，才和上面文例一致，盖音近而讹。朔易：即北易，与上文“东作”等一样，皆指农事活动。

③日短：白昼最短的时候，指冬至。昴（mǎo）：一簇恒星的名称，也称髦头（旄头）。昴居二十八宿“西方白虎”奎、娄、胃、昴、毕、觜、参七宿的中间。现代天文学家称为昴星团。

④隩：当作“奥”，室内。此段玉裁《古文尚书撰异》之说，可从。

⑤氄（rǒng）毛：生出细软密集的毛。

译文

又任命和叔居极远的北方幽都，引导冬天的农作活动按程序进行。白昼最短的日子，傍晚在南方天空正中看到昴星团，可凭以确定是冬至节令了。这时气候寒冷，人们都回到屋里，鸟兽也生出细软密集的毛给自己保温了。

帝曰：“咨汝羲暨和[①]，期三百有六旬有六日[②]，以闰月定四时成岁[③]。”

注释

①咨：告，命令。本书“咨某某”之“咨”多作“告”解。暨：与。

②期（jī）三百有六旬有六日：一年三百六十六日。这是古代较早知道的一年的日数，是根据太阳的回归年这一运动来认识的，是一种阳历年。

③以闰月定四时成岁：由于月亮绕地球和地球绕太阳两个周期不一样，阴历十二个月要比阳历一年少十一天多，必须过几年设一闰月才能使二者相合。天文学家称为“置闰”。这是一种阴阳历并用的历法。刘起釪认为此阴阳历与上面“期三百有六旬有六日”的纯阳历日数相矛盾，是《尧典》作者将不同时代的材料杂凑所导致的。

译文

帝尧说：“告诉你们，羲与和，一年有三百六十六日，你们用设置闰月的方法调整好四季以制定每个年岁吧。”

允厘百工[①]，庶绩咸熙[②]。帝曰：“畴咨若时登庸[③]？”放齐曰[④]：“胤子朱启明[⑤]。”帝曰：“吁[⑥]！嚚讼可乎[⑦]？”帝曰：“畴咨若予采[⑧]？”驩兜曰[⑨]：“都[⑩]！共工方鸠僝功[⑪]。”帝曰：“吁！静言庸违[⑫]，象恭滔天[⑬]。”

注释

①允厘百工：切实地整顿百官。允，信，确实。厘，治，整饬。百工，百官。

②庶绩咸熙：政事都办理得很好。庶，众。绩，功，指政事。咸，都。熙，兴盛。

③畴咨若时登庸：谁能做到像“庶绩咸熙”这样的就提拔任用他。畴，谁。咨，可，能。段玉裁《古文尚书撰异》以“咨”

字当在“畴”上，作“咨！畴。”则“咨”为无意义的助词。可备一说。下“畴咨若予采”同。若时，犹云“如是”“如此”。登，升，进。庸，用。

④放（fǎng）齐：人名，尧的大臣。

⑤胤子：嗣子。朱：原是神话人物，这里作为尧的儿子，名丹朱。清人邹汉勋《读书偶记》谓“驩兜”“丹朱”等皆古字通用，是也。但在《尧典》中，很多神话人名都被作者改造加工过，并赋予了不同身份，所以只能照篇中所指一一释之。启明：开通、明达。

⑥吁（xū）：叹词，表否决。

⑦嚚（yín）讼：愚顽丧德并且心地凶狠。讼，通“凶”，此孙星衍《尚书今古文注疏》之说。

⑧若予采：（谁能）如我职事的要求，即（谁能）胜任我的官位。若，如。予，我的。采，事，这里指官职。

⑨驩（huān）兜：原是神话中人物，这里作为尧的一个臣子的名字。

⑩都（dū）：叹美之词。

⑪共工：原是神话传说的人物，这里作为尧的臣名。方鸠僝（zhuàn）功：广聚众力展现事功。方，通“旁”，大，广。鸠，聚集。僝，显现。

⑫静言庸违：善为巧言而行事邪僻。静，今文作“靖”，小人巧言。庸，用。违，今文作“回”，邪僻。

⑬象恭滔天：表面上恭敬却不信天命。象，似。滔，孙诒让《尚书骈枝》说通“谄”“慆”，慢，引申为不敬。

译文

帝尧切实地整饬百官，政事也都处理得很好。他说：“谁能做到这样政事兴盛的，就提拔任用他。”大臣放齐说：“您的嗣子丹朱开通明达，可以任用。”帝尧说：“唉！他缺乏德行，又心地凶狠，怎么能行？”帝尧又问：“谁可以担任我的职位呢？”大臣驩兜说：“噢！共工吧，他能聚集众力成就事功。”帝尧说：“唉！他就会讲好话，行为却很怪诞，表面上恭恭敬敬的，其实很轻慢，根本就不信天命。”

帝曰：“咨①！四岳②。汤汤洪水方割③，荡荡怀山襄陵④，浩浩滔天⑤，下民其咨⑥，有能俾乂⑦？”佥曰⑧：“於⑨！鲧哉⑩。”帝曰：“吁！咈哉⑪，方命圮族⑫。”岳曰：“异哉⑬！试可乃已⑭。”帝曰：“往，钦哉⑮！”九载，绩用弗成⑯。

注释

①咨：叹词。

②四岳：原是古代的一座丛山，在这里作为官名或者臣名。

③汤汤（shāngshāng）：波涛汹涌的样子。洪水：大水。方割：大的灾害。方，通“旁”，大。割，通“害”，祸害。

④荡荡：犹云“浩浩”，形容水奔突动荡的样子。怀：包围。襄陵：凌驾淹没了丘陵。襄，凌驾，这里指淹没。

⑤浩浩滔天：大得好像要漫过天。

⑥咨：忧愁。

⑦有能俾（bǐ）乂（yì）：谁能治理。有，谁。俾，使。乂，治理。

⑧佥（qiān）：皆，都。

⑨於：叹词。

⑩鲧（gǔn）：神话人物。这里作为尧大臣的名字。

⑪咈（fú）：违逆，乖戾。

⑫方：同"放"，违背，违逆。圮（pǐ）：毁。

⑬异：吴汝伦《尚书故》云："通'已'，叹词。"

⑭已：俞樾《群经平议》云："'已''以'通用。'以'，用也。"

⑮钦：敬。

⑯绩：功。

译文

帝尧说："唉！四岳啊，汹涌的洪水造成了巨大的灾害，浩浩荡荡地包围了高山，淹没了丘陵，简直都要盖过天了，下面的百姓忧困不堪，谁能使洪水得到治理？"四岳与群臣都说："啊！鲧呀。"帝尧说："唉！这个人脾气忿戾，常逆天行事，伤害自己的同族。"四岳说："唉！先试试看吧，行的话就让他干。"帝尧说："那就去吧！让他谨于职守！"可是鲧治水九年，也没收到成效。

帝曰："咨，四岳。朕在位七十载[①]，汝能庸命巽朕位[②]。"岳曰："否德[③]，忝帝位[④]。"曰："明明扬侧陋[⑤]。"师锡帝曰[⑥]："有鳏在下[⑦]，曰虞舜[⑧]。"帝曰："俞[⑨]！予闻[⑩]，如何？"岳曰："瞽子[⑪]，父顽、母嚚[⑫]，象傲[⑬]；克谐以孝[⑭]，烝烝乂[⑮]，不格奸[⑯]。"帝曰："我其试哉[⑰]！"

注释

①朕：古人自称，秦始皇规定只有皇帝可用此称。

②庸命：即“用命”，遵用、贯彻命令。巽（xùn）：通“践”，履行，登陟。

③否（pǐ）：小，陋。

④忝：辱。

⑤明明：尊扬、彰显贤明之人。前一“明”字是动词，后者用作名词。扬：举。侧陋：埋没民间、没有名气的贤人。

⑥师锡帝曰：众人都对尧说。师，众。锡，甲骨文、金文作“易”，同“赐”，古代上对下、下对上都可称“赐”。

⑦鳏：老而无妻。

⑧虞舜：舜最初是以殷商族远祖的身份出现在传说和文献中，后来又作为黄河下游东夷部落首领的名称。孔颖达《尚书正义》说：“舜居虞地，以虞为氏。”今河南省东部有虞城县。

⑨俞：语气词，相当于“然”，噢，好吧。

⑩予闻：我听说过。

⑪瞽（gǔ）子：瞎子的儿子。

⑫父顽、母嚚：《左传》僖公二十四年曰：“心不则德义之经为顽，口不道忠信之言为嚚。”这里顽、嚚二字互文义通，即愚顽凶狠，不顾忠信、德义之谓。《史记》载“舜母死，瞽叟更娶妻而生象”，知此“母”乃舜的继母。

⑬象：舜的异母弟。皮锡瑞《今文尚书考证》据文例以为“象”当作“弟”。傲：傲慢。

⑭克谐以孝：能以孝顺和谐家庭。

⑮烝（zhēng）烝乂：治理得很好的样子。

⑯格：至。

⑰其：将。

译文

帝尧说："唉！四岳，我在位七十年了，只有你能完成我交给你的使命，你来接替帝位吧。"四岳说："我的德性太浅薄了，有辱这个位置。"帝尧说："那你们推荐朝中有没有其他贤明之臣，或者推举处在民间底层没有名气的人才。"大家都对帝尧说："有一个叫虞舜的单身汉处在民间下层，是一个人才。"帝尧说："噢，我也听说过，那他为人处事到底怎么样呢？"四岳说："他是一个瞎老头的儿子，父亲和继母都愚顽凶狠，异母弟象对他傲慢逞强。但舜用自己的孝行感动了全家和谐相处，家庭事业搞得很是兴旺，家人们也远离了奸邪的行为。"帝尧说："那我就试试他吧！"

女于时[①]，观厥刑于二女[②]，厘降二女于妫汭[③]，嫔于虞[④]。

注释

①女（nǚ）于时：把女儿嫁给舜。时，指示代词，指舜。段玉裁《古文尚书撰异》说"女于某"乃先秦古籍常见句法。

②观厥刑于二女：观察舜对待二女的德行、法度。后儒解释其意说尧将使舜治国，而先使治家。刑，同"型"。二女，传说中的娥皇、女英。

③厘：整饬。降：下（嫁）。妫（guī）汭（ruì）：妫水注入另一水的相交弯曲地带。妫，大概指河南东部虞城西南附近的一条水。汭，一条水注入另一条较大之水的相交弯曲之处。

④嫔（pín）于虞：到虞家做媳妇。嫔，动词，妇人嫁人之称。

译文

尧就将两个女儿嫁给舜，以锻炼观察他齐家治国的能力。二女下嫁到舜的家乡妫汭，做了虞家的媳妇。

帝曰："钦哉①！"慎徽五典②，五典克从③。纳于百揆④，百揆时叙⑤。宾于四门⑥，四门穆穆⑦。纳于大麓⑧，烈风雷雨弗迷。

注释

①钦：敬。

②慎：慎重。徽：和，治。五典：五种伦常礼教，《左传》文公十八年有"父义、母慈、兄友、弟共（恭）、子孝"五教，即其义。

③克：能。从：顺，妥。

④纳：入。百揆：百官。

⑤时：通"是"。叙：整齐，就序。

⑥宾：同"傧"，以礼接待之谓。四门：可能是神话传说中的名称，今不详所指。或附会为后世明堂建筑的四门，不可信。

⑦穆穆：端庄恭敬的样子。

⑧大麓：山麓。

译文

帝尧对舜说："要敬于职守啊！"叫舜谨慎地推行父义、母慈、兄友、弟恭和子孝五种伦常礼教，舜施行得很顺利；又纳舜于百官之上，舜处理各种政务井井有条；又叫舜开四方之门以接待各方诸侯来朝者，宾客肃然起敬；又叫舜入山林，行祭祀山川之事，风雨得以调顺。

帝曰："格汝舜[①]，询事考言[②]，乃言厎可绩[③]，三载。汝陟帝位[④]。"

注释

①格：告。

②询：谋议。考：考核。

③乃：你的。厎（zhǐ）可绩：为"可厎绩"的倒装，"厎绩"乃当时成语，即"致功"之谓。厎，致。

④陟：登。

译文

帝尧说："舜，我和你说，三年来，我询问了你的政绩，考量了你所说的话，认为你可以取得功业。你登帝位吧。"

舜让于德弗嗣[①]，正月上日[②]，受终于文祖[③]。在璇玑玉衡以齐七政[④]。肆类于上帝[⑤]，禋于六宗[⑥]，望于山川[⑦]，遍于群神，辑五瑞[⑧]。既月乃日[⑨]，覲四岳群牧[⑩]，班瑞于群后[⑪]。

注释

①舜让于德弗嗣：舜以德赞襄而不推辞。让，通“攘”，襄赞、襄助。于，以。弗嗣，犹云“不怡”“无辞”“不怿”“无斁”，皆同声假借。此于省吾《双剑誃尚书新证》之说。

②正月上日：正月上旬的吉日，此王引之《经义述闻》之释。

③受终：指尧完成帝位之事，由舜来承受。文祖：原指周文王，“文”是周人尊美先祖的词，这里可理解为祖庙。受终于文祖，意谓尧禅舜位而用礼于祖庙。

④在：察。璇玑玉衡：北斗七星。齐七政：观察北斗七星斗柄所指方向来认识四季不同星相和物候特征，来安排农事和行政等各项事务，《尚书大传》有“春、秋、冬、夏、天文、地理、人道”七政，大体相符。

⑤肆：遂。类：古代一种祭天之礼。上帝：此处指“类”礼所祭之天。

⑥禋（yīn）：古代一种精诚洁敬之祭礼。六宗：即甲骨文中的“六示”，指六代祖先的神祖。

⑦望：祭祀山川之礼。

⑧辑：集，合。五瑞：五种美好的玉器，名号不详。《周礼·春官·典瑞》有公侯伯子男五等爵所执“桓圭、信圭、躬圭、穀璧、蒲璧”五玉，可备参考。

⑨既月乃日：王先谦《尚书孔传参正》释云：“言既择月，乃卜筮吉日也。”

⑩觐：见。牧：地方官员。

⑪班瑞：颁发“五瑞”。后：王，指四方首领。

译文

舜欲以德赞襄尧的禅让，于是不再推辞。正月吉日，在祖庙中举行摄行天子之政的大典。然后观察北斗七星的星象，根据斗柄所指来认识、处理四季农事与民生要政。以类礼祭天，以精意洁敬的禋祀之礼祭六代祖先，以望礼祭名山大川，祀礼遍及众神。又收集整理好诸侯觐见所持的五种瑞玉。卜筮选择了吉月吉日，开始受四岳、诸侯、地方长官的觐见，又根据奖惩规定将瑞玉颁还给他们。

岁二月，东巡守[①]，至于岱宗[②]，柴[③]。望秩于山川[④]，肆觐东后[⑤]。协时月、正日[⑥]，同律、度、量、衡[⑦]。修五礼、五玉、三帛、二生、一死贽，如五器[⑧]。卒乃复[⑨]。

注释

①巡守：即“巡狩”。

②岱宗：东岳泰山。

③柴：祭天之礼，祭时积柴，加牲其上而焚烧。

④望秩：郑玄注云：“遍以尊卑次秩祭之。”谓以望祭之礼祭祀山川，比照公卿大夫或五等爵之制，各按其次进行。杨筠如《尚书覈诂》疑“秩”乃“祀”之假借。

⑤肆：遂。觐东后：接受东方诸侯的觐见。

⑥协时月、正日：协和齐正四时节气、月之数（大小）、日之名（甲乙），使各地诸侯国相同。

⑦同律：统一律制。古代截十二根不同长度的管子，作为确

定乐音高低的标准音，称为十二律，即黄钟、大吕、太簇、夹钟、姑洗（xiǎn）、仲吕、蕤（ruí）宾、林钟、夷则、南吕、无射（yì）、应钟。其中，单数六种称六阳律，双数六种称六阴吕。单称“律”可包含十二律吕。度、量、衡：古代的度量衡制度源于音律，皆以黄钟数为基准，所以紧接着“律”。

⑧五礼：泛指几种礼，也可能是承上“慎徽五典”之目，但绝非汉人所谓“吉凶军宾嘉”或“公侯伯子男”五礼。五玉：五种瑞玉。三帛：三种颜色不同的帛，或谓赤、玄、黄。二生：两种活物，或谓羔和鹅。一死贽：贽是古代卑者见尊者所献的礼物，死贽或谓野鸡。如：和，与。五器：未详，或即五礼所备之器。王引之《经义述闻》谓“五玉、三帛、二生、一死贽如五器”皆蒙“修”字为义。

⑨复：返回。

译文

这年二月，舜向东巡狩，到了泰山，用燔柴焚燎的祭礼祭祀，以望祭之礼祭祀山川，接着受了东方诸侯们的觐见，将四时节气，月之大小晦朔，日之甲乙名称一一齐正，并确立了音律和度、量、衡的定制。舜还修治五种礼法，确定臣子觐见时所献礼物：五种瑞玉，三种彩帛，两种活物（羊羔和鹅），一种死雉（野鸡），以及相应的五礼之器。礼毕之后，就返回了。

五月，南巡守，至于南岳[①]，如岱礼[②]。

注释

①南岳：先秦文献中四岳、五岳之山多是虚无缥缈之名，并非实际山名，很难在地理上坐实。今日习称的西岳华山、南岳衡山、北岳恒山，都是汉代以后的说法。此处《尧典》作者亦未标山名，存而不论可也。下同。

②如岱礼：和巡狩泰山之礼一样。

译文

五月，舜又向南巡狩，到了南岳，一如泰山巡狩之礼。

八月，西巡守，至于西岳，如初①。

注释

①如初：和最初（巡狩泰山）之礼一样。

译文

八月，向西巡狩，到了西岳，也如最初泰山巡狩之礼。

十有一月，朔巡守①，至于北岳，如西礼②。

注释

①朔：北。

②如西礼：敦煌唐写本《经典释文》残卷作“如初”，此为

后人窜改，但承误已久，今姑沿其旧。

译文

十一月，向北巡狩，到了北岳，一如西岳巡狩之礼。

归格于艺祖①，用特②。

注释

①格：告。艺祖：祖、祢（父）之庙。

②用特：用一头公牛祭祀。

译文

返回后，告祭于祖祢之庙，用一头公牛祭祀祖先。

五载一巡守，群后四朝①。敷奏以言②，明试以功③，车服以庸④。

注释

①四朝：朝于四岳之下，或谓四年一朝京师。

②敷奏：遍以政事奏告。

③明试以功：明确考察其功绩。

④车服以庸：根据功勋赏赐车马冠服。庸，功。

译文

舜规定五年巡狩一次。巡狩之年，诸侯按四方之位各朝于方岳之下。朝见时，诸侯须口头奏告政事，然后据其所言明确考察实绩，按功劳来赏赐车马冠服。

肇十有二州①，封十有二山②，浚川③。

注释

①肇：通“垗”（zhào），划定边界。十有二州：十二之数乃泛称，无确指。下“十有二山”同。

②封：即封禅。析言之，在大山上筑土为坛祭天称“封”，在大山旁小山上除地为墠（shàn）以祭地称“禅”。

③浚川：疏浚河道，陈梦家《尚书通论》称“浚”是“祭川”之名。

译文

划定十二州的边界，封土以祀十二名山，疏浚河道以祀大川。

象以典刑①，流宥五刑②，鞭作官刑③，扑作教刑④，金作赎刑⑤，眚灾肆赦，怙终贼刑⑥。钦哉⑦！钦哉！惟刑之恤哉⑧！

注释

①象：与下“流”对文，刑名。《皋陶谟》有“方施象刑”之语。典：常。

②流：流放。宥：宽宥。五刑：下文《吕刑》篇有墨（刻面）、劓（yì，割鼻）、剕（fèi，断足）、宫（去生殖器）、大辟（死）五刑。

③官：官事，公事。

④扑：用槚（jiǎ）木、荆条鞭挞。教：学校，道业。

⑤金：金属货币。赎：赎罪。《吕刑》篇还记载了各刑出金赎罪的数额。

⑥眚灾肆赦，怙终贼刑：顾颉刚《尚书研究讲义》认为“眚灾肆赦，怙终贼刑”二句乃锻炼、概括《康诰》篇文句而成。《康诰》云“人有小罪，非眚，乃惟终，自作不典，式尔，有厥罪小，乃不可不杀”，即此“怙终贼刑”；继云“乃有大罪，非终，乃惟眚灾，适尔，既道极厥辜，时乃不可杀”，即此“眚灾肆赦”。极有见，详参下文《康诰》篇注译。今逐字注释如下。眚（shěng）灾，一时糊涂犯罪。肆，故。赦：赦免。怙终，犹今云“怙恶不悛”，作恶到底。贼，通“则”。刑，刑杀。

⑦钦：敬。

⑧恤：忧惧，谨慎。

译文

把象刑作为主要刑罚，用流放之法宽宥、替代五常刑，把鞭笞作为怠慢、贻误公事所用之刑，挞以槚木、荆条则作为不服从教育者的刑罚，可以用货币来赎刑。凡属过失犯罪，可以赦免。故意犯罪，且怙恶不悛，则必加刑罚。敬重啊！敬重啊！要谨慎于刑法啊！

流共工于幽洲[①]，放驩兜于崇山[②]，窜三苗于三危[③]，殛鲧于羽山[④]，四罪而天下咸服。

注释

①共工：尧的大臣，见上文。幽洲：即上文的"幽都"。

②崇山：泛指南方极边远之地的山区。

③窜：逐。三苗：古代民族之名，与尧、舜都有过抗争。三危：原为神话中的山名，这里泛指西方极边远之地。

④殛：谴责，流贬。羽山：神话中鲧遭流放而死之处，今不详其地。

译文

于是流放共工到幽洲，流放驩兜到崇山，窜逐三苗到三危，流贬鲧到羽山。处罚这四个罪人，全天下都心服。

二十有八载，帝乃殂落[①]，百姓如丧考妣[②]。三载，四海遏密八音[③]。

注释

①帝：指尧。殂落：死。

②百姓：老百姓，人民。考妣（bǐ）：父母。

③遏：止。密：静。八音：金、石、丝、竹、匏（páo）、土、革、木。这里泛指所有音乐。

译文

舜摄帝位二十八年后，帝尧逝世。老百姓们像死了父母一样悲伤。三年之内，四海之民停止了一切音乐活动。

月正元日①，舜格于文祖②，询于四岳，辟四门③，明四目、达四聪④。咨十有二牧曰⑤："食哉惟时⑥，柔远能迩⑦，惇德允元⑧，而难任人⑨，蛮夷率服⑩。"

注释

①月正元日：意近上文"正月上日"，指正月上旬的吉日。

②格：祭告。

③四门：见上文，可理解为四方之门。

④明四目、达四聪：苏轼《东坡书传》云："广视听于四方。"

⑤咨：告。十有二牧：十二州之官员。

⑥食哉惟时："惟时食哉"之倒装，"时"通"是"，"食"通"饬"，谨敬。

⑦柔远能迩：周代成语，亦见于《顾命》《文侯之命》，意谓能服外者须使内部亲善。柔，安，驯服。能，亲善。

⑧惇（dūn）德允元：《东坡书传》云："惇厚其德，信用善人。"惇，厚。允，信。元，善。

⑨难：阻，拒。任人：佞人。

⑩蛮夷：泛指华夏族以外各个民族。率服：全都顺服。

译文

正月上旬吉日，舜祭告于祖庙，询谋政事于四岳，遍开四方之门，招揽贤俊之士，广接视听于四方，以增加博闻远见。告诫十二州的长官说："多加谨慎啊！能安远者须先使内部亲善，敦厚德行，信任善人，远离巧言佞色的小人，就能感化四方蛮夷之族竞相归服了。"

舜曰[①]："咨四岳[②]，有能奋庸[③]，熙帝之载[④]，使宅百揆[⑤]，亮采惠畴[⑥]？"佥曰[⑦]："伯禹作司空[⑧]。"帝曰："俞[⑨]！"咨禹："汝平水土[⑩]，惟时懋哉[⑪]！"禹拜稽首[⑫]，让于稷、契暨皋陶[⑬]。帝曰："俞！汝往哉！"

注释

①舜曰：别于上文所称的"尧曰"，此下"帝曰"皆指舜。

②咨：告，命。

③有：谁。奋庸：奋起事功。

④熙：振兴。帝：泛指帝王、君主。载：事。

⑤宅：居。百揆：百官。

⑥亮采惠畴：辅相朝廷使各类政事无不顺利。亮，辅相。采，事。惠，顺。畴：类，事。

⑦佥：皆。

⑧伯禹：即禹。神话中相传禹从鲧腹中剖出，鲧为禹父，鲧又号称崇君，为伯爵。故禹又称伯禹。司空：周代官职名，与司徒、司马并列，司田甸、工事等，在这里是水利之官。

⑨俞：然，相当于今天的“好吧”。

⑩平：治。

⑪时：是。懋：勉励。

⑫稽（qǐ）首：跪拜礼，叩头到地。

⑬稷：人名，即后稷，又名“弃”，是文献中周的宗祖神，被奉为周的始祖。其远在禹之后，但《尧典》安排成与禹同时为官，说明是杂取了不同的神话材料连缀成文。契：殷商族的宗族神，被奉为殷商族的始祖。暨：与。皋陶（yáo）：又作“皋繇”，神话中的人物，战国文献中作为群舒地区偃姓族的宗祖神出现。顾颉刚、刘起釪《尚书校释译论·尧典》从语音上论证“皋”为发语词，“陶”即“尧”，“皋陶”即“阿尧”，即“尧”，说明皋陶是尧分化出来的神名，但后世儒家又专为其造作《皋陶谟》，于是文献中确立了尧与皋陶的圣君贤相的地位。

译文

帝舜对四岳说：“谁能奋发有为，振兴我王家的事业，就让他总领百官，辅助朝政以顺成万事。”四岳和群臣都说：“让伯禹担任司空之职吧。”帝舜说：“好！”接着对禹说：“你治理水土大有功劳，好好重视这个工作啊！”禹跪拜叩头，推让给稷、契或皋陶来担任。帝舜说：“好了！还是你去干。”

帝曰：“弃[①]，黎民阻饥[②]，汝后稷[③]，播时百谷[④]。”

注释

①弃：稷的另一名，来源于《毛诗·生民》篇所载稷遭姜原抛弃的传说。

②黎民：庶民，百姓。阻饥：久饥。

③汝后稷：即“你主管农事，为农官”。后，动词，主，掌。

④时：同“莳”，种植。

译文

舜又说：“弃啊！老百姓久陷饥荒，你去担任主管农政的稷官，领导种植庄稼的工作。”

帝曰：“契，百姓不亲[①]，五品不逊[②]，汝作司徒[③]，敬敷五教在宽[④]。”

注释

①百姓：此处指人民、老百姓。

②五品：同上“慎徽五典”之“五典”，大概指父义、母慈、兄友、弟恭、子孝的家庭道德。逊：驯，顺。

③司徒：周代官职名，金文中司藉田、林衡、牧人等职，战国秦汉之间渐转化为专司教化之职。

④敷：布，开展。五教：亦即上引《左传》文公十八年“父义、母慈、兄友、弟共（恭）、子孝”之五教。此下唐时原叠“五教”二字，为后人所删。宽：宽裕，不过分严苛。

译文

舜又说：“契！现在老百姓缺乏凝聚力，父、母、兄、弟、子女之间礼法伦常也不讲求，你来担任司徒，大力推行父义、母慈、兄友、弟恭、子孝这五教，但不要太严峻，稍稍宽柔点。”

帝曰：“皋陶，蛮夷猾夏①，寇贼奸宄②，汝作士③。五刑有服④，五服三就⑤；五流有宅⑥，五宅三居⑦。惟明克允⑧。”

注释

①猾夏：侵乱中国。猾，乱。刘起釪认为“夏”为大禹有天下之号，按理帝舜不容得知，这也是《尧典》成于春秋之时的根据。

②寇：群行攻劫为害。贼：害人，违法。奸宄（guǐ）：周代成语，见于《微子》《牧誓》《康诰》等，盗窃、凶乱的意思。

③士：官名，兼执兵、刑之事。

④五刑：这里指甲兵、斧钺、刀锯、钻笮、鞭扑五种刑具。服：承受，意即服刑。《吕刑》云：“上刑适轻，下服；下刑适重，上服。”

⑤五服三就：语本《国语·鲁语》“五刑三次”之文，三就，

指原野、市、朝三个行刑之处。

⑥五流有宅：即上文之“流宥五刑”，意谓五刑之流，各有所居。

⑦五宅三居：谓五刑之流所居之处按远近分为三等。

⑧惟明克允：《史记》作“惟明能信”，意谓必须明察使刑当其罪，众人方能信服。

译文

帝舜又说：“皋陶，现在外有蛮夷侵伐，内有违法害民、盗窃作乱之事，你去兼掌军事和刑狱，五刑都要有承服者，原野、市、朝各当其处。宽宥五刑相应的流刑，远近各等须各有所居。但要明察刑案以定其罪，众人才能信服。”

帝曰：“畴若予工①？”佥曰：“垂哉②！”帝曰：“俞！”咨垂：“汝共工③。”垂拜稽首，让于殳斨暨伯与④。帝曰：“俞！往哉，汝谐⑤。”

注释

①畴：谁。若：善，治理好。工：百工之事，或以为官名。

②垂：传说中一位擅长工艺的人，被誉为“巧倕”，这里作为舜的臣名，掌百工之事。

③共工：按文例，与上文“后稷”“作士”及下“典乐”一样，为动词+名词结构，“共”为动词，作。工，官名，掌管百工之官。

④殳（shū）斨（qiāng）：人名，也有认为殳、斨为两人

的。伯与：人名。

⑤谐：宜。

译文

帝舜问："谁能治理好我的百工职事？"群臣都说："垂呀！"帝舜说："好！"对垂说："你来担任百工之官。"垂跪拜叩头，推让给殳、戕和伯与三人。帝舜对垂说："好了！去吧，你适合这个职位。"

帝曰："畴若予上下草木鸟兽[①]？"佥曰[②]："益哉[③]！"帝曰："俞！"咨益："汝作朕虞[④]。"益拜稽首，让于朱、虎、熊、罴[⑤]。帝曰："俞！往哉！汝谐。"

注释

①畴若予上下草木鸟兽：此是舜又求掌管山泽之官。上，山。下，泽。

②佥：皆。清儒阎若璩《古文尚书疏证》、江声《尚书集注音疏》认为"佥"乃晚出伪《古文尚书》之讹字，当依马融、郑玄等真古文本作"禹"，谓益同禹治水，禹深知其才习于草木鸟兽，故特荐之。

③益：即伯益，文献亦作"伯翳""柏翳""伯繄"等，为嬴秦之祖先，又名大费，神话传说记载其行事各有不同，《尧典》作者采其一种加以记述。

④虞：官名，掌管山泽。

⑤朱、虎、熊、罴：山泽中的四个“灵兽”，在神话传说中作为氏族首领的名字，这里指四个大臣。

译文

帝舜问：“谁能掌管山泽，治理林牧渔副之政？”群臣都说：“益呀！”帝舜说：“好！”就对益说：“现在任命你担任掌管山泽的虞官。”益跪拜叩头，推让给朱、虎、熊、罴诸人。帝舜说：“好了！去吧，你适合这个职位。”

帝曰：“咨四岳，有能典朕三礼[①]？”佥曰：“伯夷[②]。”帝曰：“俞！”咨伯[③]：“汝作秩宗[④]，夙夜惟寅[⑤]，直哉惟清[⑥]。”伯拜稽首，让于夔、龙[⑦]。帝曰：“俞！往，钦哉！”

注释

①有：谁。典：主。三礼：泛指礼法，三是虚数。或谓三礼为天神、地祇、人鬼之礼。

②伯夷：神话人物，姜姓之宗祖神，《吕刑》篇中他与夏族宗祖神禹、周族宗祖神稷同被上帝派下来造福于民，他掌管刑狱之政，而在本篇伯夷的身份是礼官。此伯夷与周武王时不食周黍的高士伯夷，名字相同而实际毫不相干。

③伯：《史记》作“伯夷”，当据补一“夷”字。下“伯拜稽首”句同。

④秩宗：主宗庙的礼官。

⑤寅：敬。

⑥直：无私，正直。清：廉明。

⑦夔、龙：神话中两个氏族宗祖神之名，在这里作为两个大臣的名字。

译文

帝舜问："四岳啊，有谁能主持我的三礼之政？"四岳和群臣都说："伯夷可以。"帝舜说："好吧！"就对伯夷说："任命你担任秩宗之官，早晚都要恭敬于祀典，正直无私才能廉明啊。"伯夷跪拜叩头，推让给夔、龙二人。帝舜说："好了！还是你去干，敬重职事啊。"

帝曰："夔，命汝典乐①，教胄子②。直而温③，宽而栗④，刚而无虐，简而无傲⑤，诗言志⑥，歌永言⑦，声依咏⑧，律和声⑨，八音克谐⑩，无相夺伦⑪，神人以和。"夔曰："於⑫！予击石拊石⑬，百兽率舞⑭。"

注释

①典乐：司乐正之职。典，主，掌。

②胄子：这里指贵族子弟。胄，通"育"，稚。

③直而温：正直而温和。

④宽而栗：宽大而有所辨别。栗，通"秩"，条理秩然之谓。

⑤刚而无虐：刚强而不苛刻暴虐。简而无傲：简易疏大但不傲慢。

⑥诗言志：《毛诗·周南·关雎》序云："在心为志，发言为诗。"即此义。

⑦永：同"咏"。

⑧声依咏：依歌咏的需要来运用宫商角徵羽五声。

⑨律和声：由律管来校定五声的音高。

⑩克：能。

⑪夺伦：乱其旋律，走调。夺，乱。伦，序。

⑫於（wū）：叹词，无意义。

⑬石：磬。拊（fǔ）：抚摩轻击。

⑭百兽率舞：指人们装扮成百兽随乐起舞。一说百兽感动于乐而起舞。

译文

帝舜说："夔，任命你为乐正之官，教导贵族子弟，让他们正直而温和，宽容而能有别，刚强但不苛虐，简易但不傲慢。诗教是用来抒发、宣导高尚志节的，歌咏是用来进一步宣畅诗中所言所寄之意的，按歌咏的需要来运用宫商角徵羽五声，由律管来校定五声的音高。这样，所有乐器才能和谐演奏不走调，也能使人和神都和谐快乐。"夔说："我或轻或重地拍击石磬，发为乐歌，百姓装扮成百兽随之翩翩起舞。"

帝曰："龙，朕堲谗说、殄行[①]，震惊朕师[②]，命汝作纳言[③]，夙夜出纳朕命，惟允[④]。"

注释

①堲（jí）谗说、殄（tiǎn）行：憎恶谗言、恶行。堲，通“疾”，憎恶。殄，病，败。

②震惊朕师：耸动我众人。惊，骇。师，众。

③纳言：官名。王与天《尚书纂传》引朱熹说：“命令、政教，必使审之，居允而后出，则谗说不得行，而矫伪无所托；敷奏复逆，必使审之，既允而后入，而邪僻无自进，而功绪有所稽。周之内史，汉之尚书，魏晋以来所谓中书门下省者，皆此职也。”

④允：信。

译文

帝舜说：“龙！我憎恶那些耸动众人的谗言恶行，你来作纳言之官，替我早晚掌管命令政教的出入，必须信实不误。”

帝曰：“咨汝二十有二人[①]，钦哉！惟时亮天功[②]。”

注释

①咨：告。二十有二人：苏轼《东坡书传》云：“盖十二牧、四岳、九官也。”

②时：是。亮：通“谅”，辅相。功：事。

译文

帝舜说："告诉你们二十二个人，要敬重地辅相、成就上天赋予大家的事功。"

三载考绩，三考，黜陟幽明[①]，庶绩咸熙。

注释

①黜陟幽明：成绩明显的升职，没有成绩的黜退。

译文

此后，舜每三年举行一次考核，经过九年、三次的考核，黜退了没有成绩的，晋升了大有功劳的，国家政事非常兴盛。

分北三苗[①]。

注释

①分北三苗：分出三苗的一部分迁到北方。

译文

又将三苗的一部分分出来迁到北方。

舜生三十征庸[①]，三十在位，五十载，陟方乃死[②]。

注释

①征庸：召用。

②陟方乃死：旧说舜巡狩南方，死于苍梧之野，但“陟”字失解，韩愈遂谓“陟方”即升暇、徂落，犹今云“升天”。其说较通。若确论舜所卒之地，当以《孟子·离娄下》“卒于鸣条（在今开封陈留境）”说较为可信。

译文

舜年三十岁时被尧征用，摄帝位三十年，即帝位又五十年，而后升天而逝。

皋陶谟

解题：《皋陶谟》被《左传》等先秦古籍征引数次，可确认是先秦《尚书》旧篇。在西汉伏生所传《今文尚书》二十八篇中，《皋陶谟》列第二。西汉所传“《书序》百篇”则列为《虞夏书》之第十五篇，下接《益稷》第十六篇。东汉马融、郑玄本《古文尚书》亦列《皋陶谟》为第二，另有《弃稷》次之。东晋伪古文出，割裂《皋陶谟》后半“帝曰来禹汝亦昌言”以下另为《益稷》篇，成为第四、第五两篇。今恢复其在汉代今、古文《尚书》第二篇的旧貌。

与《尧典》一样，《皋陶谟》也经过了儒家的整理编订，其中很多文句被《论语》《孟子》所袭用，流露出深刻而正宗的儒家思想。对君德、臣德的强调，对君臣之道要点的探讨更是其鲜明特点。《史记·夏本纪》录此篇，开头加上“帝舜朝，禹、伯夷、皋陶相与语帝前，皋陶述其谋曰”数语，可见汉人认为《皋陶谟》是皋陶和禹在虞舜朝廷上问答、议论的记录。

曰若稽古皋陶曰[①]：“允迪厥德[②]，谟明弼谐[③]。”禹曰：“俞[④]！如何？”皋陶曰：“都[⑤]！慎厥身修，思永[⑥]。惇叙九族[⑦]，庶明厉翼[⑧]，迩可远在兹[⑨]。”禹拜昌言[⑩]，曰：“俞。”

注释

①皋陶：神话人物，这里作为舜的大臣。

②允：信，确实。迪：引导，践履。厥：其。

③谟：谋。弼：辅。谐：和。

④俞：然，犹今云“好的”。

⑤都：叹美之辞。

⑥永：长。

⑦惇（dūn）：厚。叙：按次序。九族：众多氏族。

⑧庶：众。明：贤人。厉：勉。翼：辅。

⑨迩：近。

⑩昌言：美言。

译文

古时候那个皋陶说：“要切实地引导、发扬德教，我们所谋划、所辅弼的事业才能光明和谐。”禹说：“对啊！但怎样实现呢？”皋陶说：“啊！要谨慎地修养品德，对问题要深谋远虑。用厚德来团结各族，广泛推举贤明之士作为辅翼之臣，使政务能由近及远，及于全境。”禹拜领了这番美言，说道：“对啊！”

皋陶曰：“都！在知人，在安民。”禹曰：“吁[①]！咸若时[②]，惟帝其难之[③]。知人则哲[④]，能官人[⑤]；安民则惠[⑥]，黎民怀之[⑦]。能哲而惠，何忧乎驩兜，何迁乎有苗，何畏乎巧言令色孔壬[⑧]？”

注释

①吁（xū）：叹词，相当于“哎呀”。

②咸：皆。若时：如是，如此。

③惟：发语词。

④哲：智。

⑤官：以官位授人。

⑥惠：爱。

⑦怀：思。

⑧巧言：说好话。令色：装好人。孔：很。壬（rén）：佞。

译文

皋陶又说：“啊！这全在于知人善任，安定百姓。”禹说：“唉！要都能做到这样，连帝王也感到不容易啊。知人须有才智，且要能授予恰当的职位；安民要有仁爱之心，才能使人民感恩戴德。能知人善任、关爱人民，还怕什么驩兜的作乱，还需要什么放逐三苗，还畏惧什么花言巧语善于作伪的坏人呢？”

皋陶曰：“都，亦行有九德[①]，亦言其人有德。”乃言曰：“载采采[②]。”禹曰：“何？”皋陶曰：“宽而栗[③]，柔而立[④]，愿而恭[⑤]，乱而敬[⑥]，扰而毅[⑦]，直而温[⑧]，简而廉[⑨]，刚而塞[⑩]，强而义[⑪]。彰厥有常[⑫]，吉哉[⑬]！日宣三德[⑭]，夙夜浚明有家[⑮]。日严祇敬六德[⑯]，亮采有邦[⑰]。翕受敷施[⑱]，九德咸事，俊乂在官[⑲]。百僚、师师、百工惟时[⑳]，抚于五长[㉑]，庶绩其凝[㉒]。无教逸欲有邦[㉓]。兢兢业业，一日二日万几[㉔]。无旷庶官[㉕]，天工人其代之[㉖]。天叙有典[㉗]，敕我五典五惇哉[㉘]；天秩有礼，自我五礼有庸哉[㉙]；同寅协恭和衷哉[㉚]；天命有德，五服五章哉[㉛]；天讨有罪，五刑五用哉[㉜]；政事懋哉懋哉[㉝]！天聪明，自我民聪明[㉞]；天明畏，自我民明威。达于上下[㉟]，敬哉有土[㊱]！”

注释

①行有九德：人的性行有九种品德。

②载：始。采：事。

③宽而栗：宽宏又庄严。

④柔而立：柔和又能坚定。

⑤愿而恭：谨厚而能供职干办。恭，通“供”。

⑥乱而敬：善治事者要能谨敬。

⑦扰而毅：驯顺而能果断。

⑧直而温：正直而能温和。

⑨简而廉：简易率性而能志行端正。

⑩刚而塞：刚劲而又平实。

⑪强而义：刚强任情而能守道义。

⑫彰：明。厥：其。

⑬吉：善。

⑭宣：布。

⑮浚：今文作“翊”，明。

⑯祇：敬。

⑰亮：信。采：事。

⑱翕（xī）：合。

⑲俊乂：超过常人的才智之士。

⑳百僚：百官。师师：较高级的长官。百工：百官。时：天时。

㉑抚：顺。五长：五位众官之长，如司徒、司马、司寇、司空、大宗伯等各官之长。

㉒凝：成。

㉓无：毋。

㉔几：几微。

㉕无：毋。旷：废。庶：众。

㉖天工：即“天功”，天事。

㉗叙：次序，伦序。

㉘敕：诫。惇：厚。

㉙自：由，用。五礼：泛指几种礼，不可以后世“五礼”硬套。有庸：依前后文例，当作“五庸”。庸，常。

㉚寅：敬。协：和。衷：善。

㉛五服：用多种彩绘画饰而成的衣服。章：彰显，表彰。

㉜五刑：即《吕刑》之墨（刻面）、劓（割鼻）、髌（去膝盖骨）、宫（去生殖器）、大辟（死）。五用：即《国语·鲁语》所载大刑用甲兵，其次用斧钺，中刑用刀锯，其次用钻笮，薄刑用鞭扑。

㉝懋（mào）：美好。

㉞自：由。

㉟达：通。上下：天意和民意。

㊱有土：指诸侯卿大夫等有封土者。

译文

皋陶说："啊！人性有九种德行，一个人必须要有德。"接着说："说人有德，就要从他所干的每件事出发来考察。"禹说："怎么样呢？"皋陶说："宽宏又能庄严，柔和而能坚定，谨厚而能干练职守，善治事又要能谨敬，驯顺且能果断，正直而能温和，简易率性而能志行端正，刚劲而又平实，刚强任情而能守道义。天子如能奖励那些德行有常的人，就称善政了。对这九种德行早晚能做到其中三种、六种的，就能治理并保有家国。天子更要能综合此三德、六德之人而普施政教，使备有九德的贤俊之士都能担任王朝职官。百官职司都及时以展事功，在政府五长的领导下，使各种政事都获成功。切勿使国家政教为逸乐嗜欲所腐化，大家每天都要兢兢业业地谨慎洞察万事的端倪。不可让不称职者旷废官位，因为王朝的君位、官职都是秉承天职，天事由人代行，不可旷废。上天定下了人的伦常序次，告诫我们要遵守君臣、父子、夫妇、兄弟、朋友等常法，使这五种关系深厚有序。上天制定了尊卑贵贱的品秩等级之礼，由此才有君臣、父子、夫妇、兄弟、朋友等礼法的贯彻实行。君臣民众上下一心和衷共济吧！上天嘉命有德之人，制定了多种彩绘的服饰来表彰他们；上天惩罚有罪之人，用甲兵、斧钺、刀锯、钻笮、鞭扑等五种不同用刑方式执行。这样，政事就美好了！兴旺了！上帝听取、采集意见，都是根据民众的态度；上天赏赐贤德之人，惩罚有罪之人，也是依据民众的态度。天意民意实际上上通下达。要谨慎啊，四方诸侯们！”

皋陶曰：“朕言惠可底行[①]？”禹曰：“俞，乃言底可绩[②]。”皋陶曰：“予未有知，思曰赞赞襄哉[③]。”

注释

①惠：发语词。底（zhǐ）：致。

②绩：成功。

③思：助词，无意义。曰：通“爰”。赞：引导，宣明。襄：成。

译文

皋陶说：“我讲的这些可以成功地贯彻执行吗？”禹说：“你的话完全可以实行。”皋陶说：“其实我并没有什么见识，只是一直在考虑如何成就治国之道罢了。”

帝曰："来！禹，汝亦昌言[①]。"禹拜曰："都！帝，予何言？予思日孜孜[②]。"皋陶曰："吁！如何？"禹曰："洪水滔天，浩浩怀山襄陵，下民昏垫[③]。予乘四载[④]，随山刊木[⑤]。暨益奏庶鲜食[⑥]。予决九川、距四海[⑦]，浚畎浍距川[⑧]。暨稷播奏庶艰食[⑨]。鲜食[⑩]，懋迁有无化居[⑪]，烝民乃粒[⑫]，万邦作乂[⑬]。"皋陶曰："俞！师汝昌言。"

注释

①昌：美，好。

②孜孜：勤勉不懈怠。

③昏：淹没。垫：陷。

④四载：四种运载工具，旱路坐车，水路乘船，泥路用橇，山路用梮（jū）。

⑤随山刊木：随着山岭的形势，斩木通道，以便治水。

⑥暨：与，和。奏：进。庶：庶民。鲜食：新鲜的食物。

⑦九川：泛指九州名川。距：至，通。

⑧浚：疏浚、加深水道。畎（quǎn）浍（kuài）：田间大小不同的沟洫等。小沟称畎，大沟称浍。

⑨播：布。奏：进。艰食：好不容易才得到的食物。

⑩鲜（xiǎn）食：指少食的地方。鲜，少。

⑪懋迁有无：转移有余以补充不足。懋，通"贸"。化居，迁徙居集之货。化，通"货"。

⑫粒：米食。

⑬乂：治。

译文

帝舜对禹说："来，禹。你也讲讲你的意见。"禹拜谢说道："啊，我有什么好说的呢？我只考虑每天努力不懈地工作。"皋陶插话说："怎么样努力不懈呢！"禹说："滔天的洪水，浩浩荡荡地包围了山川，淹没了丘陵，老百姓都要被淹死了，我使用四种交通工具，循行山林，斩木通道，以便治水。和益一起给老百姓生鲜食物。我将九州河流疏通贯入大海，把河渠疏通使入大河。又和稷一道使老百姓在难以得到食物时能吃到东西。缺粮少食的地方，我就用粮食充足的地方来调配，老百姓才吃到粮食，国家最终得以安定了。"皋陶说："好啊！应该学习、借鉴你的良言。"

禹曰："都！帝慎在位。"帝曰："俞。"禹曰："安汝止[①]，惟几惟康[②]；其弼直[③]，惟动丕应[④]。徯志以昭受上帝[⑤]，天其申命用休[⑥]。"帝曰："吁！臣哉邻哉[⑦]！邻哉臣哉！"禹曰："俞。"

注释

①止：行为。

②惟：思。几：几微，端倪，这里偏指危险事态。康：安。

③弼：辅。直：当作"悳"，字体剥坏而误。"悳"即"德"。

④丕：大。

⑤徯：通“清”。昭：通“绍”，承继。

⑥申：重。用：以。休：美。

⑦邻：近。

译文

禹对舜说：“啊，陛下在帝位上要特别谨慎小心呀！”帝舜说：“是啊！”禹说：“让您的行为安定稳重，注意事态的端倪才可不致酿成大害，而能得到平安。还要辅之以德，君主令出则天下大应。意志清明来承接上帝之命，上天就会加赐您美好天命。”帝舜说：“大臣是至亲至近的啊！至亲至近的是大臣啊！”禹说：“是啊！”

帝曰：“臣作朕股肱耳目[①]。予欲左右有民[②]，汝翼[③]；予欲宣力四方，汝为；予欲观古人之象[④]：日、月、星辰、山、龙、华虫、作会[⑤]，宗彝、藻、火、粉米、黼、黻、絺绣[⑥]，以五采彰施于五色作服[⑦]，汝明。予欲闻六律、五声、八音、七始咏[⑧]，以出纳五言[⑨]，汝听；予违[⑩]，汝弼[⑪]。汝无面从，退有后言。钦四邻[⑫]，庶顽谗说[⑬]，若不在时[⑭]，侯以明之，挞以记之[⑮]，书用识哉，欲并生哉[⑯]，工以纳言[⑰]，时而飏之[⑱]，格则承之、庸之[⑲]，否则威之[⑳]。”

注释

①股肱：大腿和胳膊。

②左右：助。

③翼：辅翼。

④象：衣服的法象。

⑤华虫：一种美丽的野鸟。作会：指日、月、星辰、山、龙、华虫六者，用于上衣。会，通“绘”。

⑥宗彝：绘有虎、蜼（wěi，长尾猿）的宗庙彝器。藻：水草。火：“火”字形。粉米：百米。黼（fǔ）：斧形。黻（fú）：两弓相背的几何图形。絺（chī）绣：指宗彝、藻、火、粉米、黼、黻六者，用于下裳。其义为缝制刺绣。

⑦以五采彰施于五色：郑玄云：“未用谓之采，已用谓之色。”王国维说“采”当作“介”，谓五者相介（间）以发其色。

⑧六律：指十二律吕。五声：宫、商、角、徵、羽。八音：金、石、丝、竹、匏、土、革、木八种乐材的乐器所奏出的音乐。七始咏：吴澄《书纂言》云：“‘七始’，《国语》谓之‘七均’。……正声五，变声二，每律用七声为均，相和而均调，故曰七均，七声迭用以终始一调，故曰七始。”

⑨出纳：《尧典》有“纳言”之官，下文亦有“纳言”，这里可理解为音乐工作的“采风”。五言：苏轼《东坡书传》云：“五言者，诗也。夫讽咏之言寓之于五声，盖以声言也，故谓之五言。”

⑩违：犯错误。

⑪弼：匡正。

⑫钦：敬。四邻：泛指左右大臣。

⑬庶：众。顽：愚。谗说：谄媚之人。

⑭在：察。时：是。

⑮侯：射靶，指射礼。挞：鞭挞、谴责。《东坡书传》云：“众顽谗说之人不率是教者，舜皆有以待之，夫化恶莫若进善，故择其可进者以射侯之礼举之；其不率教之甚者，则挞之。”极明。记：孙诒让《尚书骈枝》谓通“諅”，诫。

⑯书用识哉，欲并生哉：《东坡书传》承上云：“其小者则书其罪而记之，欲其并居而知耻也。”书，著之刑书。用，以。

⑰工：官。纳言：凭借音乐来进谏的方式。

⑱时：是。飏（yáng）：举。

⑲格：改过。承：进。庸：用。

⑳威：使畏惧。

译文

帝舜说：“大臣们做我的左膀右臂和心腹耳目。我佑助人民，你们要辅助我；我要宣力于四方，你们要尽力而为；我要观察古人昭分品秩等级的服色采象，在上身衣服上彩绘日、月、星辰、山、龙、华虫等图案，在下身衣裳上缝织绣制虎猿、水藻、火焰、粉米、黑白相间的斧形、青黑相间的‘亞’形等图案，用五种色彩的颜料鲜明地绣制各种色彩的章服，你们要一一考订明确；我要谛听六律、五声、八音、七始咏，以及采风所得的各方诗歌，你们要为我仔细听；我有违失之处，你们要匡正我。不要当着我面时唯唯诺诺，暗地里又批评我。我尊敬的辅佐大臣们！那些愚顽进谗言的人不守政教，你们要用射侯之礼分辨出来，过分的，就鞭挞处罚给予告诫。那些过失小的就把他们的罪记在刑书上，让他们感到羞耻。由专官以纳言之职举善责过，有善行的就表扬、举荐，改过向善的就升进录用，否则用刑法威慑让他恐惧。”

禹曰：“俞哉！帝光天之下，至于海隅苍生[①]，万邦黎献[②]，共惟帝臣[③]。惟帝时举[④]，敷纳以言，明庶以功，车服以庸[⑤]。谁敢不让[⑥]，敢不敬应[⑦]？帝不时[⑧]，敷同日奏[⑨]，罔功[⑩]。”

注释

①苍生：即“黔首”“黎民”，老百姓。

②黎献：老百姓和贵族。

③共：同。惟：为。

④时：及时。

⑤敷纳以言，明庶以功，车服以庸：《尧典》有“敷奏以言，明试以功，车服以庸”之句，义近。纳，采纳。庶，似为“试”之音讹。

⑥让：让功服善。

⑦应：承。

⑧时：是，这么做。

⑨敷同：（对贤愚善恶）不加区别地对待。敷：布，普。奏：进。

⑩罔：无。

译文

禹说：“啊呀！帝的影响力普照天下，天下苍生百姓，万邦贵贱之民，都是陛下的臣子，全在于陛下及时举用，广泛地采纳他们的意见，明确地考察他们的功绩，公正地以车马服饰赏赐他们的功勋。这样，谁敢不让功服善，谁敢不敬承天命？如果陛下不这么做，而使贤愚善恶同时在位，就不会取得政绩。”

帝曰：“无若丹朱傲①，惟慢游是好②，敖虐是作③，罔昼夜頟頟④，罔水行舟⑤。朋淫于家⑥，用殄厥世⑦，予创若时⑧。”

注释

①无：毋。傲：同“敖”，戏谑。

②慢游：逸游无度。

③敖虐：戏谑。

④罔昼夜：没有白天黑夜。頟頟（éé）：没有休息的样子。

⑤罔水行舟：水浅不足行船也要强迫（使人推着）走。

⑥朋：群。

⑦用：以。殄：绝。厥：其。世：世系。

⑧创：惩。若时：于是。

译文

帝舜说：“不要像丹朱那样沉溺于游玩嬉戏，贪乐戏荡，没日没夜无停息。河中水浅也强迫非要行船。在家中也肆行淫乱，终使他的世系断绝了。我们可不能像他这样。”

禹曰："予娶涂山[1]，辛壬癸甲[2]，启呱呱而泣[3]，予弗子[4]，惟荒度土功[5]，弼成五服[6]，至于五千[7]，州十有二师[8]。外薄四海[9]，咸建五长[10]。各迪有功[11]，苗顽弗即工[12]，帝其念哉[13]。"

注释

①涂山：涂山氏。其地望或说在会稽，或说在九江当涂，今不详。

②辛壬癸甲：古代以干支纪日，辛壬癸甲共计四天。

③呱呱（gūgū）：婴儿哭声。

④子：作动词用，抚育儿子。

⑤荒：大。度：就。

⑥弼：辅。五服：《禹贡》有甸服、侯服、绥服、要服、荒服五服之制。

⑦五千：《禹贡》记每服五百里，五服则二千五百里，两面计之方五千里。

⑧州十有二师：《尧典》有十二州，指地方行政制度的设立。师，地方长官，即十二州牧。

⑨薄：迫，至。四海：四方，普天之下。

⑩五长：不详，可暂理解为五等诸侯。

⑪迪：道，蹈。

⑫即：就。

⑬念：思。

译文

禹说："我娶涂山氏的女儿结婚是辛日，到甲日就离开家忙着去治水。我的儿子启出生，在家哭着，我也没有尽过抚育儿子的责任，所以全力完成了平治水土之功。终于辅助陛下完成划天下为五服的大业，使疆域每方达到五千里，每州又制定了十二师的地方行政区划，外则疆域远至四海，五方之地各建诸侯，他们都能建立功勋。只有三苗顽梗不服帝功，陛下要时刻留意。"

帝曰："迪朕德，时乃功惟叙①。皋陶方祗厥叙②，方施象刑惟明。"

注释

①时：是。乃：汝，你的。

②祗：敬。厥叙：禹的德政。

译文

帝舜说："我的德教得以宣布发展，全是你的功劳。现在皋陶很重视你的德业，对愚顽不服的人开始明确地用刑法威慑。"

夔曰："戛击鸣球①，搏拊琴瑟以咏②。祖考来格③。虞宾在位④，群后德让⑤。下管鼗鼓⑥，合止柷敔⑦，笙镛以间⑧。鸟兽跄跄⑨。箫韶九成⑩，凤皇来仪⑪。"夔曰：

"於！予击石拊石[12]，百兽率舞，庶尹允谐[13]。"

注释

①戛（jiá）：轻击。鸣球：玉磬。球，玉。

②搏：手击。拊（fǔ）：轻击。咏：合咏歌之声。

③祖：父之考，即祖父。考：父。格：至。常用于祭祀时神祇来飨之意。

④虞宾在位：不详。或谓舜以丹朱为宾。

⑤群后德让：诸侯助祭者各以德相让。

⑥下管：堂下之乐以竹乐器为主，故称下管。鼗（táo）：长柄小鼓，两旁有耳，摇动可自击。

⑦合止柷（zhù）敔（yǔ）：即"合之柷敔"，止，通"之"。柷敔，皆古乐器，形制不详。

⑧笙：管状乐器。镛：大钟。间：与上"咏"相对，与咏歌迭奏。

⑨鸟兽跄跄：人扮为鸟兽起舞的样子。

⑩箫韶：舜所制乐曲。九成：演奏九遍。

⑪凤皇来仪：指演奏箫韶之乐的箫管错落相间，有着凤凰般的仪容。旧说神鸟凤凰被音乐感动而到来。

⑫石：磬。

⑬庶尹：众官，百官。允：信，确实。

译文

夔说："（堂上乐工）敲击玉磬，抚弹琴瑟，来配合歌咏。祖先神灵各来飨祀。此时前代帝王的后裔作为虞宾已就祭位，前来助祭的诸侯也都互相礼让。（堂下）管乐和鼗鼓并奏，与柷、敔、笙、钟之音相合，与堂上咏歌之声迭相起奏。乐声悠扬，人扮演着鸟兽竞相起舞。《箫韶》之乐演奏九遍，箫管参差错落宛如凤凰飞翔，仪态万方。”夔还说：“我敲击石磬，‘百兽’纷纷起舞，百官更是和谐融洽。”

帝庸作歌[①]，曰：“敕天之命[②]，惟时惟几[③]。”乃歌曰：“股肱喜哉[④]，元首起哉[⑤]，百工熙哉[⑥]！”皋陶拜手稽首飏言曰[⑦]：“念哉[⑧]！率作兴事[⑨]，慎乃宪[⑩]，钦哉！屡省乃成[⑪]，钦哉！”乃赓载歌曰[⑫]：“元首明哉！股肱良哉！庶事康哉！”又歌曰：“元首丛脞哉[⑬]！股肱惰哉[⑭]！万事堕哉[⑮]！”帝拜曰：“俞！往钦哉！”

注释

①庸：用，因此。

②敕：戒敕。

③惟时惟几：何时何事都要慎重戒敕。

④股肱：左右辅佐大臣。

⑤元首：君主。起：兴起。

⑥百工：百事。熙：兴。

⑦飏：同“扬”，接着，继续。

⑧念：思考，记住。

⑨率：率领。兴：起。

⑩宪：法令。

⑪屡省：反复仔细地考虑。

⑫赓：续。载：为。

⑬丛脞（cuǒ）：繁碎没有大略。

⑭惰：懈怠。

⑮堕：毁坏。

译文

帝舜因此唱起歌来："要勤劳于上天的大命啊，时时事事都要儆戒谨慎啊。"接着又唱道："大臣百官乐于治事啊！君王我就振奋兴起了啊！国家万事就都兴旺发达了啊！"皋陶跪拜叩头，接着说："记住这些话啊！天子率群臣振兴事功，大家要慎重对待公共法令，千万要恭敬啊！凡事要反复仔细考虑才会成功，千万要恭敬啊！"皋陶接着唱道："天子英明啊！大臣贤良啊！万事康宁啊！"又歌唱道："天子治事琐细没有大略，大臣们就会懈怠了啊！万事也就荒废了啊！"帝舜听了，拜谢道："对啊！去吧！大家好好努力各司其职吧！"

商书

盘 庚

解题：《盘庚》分上中下三篇，主要是汤十世孙商王盘庚在迁都时对臣民三次讲话的记录。《史记·殷本纪》载："帝盘庚之时，殷已都河北，盘庚渡河南，复居成汤之故居，乃五迁，无定处。殷民咨胥皆怨，不欲徙。……乃遂涉河南，治亳，行汤之政，然后百姓由宁，殷道复兴。"可见，迁都过程曾遭到民众的广泛反对。本篇详细记述了盘庚对民众苦口婆心的劝导。但仔细阅读会发现，原上中下三篇所排列顺序和盘庚说话情境不一致。清儒俞樾《群经平议》认为按照实际情况，原来的中篇应该为上篇，下篇宜为中篇，上篇宜为下篇，如此才能符合"未迁""始迁""迁后"的顺序。今同意俞说，调换了正文顺序，以方便读者阅读。

本篇是研究殷商时期政治情况的重要文献，但是较难懂，所谓"诘屈聱牙"，可能是由于时代久远不易理解。

第一篇（原中篇）

盘庚作①，惟涉河以民迁②，乃话民之弗率③，诞告用亶④。其有众咸造⑤，勿亵在王庭⑥。盘庚乃登进厥民⑦，曰：

注释

①盘庚：商王名，汤第十世孙，商王朝第二十任君主。作：兴起，登位。

②惟：谋划，打算。涉：渡。盘庚自奄（今山东曲阜）迁殷（河南安阳），需要渡过黄河。以：率领。

③话：会合。率：遵循。

④诞：语首助词，无意义。亶：诚。

⑤其：那些。有众：指那些不从命迁居的人。咸：都，皆。造：至。

⑥亵：轻慢。王庭：宫廷大门内的大廷。

⑦登：升。进：走到前面来。

译文

盘庚登上王位决定渡过黄河，率领人民迁徙。于是，召集了那些反对迁都的臣民，准备诚恳地劝导他们。这些人都来到王庭，恭敬地等候着。盘庚于是召唤他们到面前，说道：

“明听朕言[①]，无荒失朕命[②]！呜呼！古我前后罔不惟民之承保[③]，后胥戚鲜[④]，以不浮于天时[⑤]。殷降大虐[⑥]，先王不怀厥攸作[⑦]，视民利用迁[⑧]。汝曷弗念我古后之闻[⑨]？承汝俾汝[⑩]，惟喜康共[⑪]；非汝有咎[⑫]，比于罚[⑬]。予若吁怀兹新邑[⑭]，亦惟汝故，以丕从厥志[⑮]。

注释

①明：勉也。

②荒失：轻忽，不重视。荒，忘。失，同“佚”，轻忽。

③前后：先王。承保：拯救，保护。承，应也。

④后：厚。胥：相。戚：惠。鲜：善。

⑤浮：同“拂”，违背。

⑥殷：同“慇”，痛。大虐：大灾害，旧注多说是水患，也有说是政治、军事危机。

⑦怀：留恋。厥：其。攸：所。作：为，这里指营造建筑等。

⑧视：为了。用：而。

⑨曷：如何？古后：先王。闻：勤勉。

⑩承：承保。俾：保。

⑪康：安乐。共：巩固。

⑫咎：罪过。

⑬比：相同。

⑭若：句中助词，无意义。吁：叫唤，呼喊。新邑：指新的都邑，在今河南安阳。

⑮丕：大。从：顺。

译文

“你们留心听我的话，不要掉以轻心！唉呀！过去我们先王没有一个不是顾全民众的，先王那样惠爱人民，所以能够应顺天时。每当老天降下大灾，先王总是根据人民的利益实行迁徙，并不留恋他们亲手缔造的宗庙都邑。你们为什么不去想想先王这种勤勉呢？我也是为了保护大家，让大家生活安好，并不是像惩罚有罪的人那样对待你们！我之所以呼吁大家到那个新都去，也正为了你们自己的利益，是为了服从和满足大家广泛的心愿。

“今予将试以汝迁[1]，安定厥邦。汝不忧朕心之攸困[2]，乃咸大不宣[3]，乃心钦[4]，念以忱动予一人[5]。尔惟自鞠自苦[6]！若乘舟[7]，汝弗济[8]，臭厥载[9]。尔忱不属[10]，惟胥以沈[11]。不其或稽[12]，自怒曷瘳[13]？

注释

①试：用。

②攸：所。

③乃：却。咸：皆。宣：明白。

④乃：你的。钦：忧惧。

⑤念：思。忱：诚意。

⑥惟：只。鞠：困穷。

⑦乘：载。

⑧济：渡过。

⑨臭：朽败。载：指旅行所乘工具，这里指船。

⑩忱：同“沉”，沉没，沉溺。属：独。

⑪胥：皆，都。

⑫不其或稽：一点也不考虑到。

⑬瘳（chōu）：病愈，引申为好处。

译文

“现在我要把你们迁过去，使我们国家安定。但是你们不惟不能体会我的苦处，却反而更糊涂惊慌起来，想用你们的私心来变动我的决定。你们这是自取困穷，自取苦恼！就像乘船，你们上去后就不动，岂不是坐待船只朽败吗？如果这样，不但你们自己要淹死，连我们也要一起送命了。你们根本也不考虑到这点，只是一味怨恨，能得到什么好处？

“汝不谋长①，以思乃灾②，汝诞劝忧③。今其有今罔后④，汝何生在上⑤！

注释

①谋：计划。

②乃灾：你们的灾。

③诞：大。劝：助。

④有今罔后：有今天，没有明天。意谓只顾现在，不顾将来。

⑤上：上帝，上天。

译文

“你们不做长远打算，来考虑不迁都的灾害，简直是大大制造忧困。你们只想苟且地得过了今天就好，不管明天怎样，上帝怎会留你们活命！

“今予命汝，一无起秽以自臭[①]，恐人倚乃身[②]，迂乃心[③]。予迓续乃命于天[④]。予岂汝威[⑤]！用奉畜汝众[⑥]。

注释

①一：皆，都。无：同“毋”，不要。秽：脏东西。臭：嗅。

②倚：同“掎”（jǐ），偏邪，弯曲。

③迂：同“污”，污秽。

④迓（yà）：迎接。续：继续。

⑤汝威：宾语前置，即“威汝”。威，威胁。

⑥用：以。奉：养。畜：养。

译文

“现在我告诉你们，一点也不要散布谣言，自找麻烦，弄臭自己，以免恶人歪斜、污秽你们的身心。我是要把你们的生命从上帝那里迎接回来，哪里是用威势压迫你们呢！我为的是帮助、养育你们。

“予念我先神后之劳尔先[①]，予丕克羞尔[②]，用怀尔[③]。然[④]。失于政，陈于兹[⑤]，高后丕乃崇降罪疾[⑥]；曰：‘曷虐朕民！’汝万民乃不生生[⑦]，暨予一人猷同心[⑧]，先后丕降与汝罪疾，曰：‘曷不暨朕幼孙有比[⑨]，故有爽德[⑩]？’自上其罚汝[⑪]，汝罔能迪[⑫]。

注释

①先神后：先后、先王。神，是美称。劳：动。尔先：你们的祖先。

②丕：大。克：能够。羞：进献食物，养。

③怀：思念，记挂。

④然：是这样的。

⑤陈：延。兹：这，代指旧都。

⑥高后：先王。丕乃：于是。丕，语气词，无意义。崇：重。

⑦乃：若，如果。生生：尽力搞好谋生之事。上一“生”字用作动词，下一“生”字乃名词。

⑧暨：与。猷：有。

⑨朕：指先王。幼孙：盘庚称自己为先王的幼孙。比：同。

⑩故：却。爽：贰，差。

⑪自上：先王在天之灵。其：将。

⑫迪：逃。

译文

“我想起我们的先王曾辛劳过你们的先人，要好好养育你们，时刻记挂你们。是这样的啊！可是因为没处理好政务，到现在还住在这有灾难的地方，先王就重重地降下责罚，说道：‘你为什么要这样虐待我的民众？’若是你们大家不肯去努力追求美好的生活，和我同心同德，先王便要重重地惩罚你们，说道：‘你们为什么不和我的幼孙同心协力，却对他存有贰心呢！’所以你们一旦犯错，上帝就决不会饶恕你们，你们也根本没办法可以逃避。

“古我先后既劳乃祖乃父，汝共作我畜民[1]。汝有戕则在乃心[2]，我先后绥乃祖乃父[3]；乃祖乃父乃断弃汝，不救乃死！兹予有乱政同位[4]，具乃贝玉[5]。乃祖乃父丕乃告我高后曰[6]：‘作丕刑于朕孙[7]！’迪高后丕乃崇降弗祥[8]！

注释

①共作：都作为。畜民：即上文“奉畜汝众”之“众”。

②戕（qiāng）：毁伤。则：通“贼”，贼害。

③绥：停止。

④乱政：乱政之人。同位：在位。

⑤具：具备，供置。乃：助词，无意义。贝玉：泛指钱物。贝，商代多用贝壳作为货币。

⑥高后：辈份较老的先王。

⑦丕刑：大刑。朕孙：指盘庚。

⑧迪：句首助词，无意义。丕乃：于是。崇：重。弗祥：一作“不永”，不长，即有灭顶之灾的意思。

译文

“我们的先王已经辛劳过你们的先祖先父，你们当然都是我所蓄养的臣民。倘使你们心中存有恶毒的想法，我的先王一定会撤除你们的先祖先父们在上天所供奉的职役；你们的先祖先父也必随之弃绝你们，不管你们的死活了。现在你们在位官员中有乱政的人，只知道贪污财宝，你们的先祖先父于是竭力请求先王说：‘快给我们的子孙用大刑吧！’于是先王就降下大灾害来了，使你们不能长久生活在这里。

“呜呼！今予告汝不易[①]！永敬大恤[②]，无胥绝远[③]！汝分猷念以相从[④]，各设中于乃心[⑤]！乃有不吉不迪[⑥]，颠越不共[⑦]，暂遇奸宄[⑧]，我乃劓殄灭之[⑨]，无遗育[⑩]，无俾易种于兹新邑[⑪]！

注释

①不易：迁都的计划不会改变。

②敬：重视。恤：忧。

③无：通“毋”，不要。胥：相。绝远：很远，引申为疏远。

④分（fèn）：本分，应当如此的意思。猷念：即“念”，心中的打算。

⑤设：合。

⑥乃：若。吉：善。迪：善。

⑦颠越：高低、横竖。颠，自上往下堕。越，向上逾越。

⑧暂：通“渐”，诈欺。遇：同“愚”或“偶”，奸邪。

⑨劓：断割。

⑩育：通“胄”，胤，后代。

⑪易：施，延。

译文

“唉呀！现在我告诉你们，迁都计划决不改变。你们对我所忧虑的事情，应当有所体恤，不要漠然。你们应当把自己的心态摆正，跟我一同打算！如果有坏人横竖也不肯听命，奸诈邪恶，为非作歹，我就要把他杀掉，斩草除根，不让一个他们的孽种遗留在新都之中。

“往哉，生生！今予将试以汝迁，永建乃家[①]。”

注释

①生生：自营其生。建：立。

译文

“去吧！好好地去生活吧！现在我要把你们迁过去了，建立你们永久的美好家园。”

第二篇（原下篇）

盘庚既迁[①]，奠厥攸居[②]。乃正厥位[③]。绥爰有众[④]。曰：

注释

①既：已。

②奠：定。

③正：辨正（宗庙方位）。

④绥：告。爰：于。有众：即“众”，众人。

译文

盘庚迁到新都之后，安排好臣民的住所，确定宗庙宫室的方位，告诫众官员说：

“无戏怠[①]，懋建大命[②]！今予其敷心腹肾肠[③]，历告尔百姓[④]：于朕志[⑤]，罔罪尔众[⑥]，尔无共怒[⑦]，协比谗言予一人[⑧]。

注释

①怠：通“怡”，逸乐。

②懋：勉。大命：受自上天的民命、国命等。

③其：将。敷心腹肾肠：如今天所说“掏心窝子”，即诚信讲话。敷，展，公布。

④历：尽，遍。百姓：百官族姓。

⑤于朕志：在我心里。

⑥罔：无，不。

⑦共：承受。

⑧比：勾结在一起。

译文

“不要贪图享乐，要努力继承天命，重建家园。现在我掏心窝子和你们百官讲话，我的心里，已经不责怪你们了，你们也不要抓住以前的怨怒，勾结在一起讲我的坏话。

“古我先王将多于前功[①]，适于山用降我凶[②]，德嘉绩于朕邦[③]。

注释

①先王：指盘庚前代曾经迁都的君主。将：意欲。多：通“侈”，光大。

②适于山：依靠山丘高地。

③德：当作“循”，遵循。嘉：美好。

译文

“从前我们先王要发扬光大前人的功业，迁到高地避免灾害，在都邑里遵循维系着前代业绩。

“今我民用荡析离居[①]，罔有定极[②]。尔谓朕：‘曷震动万民以迁？’肆上帝将复我高祖之德[③]，乱越我家[④]，朕及笃敬恭承民命[⑤]，用永地于新邑[⑥]。

注释

①今：当今，指未迁都之前。用：则。荡析：动荡离散。

②极：止。

③肆上帝：相当于“老天爷”，肆为助词。高祖：与上文“高后”同指辈份较老的先王。德：德业。

④乱：治。越：及。

⑤及：同“汲”，努力进取的样子。笃：厚。承：通“拯”，拯救。

⑥地：用作动词，安居其地。

译文

“到了近来，我们却遭受了洪水肆虐之苦，简直没有尽头。你们反倒问我：‘为什么要震惊万民来迁都啊！’这是因为上帝要恢复我们祖宗的业绩到我们这一代，我虔诚地敬奉上帝旨意来拯救民命，这样才能永远安居在这新的都邑里。

“肆予冲人[①]，非废厥谋，吊由灵各[②]；非敢违卜[③]，用宏兹贲[④]。

注释

①肆：发语词，无意义。冲人：犹上文所云“小子”，谦称。冲，幼。

②吊：古“淑”字，善。灵各：即“灵格”，通晓鬼神及天命的神灵。

③违卜：原《盘庚》上篇（见下）群臣根据卜兆反对迁都，这里说“非敢违卜”，却又迁都了，是因为第二次又改用了神龟占卜，得出迁都吉利的象，所以盘庚才执意要迁。

④宏：发扬。贲（fén）：占卜用的大宝龟。

译文

“我不是不理会反对者的意见，而是由于神灵暗示我们迁居的好处。我非敢违背占卜，是在发扬神龟的吉示。

“呜呼！邦伯、师长、百执事之人[①]，尚皆隐哉[②]！予其懋简相尔[③]，念敬我众[④]。朕不肩好货[⑤]，敢共生生[⑥]，鞠人谋人之保居叙钦[⑦]。今我既羞告尔[⑧]，于朕志若否[⑨]，罔有弗钦[⑩]。无总于货宝[⑪]，生生自庸[⑫]。式敷民德[⑬]，永肩一心[⑭]。”

注释

①邦伯：也叫方伯，指四方诸侯。师长：武官之长。百执事之人：王朝的各官吏。

②尚：心中所希望。隐：依，依靠占卜的灵验。

③其：将。懋：勉。简：选择。相：考察。

④念：思，想。敬：敬重。

⑤肩：杨树达《积微居读书记》说乃“屑”之误。

⑥生生：从事营生之事。

⑦鞠：养。保：安。叙钦：铨叙，进用。

⑧羞告：同“猷告”，即“告”。

⑨若：顺。

⑩罔：毋。弗：不。钦：敬。

⑪无：毋。总：积聚。

⑫庸：杨筠如《尚书覈诂》说疑当读为“封”，厚也。

⑬式：发声词，无义。敷：散布。德：惠。

⑭肩：通“洁”。

译文

“啊！各方国的诸侯、军事长官及王朝各级官吏们，希望你们依从占卜。我将要严肃考察你们，看谁能重视、照顾民众。我不屑于聚敛财富、孜孜于一己的家业的行为，只会尊敬、任用那些能养育人民和为人民谋安居的人。我既已宣布此意，无论你们同意与否，都不得不遵从。你们不要积聚财富，孜孜于增加自己的家产。要使老百姓得到实惠，时刻保持心灵的洁净和团结。”

第三篇（原上篇）

盘庚迁于殷[①]，民不适有居[②]。率吁众戚出矢言[③]。曰：“我王来[④]，既爰宅于兹[⑤]，重我民[⑥]，无尽刘[⑦]。不能胥匡以生[⑧]，卜稽曰其如台[⑨]？先王有服[⑩]，恪谨天命[⑪]，兹犹不常宁[⑫]；不常厥邑[⑬]，于今五邦[⑭]。今不承于古[⑮]，罔知天之断命[⑯]，矧曰其克从先王之烈[⑰]！若颠木之有由蘖[⑱]，天其永我命于兹新邑[⑲]，绍复先王之大业[⑳]，底绥四方[㉑]。”

注释

①殷：地名，即今河南安阳小屯殷墟。

②适：悦。有：语助词。居：都。

③率：因此。吁：呼。戚：贵戚近臣。矢言：即“誓言”。

④我王：指盘庚。来：自奄地迁至于殷。

⑤爰：助词，无意义。宅：居住。兹：此，此处指殷。

⑥重：重视。

⑦刘：杀害，引申为死。

⑧胥：相互。匡：救助。

⑨卜：占卜。稽：考，问。其如台（yí）：将如何。

⑩服：官事。

⑪恪：敬。谨：勤。

⑫宁：安。

⑬不常厥邑：倒装，即“厥邑不常”。邑，国都。

⑭五邦：五次迁都。

⑮承：继也。

⑯罔知天之断命：杨树达《积微居小学金石论丛》说：“罔知者，古人成语，犹今人言‘不保’‘难保’。此文意言今不承于古，则不保天之将断绝其命。”

⑰矧（shěn）：何况。烈：光，指先王的功业。

⑱颠：仆倒。由蘖（niè）：倒断的树木重新生长出的萌芽。由，萌生。蘖，伐木所断的地方再生萌芽。

⑲永：长。

⑳绍：继续。

㉑厎：定。绥：安。

译文

盘庚迁都到殷地以后，臣民们不喜欢这个地方。他于是召唤了许多贵戚大臣，叫他们转达誓言来晓谕民众，说："我们的君王来到这里，让大家有一个安居的好地方，为的是重视你们，不让你们死在旧都。但一时还没有能在生活上互相帮助，就问了卜，卜辞说：'为什么会这样啊！'先王有老规矩，就是敬遵天命，因此他们不敢贪图安逸，老是赖在一个地方住，建国以来已迁徙过五次国都了。现在如果不依照先王的前例，那就难保上天要断绝我们的天命，怎么还能谈得上继续先王功业呢！就像倒断的树木可以发出新的枝芽一样，老天要我们迁移到新都，是让我们长久地成长在这里，从此复兴先王的伟大功业，把四方都安定下来啊！"

盘庚敩于民由乃在位[①]，以常旧服正法度[②]。曰："无或敢伏小人之攸箴[③]！"王命众悉至于庭[④]。

注释

①敩（xiào）：觉察到。乃：于。在位：指贵戚大臣。

②旧服：旧的法制。正：整顿。

③无：毋。或：有。伏：隐匿。小人：平民。攸：所。箴：规诫。

④众：众多官员。悉：尽，都。庭：中庭。

译文

盘庚察觉到了民众的厌恶情绪都是由于官员们的煽动，决定用旧有法制去整顿，就对他们说：“谁也不准隐匿我规诫百姓的话！”又命令众官员都到朝廷上来。

王若曰[①]：“格汝众[②]，予告汝训汝[③]，猷黜乃心[④]；无傲从康[⑤]。

注释

①王若曰：王这样说，是殷周史臣记载王讲话时的开头用语。

②格：告。

③训：教。

④猷：通“由”，用，以。黜：除去。乃：你们的。

⑤无：毋。傲：傲慢。从：放纵。康：安逸。

译文

王这样说：“我告诉你们，我不断告诫、训导你们应当辟除自己的私心，不要傲慢放纵，只顾享乐。

“古我先王亦惟图任旧人共政[①]。王播告之[②]，修不匿厥指[③]，王用丕钦[④]；罔有逸言，民用丕变[⑤]。今汝聒聒[⑥]，起信险肤[⑦]，予弗知乃所讼[⑧]！

注释

①惟：思。图：考虑。旧人：世袭做官的贵戚。共政：共理朝政。

②王：指先王。播：公布。

③修：通“攸”，用，因此。匿：爽忒。厥：其，代指先王。指：旨。

④用：因此。丕：大。钦：敬。

⑤逸：过失。变：移易，变化。

⑥聒（kuò）：不听正确意见，愚昧自用。

⑦起：兴，造。信：通“伸”，申说。险：邪恶。肤：古“胪”字，传。

⑧讼：争辩。

译文

“从前我们先王也是考虑任用世袭的贵戚，让他们一起参政。先王向他们宣布政令时，他们绝不敢误解先王的旨意，所以受到先王的尊重。他们又从不发表惑乱众听的谬论，所以人民也能一心向善。现在你们愚昧地自以为是，编造许多邪恶的话加以传播，我真不明白你们究竟闹什么！

“非予自荒兹德[1]，惟汝含德[2]，不惕予一人[3]。予若观火[4]。予亦拙谋作乃逸[5]。

注释

①荒：废乱。兹德：任用“旧人”的传统。

②惟：同“乃”，是，为。含：藏，怀。

③惕：通“施”，给予。

④观火：热火。观，通“爟”（guàn），热。

⑤炪（zhuō）：烟盛而火光没有发出来的样子，比喻见事不明。作：造成，养成。乃：你们的。逸：放纵。

译文

“并不是我愿意丢弃任用世袭贵族的传统，只是因为你们隐藏善德，而不给予我支持。我本来像烈火一样威严洞明，但处在烟雾弥漫的情况下，所以一时见事不明，哪里想到养成了你们的放纵！

“若网在纲[1]，有条而不紊。若农服田力穑[2]，乃亦有秋[3]。汝克黜乃心[4]，施实德于民[5]，至于婚友[6]，丕乃敢大言[7]，汝有积德。乃不畏戎毒于远迩[8]，惰农自安[9]，不昏作劳[10]，不服田亩，越其罔有黍稷[11]。

注释

①纲：网的大绳。

②服田：在土地上劳作。服，从事。力穑：勤于农事。穑，农业生产。

③乃：于是，这才。秋：秋收，丰收。

④克黜乃心：除去傲慢之心。

⑤德：恩惠。

⑥婚：婚姻，指亲戚。友：朋友，同僚。

⑦丕乃：于是。

⑧乃：如果。戎：大。毒：害。迩：近。

⑨惰：懒惰。安：安逸。

⑩昏：通“敃”（mǐn），勤奋。

⑪越：于是。其：将。罔：无。黍稷：代指农作物。

译文

“要像网一样结在绳子上，才可清晰有条理。要像农夫勤劳于农事，才可得到好收成。你们若能除去傲慢放纵之心，把真正的实惠给老百姓，以至于亲戚朋友，那样才可以大胆说你们是积了德的。如果你们不怕远近百姓受到伤害，贪一时安逸而懒于耕作，不肯辛勤勉力于农事，那就别指望任何收获。

“汝不和吉言于百姓[①]，惟汝自生毒[②]，乃败祸奸宄[③]，以自灾于厥身。乃既先恶于民[④]，乃奉其恫[⑤]，汝悔身何及！相时憸民[⑥]，犹胥顾于箴言[⑦]，其发有逸口[⑧]；矧予制乃短长之命[⑨]！汝曷弗告朕而胥动以浮言[⑩]，恐沈于众[⑪]？若火之燎于原，不可向迩[⑫]，其犹可扑灭[⑬]。则惟汝众自作弗靖[⑭]，非予有咎！

注释

①和：宣布。吉言：好话。百姓：百官。

②自生毒：犹云“自作孽”。

③乃：以致。败祸：灾祸。奸宄：恶行。

④先恶：导恶，倡导做坏事。

⑤奉：承受。恫（tōng）：痛苦。

⑥相：视，看。时：是，此。憸（xiān）：散，小。

⑦犹：尚，还。胥：相。箴言：规谏之言。

⑧逸口：过言，口中说出的错话。逸，过，错误。

⑨矧：况且。制：掌握，控制。短长之命：生死之命。

⑩曷弗：何不。胥：相。浮言：无根之言。

⑪恐沈：恐吓。

⑫向迩：靠近。

⑬其：将。

⑭惟：是。靖：善。

译文

“你们不把我的好话宣布给百姓，这是你们自取灾祸，恶行及身。你们带头引导民众做坏事，自然由你们自己承受痛苦，懊悔也来不及！看这些小民还知道听从规诫的话，唯恐祸从口出，我又是操着你们的生杀之权的，你们为什么反倒不畏惧呢？你们有话何以不先来告诉我，竟敢散播谣言惑乱人心，恐吓民众。要知道，即使你们那些话像野火一样，使人们无法靠近，但我终究会扑灭。到那时，就是你们咎由自取，不要怪我错待了你们！

“迟任有言曰[①]：‘人惟求旧[②]；器非求旧，惟新。’古我先王暨乃祖乃父胥及逸勤[③]，予敢动用非罚[④]？世选尔劳[⑤]，予不掩尔善。兹予大享于先王[⑥]，尔祖其从与享之[⑦]。作福、作灾，予亦不敢动用非德[⑧]。

注释

①迟任：相传古代的贤人。

②惟：应该。旧：旧臣，世代为官的贵族。

③暨：与，和。乃：汝。胥及逸勤：指当时君臣同心同德从事迁徙。胥，相。及，与。逸，通“肄”，劳。

④敢：岂敢，不敢。语急省“不”字。动：动辄。非罚：非罪而妄罚。

⑤选：俞樾《群经平议》谓当读为“纂”，释为继。劳：劳苦。

⑥大享：大祭祀。

⑦与：参与。

⑧非德：不合法度的赏赐或惩罚。

译文

“古代贤人迟任曾经说：‘用人应该专选旧的；不像器具那样，不要旧的，只要新的。’从前先王和你们的祖先同心同德地从事迁徙，我怎么敢对你们轻易加以处罚。你们若能世世承续先代的勤劳，我决不会掩盖你们的好处。现在我大祭先王，你们的祖先也一起受祭，你们行善作恶都由先王和你们的祖先来处置，我也不敢擅用赏罚。

“予告汝于难[①]，若射之有志[②]。汝无侮老成人[③]，无弱孤有幼[④]；各长于厥居[⑤]，勉出乃力，听予一人之作猷[⑥]。

注释

①于：以。

②志："志矢"，习射时所用的骨矢。

③侮：欺侮。老成人：指年高德劭的贤人。

④弱孤：用作动词，欺凌，轻视。有幼：即"幼"。

⑤长：统率。

⑥猷：谋，计划。

译文

"我告导你们，办事是不容易的，要像射箭一样，要先用习射的箭练习。你们不准欺负贤德之人，也不要欺凌幼弱，应该统率所属勤奋出力，听我的指挥。

"无有远迩[1]，用罪伐厥死[2]，用德彰厥善[3]。邦之臧[4]，惟汝众；邦之不臧，惟予一人有佚罚[5]。

注释

①远迩：指关系的亲疏。

②罪：处刑。伐：惩处。厥死：他的死罪。

③彰：明。

④臧：善。

⑤佚罚：行使刑罚有疏失。佚，过错。

译文

“不论亲疏远近，我会一样对待：用刑罚来惩处罪行，用爵赏来表彰善行。国家好，是由于大家的功劳；要是不好，是由于我一人行使刑法有疏失。

“凡尔众[①]，其惟致告[②]：自今至于后日，各共尔事[③]，齐乃位[④]，度乃口[⑤]。罚及尔身，弗可悔。”

注释

①凡：所有。

②致告：传达。致，送。

③共：供。

④齐：整饬。位：职事。

⑤度：闭。

译文

“你们所有人要把我的话广为传达：从今往后，各自勤勉供职，整饬职务，谨慎所言。如果做不到，等惩罚到你们的时候，懊悔也来不及。”

周书

洪　范

解题：洪，大也。范，法也。《史记·周本纪》载："武王已克殷，后二年，问箕子殷所以亡。箕子不忍言殷恶，以存亡国宜告。武王亦丑，故问以天道。"本篇开头有武王访问咨询箕子的话，可能是周史臣的记录，也可能是后人附益上去的。《史记·宋微子世家》全录此篇。《洪范》一篇被称作"统治大法"，在先秦文献中被称引次数很多，是一篇对后世影响深远的上古文献。

惟十有三祀①，王访于箕子②。王乃言曰："呜呼！箕子。惟天阴骘下民③，相协厥居，我不知其彝伦攸叙④。"

注释

①惟十有三祀：即"十又三年"，武王伐商二年后。商代以祀纪年，甲骨文常见"唯王几祀"。

②王：周武王。箕子：商纣王的叔父，封地在今山东境内。

②阴：覆。骘（zhì）：定。

④彝：常。伦：理。攸：所以。叙：顺序。

译文

十三年，武王访问箕子。王说道："哎呀！箕子。上帝荫庇保护着百姓，使大家和谐居住。我不知道上帝治理天下的常理怎样弄得那么井然有序？"

箕子乃言曰："我闻在昔，鲧陻洪水①，汩陈其五行②，帝乃震怒③，不畀洪范九畴④，彝伦攸斁⑤。鲧则殛死⑥，禹乃嗣兴，天乃锡禹洪范九畴⑦，彝伦攸叙。

注释

①鲧：神话人物，传说为禹的父亲。陻（yīn）：堵塞。

②汩（gǔ）：乱。五行：水火木金土。

③帝：殷人对上帝的称呼。

④畀（bì）：赐予。洪：大。范：法。畴：类。

⑤攸：因此。斁（dù）：败坏。

⑥则：既，已经。殛：诛杀。

⑦锡：同"赐"，赐予。

译文

箕子说："我听说过去鲧用土去堵塞洪水，把五行搞乱了，上帝大怒，就不把'大法九章'传授给他。治理天下的常理遭到败坏，鲧被诛杀了。禹继起振兴大业，上帝就把'大法九章'传授给了禹，禹按此常理治理天下井然有序。

“初一[①]，曰五行。次二，曰敬用五事[②]。次三，曰农用八政[③]。次四，曰协用五纪[④]。次五，曰建用皇极[⑤]。次六，曰乂用三德[⑥]。次七，曰明用稽疑[⑦]。次八，曰念用庶征[⑧]。次九，曰向用五福[⑨]，威用六极[⑩]。

注释

①初：开始。

②用：以。五事：见下文，指一个人的态度、言语、观看、闻听、思考等五项。

③农：勉。八政：见下文，指“食”“货”等八项。

④协：和。五纪：见下文所举五种纪时计算之术。

⑤皇极：君王进行统治的准则。

⑥乂：治。三德：见下文，为正直、刚克、柔克三项。

⑦稽疑：卜问疑难。

⑧念：通“验”，应验。庶：众多。征：征兆。

⑨向：通“飨”，给人以好处。五福：见下文，寿、福、康宁、好德、终命等五项。

⑩威：通“畏”，敬畏。六极：见下文“凶短折”等六项不吉利的事。

译文

“这九章，第一，五行；第二，谨慎于君王自身的五事；第三，勉力办好八项政务；第四，协调五种纪时之术；第五，建立君王的统治准则；第六，运用三种统治方式进行治理；第七，运用卜筮来处理疑难问题；第八，用各种征兆验证君主行为的好坏；第九，运用五种幸福的事以赐福，运用六种极坏的事以惩罚。

“一，五行：一曰水，二曰火，三曰木，四曰金，五曰土。水曰润下①，火曰炎上②，木曰曲直③，金曰从革④，土爰稼穑⑤。润下作咸⑥，炎上作苦，曲直作酸，从革作辛⑦，稼穑作甘⑧。

注释

①水曰润下：水的特性为向下湿润。曰，为。

②炎上：燃烧向上。

③曲直：可曲可直。

④从革：变革。

⑤爰：即“曰”，为。稼穑：种植和收获庄稼。

⑥作：则，就。

⑦辛：辣。

⑧甘：甜。

译文

“第一章，五行：一是水，二是火，三是木，四是金，五是土。水的特性是向下湿润，火的特性是向上燃烧，木的特性是可曲可直，金的特性是可以按照人的要求变化形状，土的特性是可以种植和收获庄稼。向下湿润致卤就使味道咸，向上燃烧致焦就使味道苦，可曲可直的木材产生酸味，可变化的金属伤人就使感到苦辛，土地生长出来的庄稼味道甜美。

“二，五事：一曰貌[1]，二曰言，三曰视，四曰听，五曰思。貌曰恭，言曰从[2]，视曰明[3]，听曰聪[4]，思曰睿[5]。恭作肃[6]，从作乂[7]，明作哲，聪作谋[8]，睿作圣。

注释

①貌：态度。

②从：顺。

③明：清醒明察。

④聪：聪明。

⑤睿：睿智通达。

⑥作：表现出。肃：严肃。

⑦乂：治理，引申为辅助鼓励。

⑧谋：通“敏”，处事敏锐。

译文

“第二章，君王自身的五事：一是态度，二是言语，三是观察，四是闻听，五是思考。态度要恭敬，言语要柔顺，观察事物要清醒明析，听取别人的意见要聪颖善于采择，思考问题要通达事理。态度恭敬，就表现出严肃端庄；说话柔顺就能得到广泛辅佐；看问题清醒明察，就有智者风范；听取意见聪颖，就能善于谋断；思考问题通达，就能达到圣明。

"三，八政：一曰食[1]，二曰货[2]，三曰祀[3]，四曰司空[4]，五曰司徒[5]，六曰司寇[6]，七曰宾[7]，八曰师[8]。

注释

①食：民食，指农业。

②货：财货，指手工业、商业。

③祀：祭祀等宗教活动。

④司空：掌管居民的官。

⑤司徒：掌管教育的官。

⑥司寇：掌管司法的官。

⑦宾：礼宾、朝觐等外交事务。

⑧师：军事，指军事活动。

译文

"第三章，要做好八项政务：一是农业生产，二是手工生产和商业贸易，三是宗教祭祀活动，四是内务民政，五是教育文化，六是公安司法，七是礼宾外交，八是军事行动。

"四，五纪[1]：一曰岁[2]，二曰月[3]，三曰日[4]，四曰星辰[5]，五曰历数[6]。

注释

①五纪：依节气纪岁，依月象纪月，依圭影纪日，依二十八宿纪日月之会，依五行星的运行数据纪历数。纪，指天象数据及

几种不同的纪时单位。

②岁：上年冬至到下年冬至为一岁。到战国时已和年字同用。

③月：从朔至晦为一月。商代以一月为三旬，西周则一月按月相分为初吉、既生霸、既望、既死霸四部分（据王国维《生霸死霸考》）。

④日：昼夜为一日。

⑤星辰：即“星”。

⑥历数：日月星辰运行经历周天的各种数据。

译文

“第四章，五种纪时方法：一是年，二是月，三是日，四是星辰，五是历数，即依冬至以纪年岁，依月相以纪月，依圭影以纪日，依躔度以纪星辰，依日、月、星辰的运行数据以纪历数。

“五，皇极：皇建其有极[①]。

注释

①有：助词，无意义。极：准则。

译文

“第五章，君王的统治准则：君王要建立自己的统治准则。

“敛时五福[①]，用敷锡厥庶民[②]；惟时厥庶民于汝极[③]，锡汝保极[④]。凡厥庶民，无有淫朋[⑤]，人无有比德[⑥]，惟皇作极。凡厥庶民，有猷有为有守[⑦]，汝则念之[⑧]。不协于极[⑨]，不罹于咎[⑩]，皇则受之，而康而色[⑪]。曰‘予攸好德[⑫]’，汝则锡之福。时人斯其惟皇之极[⑬]。无虐茕独[⑭]，而畏高明[⑮]。人之有能有为[⑯]，使羞其行[⑰]，而邦其昌。凡厥正人[⑱]，既富方谷[⑲]；汝弗能使有好于而家[⑳]，时人斯其辜[㉑]。于其无好，汝虽锡之福，其作汝用咎[㉒]。

注释

①敛：聚。时：是，这。五福：指下文第九畴中的寿、福等五项。

②用：以。敷：布。锡：同“赐”，赐予。厥：其。

③惟时：于是。于汝极：对于你的准则。

④锡：同“赐”，给予，帮助。保：保护。

⑤无：毋，不要。淫朋：邪党。

⑥人：官员。比：私相亲密。

⑦猷：谋划。为：才干。守：德行操守。

⑧念：记住。

⑨协：和，合。

⑩罹：陷入。

⑪而康而色：而且要和善你的脸色。前一“而”字是连词，后一“而”字同“汝”。

⑫攸：修。

⑬时人：此人，这些人。斯：则，乃。其：将。

⑭虐：欺侮。茕（qióng）独：泛指孤苦无告的人。

⑮高明：尊崇显要之人。

⑯人：指在位官员。

⑰羞：进献。

⑱正人：官员中的长官。

⑲方：始，才。谷：善。

⑳而：汝，指王。

㉑时人：这些人。其：将。辜：罪。

㉒作汝：替你办事。用：以。咎：恶。

译文

“聚集五种幸福的事，赐予百姓，这样的话，百姓就会帮助你巩固这些准则。所有庶民都不得结成邪党，一切官员不得朋比为奸，只应遵循君王所建的准则。庶民中有善于谋划、有才干、有操守的，要注意记住他们。那些作为不合准则，但尚未陷入罪恶的人，就要容忍他们，而且应该和颜悦色地去宽容他们。如果某人说‘我要注意修好品德’，就要赏赐他好处，这些人就会完全遵守君王的准则。不要虐待那些孤苦无告的平民，而畏惧显贵官员。那些有才干的官吏，要升迁他们，这样可使国家昌盛。那些高级长官，须先给他们以优厚的俸禄，才好要求他们做出善政。如果你不能使百姓尽力于王家，那就是官员们的罪过。这些人没有用时，你虽然赐福给他们，也只会干出坏事。

“无偏无颇[①]，遵王之义。无有作好[②]，遵王之道。无有作恶，遵王之路。无偏无党[③]，王道荡荡[④]。无党无偏，王道平平[⑤]。无反无侧，王道正直。会其有极[⑥]，归其有极[⑦]。曰皇极之敷言[⑧]，是彝是训[⑨]，于帝其训[⑩]。凡厥庶民极之敷言，是训是行，以近天子之光。曰天子作民父母，以为天下王。

注释

①颇：倾斜，不平。

②好：私人利益。

③党：包庇私情。

④荡荡：宽阔、平坦的样子。

⑤平平：通“辨辨”“便便”，治理，辨别。

⑥会：会集，会合。

⑦归：归宿。

⑧敷：通“傅”，至。

⑨彝：师法，效法。训：教训。

⑩于帝其训：顺着上帝。

译文

“不要偏，不要斜，应当遵循君王的仁义。不能只顾私人利益，应当遵循君王正道而前进。不要为非作恶，要遵循君王的正路行走。不要偏私，不要结党，君王的道路将无比宽广！不要结党，不要偏私，君王的道路将无比平坦！不要反复，不要倾侧，君王的道路中正平直！大家汇集到君王的准则之下，归依到君王的准则下来！这就叫做君王统治准则的至理名言！要以至言为师法，为教训，才算顺从了上帝的意旨！这也都是庶民们所要遵守的至言，只应当顺从它，奉行它，以亲附于天子，承受他的光彩！这样，天子才是人民的父母，是全天下的君王！

“六，三德[①]：一曰正直，二曰刚克[②]，三曰柔克[③]。平康[④]，正直；强弗友[⑤]，刚克；燮友[⑥]，柔克。沉潜[⑦]，刚克；高明[⑧]，柔克。惟辟作福[⑨]，惟辟作威，惟辟玉食[⑩]。臣无有作福、作威、玉食。臣之有作福、作威、玉食[⑪]，其害于而家[⑫]，凶于而国。人用侧颇僻[⑬]，民用僭忒[⑭]。

注释

①三德：三种统治方法。

②刚：刚强，强硬。克：取胜。

③柔：怀柔、温和的方式。

④平康：平正康宁。

⑤强：通“犟（jiàng）”，倔强顽固。

⑥燮：和。

⑦沉潜：指沉沦在下的民众。

⑧高明：显要贵族。

⑨辟：君主。

⑩玉食：美食。

⑪之：倘若。

⑫其：则。而：汝。

⑬人：在位官员。用：因此。侧：倾斜。颇：倾斜不平。僻：邪辟。

⑭僭：犯上作乱。忒：通“恶”。

译文

“第六章，三种统治方式：一是用正直的方式进行统治，二是用强硬的方式进行统治，三是用温和的方式进行统治。对平正康宁的人，要采用正直方式；对倔强不亲附的人，要用强硬方式；对和顺可亲近的人，要用温和方式。对待百姓，要以强硬方式统治；对显要贵族，要以温和方式拉拢。只有君王才有权赐予百姓以幸福，给予民众以刑罚，也只有君王才可以享受锦衣玉食。臣下则无权。倘若臣下擅权，给人以幸福、予人以刑罚、享受美食，就会危及王室，倾覆国家，百官因此会走上邪路，老百姓也会犯上作乱。

“七，稽疑[①]：择建立卜筮人[②]，乃命卜筮[③]。曰雨，曰霁[④]，曰圛[⑤]，曰雺[⑥]，曰克[⑦]，曰贞[⑧]，曰悔[⑨]，凡七。卜五[⑩]，占用二[⑪]，衍忒[⑫]。立时人作卜筮[⑬]，三人占，则从二人之言。

注释

①稽疑：卜筮决疑。

②卜：用龟甲占卜。筮：用蓍草占卜。

③乃命卜筮：将所问之事用龟甲和蓍草占卜。

④霁：雨止而云未散。

⑤圛（yì）：云气稀疏的样子。

⑥蒙（máo）：阴暗不明。

⑦克：成功与否。

⑧贞：内卦。

⑨悔：外卦。

⑩卜五：指用龟甲占卜的五项——雨、霁、圛、蒙、克。

⑪占用二：用蓍草占筮的两项——贞、悔。

⑫衍忒：卜筮二者都要推演研究兆卦的变异。衍，推演。忒，变。

⑬时人：此人，这些人。

译文

“第七章，占卜决疑的方法：择用善于卜筮的人，用龟甲占卜、蓍草筮卦，展示出雨、霁、圛、蒙等天气状况，事件成功与否，以及内卦、外卦的丰富变化，一共七项。其中龟卜五项，蓍筮两项，都要推演研究其兆卦的变异。用这些人进行卜筮时，三个人占问，信从其中两个人的结果。

“汝则在有大疑[1]，谋及乃心，谋及卿士，谋及庶人，谋及卜筮。汝则从，龟从，筮从，卿士从，庶民从，是之谓大同。身其康强[2]，子孙其逢[3]，吉。汝则从，龟从，筮从，卿士逆，庶民逆[4]，吉。卿士从，龟从，筮从，汝则逆，庶民逆，吉。庶民从，龟从，筮从，汝则逆，卿士逆，吉。汝则从，龟从，筮逆，卿士逆，庶民逆，作内，吉；作外，凶[5]。龟筮共违于人[6]，用静，吉；用作，凶[7]。

注释

①则：倘若。

②其：乃。

③逢：大。

④逆：反对。

⑤作内，吉；作外，凶：郑玄说："逆者多，以故举事于境内则吉，境外则凶。"伪《孔传》释"内"为"祭祀冠昏"之事，"外"为"出师征伐"之事。

⑥龟筮共违于人：似指龟筮都"逆"，与人三方面都"从"相反。

⑦用静，吉；用作，凶：伪《孔传》说："安以守常则吉，动则凶。"

译文

"倘若有重大疑难的事，首先要自己反复考虑，然后再问大臣，再咨询庶民，最后再看卜筮的结果。如果你自己赞同，龟卜赞同，蓍卦赞同，大臣赞同，庶民也赞同，这就叫作'大同’；这样，你身体就会强健，子孙后代也会昌盛，这是大吉。如果你自己赞同，龟卜赞同，蓍卦也赞同了，可是大臣们反对，庶民们也反对，这也算吉利。如果大臣们赞同，龟卜赞同，蓍卦赞同了，你自己却反对，庶民们也反对，这还是算吉利。如果庶民们赞同，龟卜赞同，蓍卦赞同了，你自己却反对，大臣们也反对，这仍算是吉利。如果你赞同，龟卜也赞同，蓍筮却反对，大臣们也反对，庶民也反对，这种情形下，用于国内之事，仍是吉利；对外，则有凶灾。如果龟卜和蓍筮都不合人意，那就要安静下来，不应有所举动，才能得到吉利的结果；有所妄动，就会招来凶祸。

“八，庶征[①]：曰雨，曰旸[②]，曰燠[③]，曰寒，曰风。曰时五者来备[④]，各以其叙[⑤]，庶草蕃庑[⑥]。一极备[⑦]，凶；一极无[⑧]，凶。

注释

①庶：众。征：征兆。

②旸：日出。

③燠（yù）：暖，热。

④曰时：要是。曰，语气词，无意义。

⑤叙：次序。

⑥蕃：滋。庑：丰。

⑦一极备：其中一项过多。

⑧一极无：其中一项太欠缺。

译文

“第八章，各种征象：雨、晴、暖、寒、风。要是五项都具备，各按其规律发生，就能使草木繁盛，庄稼丰收。如果其中某一项过多，就不利；某一项欠缺，也是不利。

“曰休征①：曰肃②，时雨若③；曰乂，时旸若；曰哲，时燠若；曰谋，时寒若；曰圣，时风若。

注释

①休：美好。

②肃：即上文第二畴“恭作肃”的“肃”，指君王态度严肃，庄敬。下“乂”“哲”“谋”“圣”皆同。

③时：适时。若：助词，无意义。

译文

“美好行为的征兆：君王表现肃敬，雨水恰到好处地降下来；君王政治休明，太阳按时普照大地；君王处理事情明智，气候适时温暖；君王深谋远虑，天气适时转寒；君王明识通达，和风定时而至。

“曰咎征①：曰狂②，恒雨若③；曰僭④，恒旸若；曰舒⑤，恒燠若；曰急⑥，恒寒若；曰瞀⑦，恒风若。

注释

①咎：过失。

②狂：狂妄。

③恒：常。

④僭：差，过失。

⑤舒：缓慢拖拉。

⑥急：急躁莽撞。

⑦霿：昏暗不明。

译文

“恶劣行为的征兆：君王行为狂肆，常下大雨；君王行为动辄有差错，经常干旱；君王办事拖拉迟缓，天气经常炎热；君王办事冒失孟浪，天气经常寒冷；君王处事昏暗不明，经常大风不止。

“曰：王省惟岁[①]，卿士惟月[②]，师尹惟日[③]。岁月日时无易[④]，百谷用成[⑤]，乂用明[⑥]，俊民用章[⑦]，家用平康。日月岁时既易，百谷用不成，乂用昏不明，俊民用微[⑧]，家用不宁。

注释

①省：察。

②卿士：周王朝掌管国政最高级的官员。

③师尹：师氏、尹氏的连称，泛指周王朝高级文武百官。单

称师氏是高级武官，尹氏是高级文官，即史官之长。这里，王统卿士，卿士统百官，比如以岁统月，以月统日，纲举目张。

④无：毋，不要。

⑤用：以。

⑥乂：治。

⑦俊民：才能特别高的人。章：显用。

⑧微：沉沦，卑贱。

译文

“君王、卿士、师尹递相统率，就像岁、月、日递相隶属，纲举目张。岁、月、日自然有序而不错乱，庄稼才会获得丰收，政治就会清明，贤才也会显用，国家才能平安宁静。如果日、月、岁时间颠倒错乱，庄稼不会有收成，政治也会昏暗，贤才只能沉沦，国家当然就不得安宁了。

“庶民惟星①：星有好风②，星有好雨。日月之行，则有冬有夏；月之从星，则以风雨③。

注释

①庶民惟星：老百姓就像星星。

②星有好（hào）风：星星有爱好风的，意思是星星能影响造成风。下“好雨”同。

③月之从星，则以风雨：古人传说月亮运行经过爱好风雨的星就会引起风雨。这里是比喻意，强调君王要加强统治，不能迁就民欲。

译文

“庶民们好比星星，能够影响风雨调顺。日、月，按一定规律运行，就会产生冬夏。如果月亮行道时，从星所好，顺从民欲，就会政教失常，引起风雨。

“九，五福[①]：一曰寿，二曰富，三曰康宁[②]，四曰攸好德[③]，五曰考终命[④]。六极[⑤]：一曰凶短折[⑥]，二曰疾，三曰忧，四曰贫，五曰恶[⑦]，六曰弱[⑧]。”

注释

①福：幸福的事。

②康宁：健康安宁。

③攸：修。

④考终命：终天年。考，老。

⑤极：这里指惩罚、恶事。

⑥凶短折：相当于“不得好死”。

⑦恶：凶恶。

⑧弱：懦弱，衰弱。

译文

“第九章，五种幸福：一是长寿，二是富贵，三是健康安宁，四是敬修美德做好事，五是老而得善终。六种惩罚：一是不得好死，二是疾病，三是忧患，四是贫穷，五是凶恶，六是衰弱。”

大诰

解题：诰，告诫劝勉之意，“大诰”即普遍广泛地告导。以此命篇，《大诰》讲述周武王死后，成王幼弱，由周公摄政。管叔、蔡叔嫉恨周公，勾结殷王武庚发动了叛乱。周公为了动员周人出兵征伐，发表了诰辞，反复强调平乱、东征的意义，希望各诸侯国同心同德，顺应天命。终于完成了动员，讨平了叛乱，巩固了周王朝。史臣将周公这一次动员讲话记录下来，成为本篇。《史记·周本纪》说：“初，管、蔡畔周，周公讨之，三年而毕定，故初作《大诰》，次作《微子之命》，次《归禾》，次《嘉禾》，次《康诰》《酒诰》《梓材》。”可见其成篇在周公摄政、管蔡叛乱之后。

《大诰》中周公所讲多有当时的岐周方言，释读不易，《大诰》因此成为了著名的诘屈难读的篇章。

王若曰[①]：“猷大诰尔多邦越尔御事[②]：弗吊天降割于我家[③]，不少延[④]。洪惟我幼冲人嗣无疆大历服[⑤]，弗造哲[⑥]，迪民康[⑦]，矧曰其有能格知天命[⑧]！

注释

①王若曰：王这样说。此时周公已称王，假借成王名义说话，此“王”实指周公。

②猷（yóu）大诰：即“诰”，指天子对臣下的训导。“猷”是发语词，“大”是语词，加重语气。尔：你。越：与，及。御

事：朝廷百官。

③弗吊天：即“不淑天”，不善的天，降灾害的天。割：同“害”。我家：周的王家。

④少：稍。延：延缓。

⑤洪惟：发语词。我幼冲人：指年纪尚轻的周成王。嗣：继承。大历服：即“大历”与“大服”，长久的年代和伟大的禄命。

⑥造：遭。哲：吉。

⑦迪：引导。康：安康。

⑧矧：何况。有：又。格：至。

译文

成王这样说：“现在我告诉你们各位邦国君长和政府官员们，不善的老天爷正严峻地给我王家降下灾难，我小子继承了这千秋大业，偏偏很不顺利，还不能使百姓安乐地生活，更谈不上什么能知天命！

“已①！予惟小子若涉渊水②，予惟往求朕攸济③。敷贲④，敷前人受命⑤，兹不忘大功⑥。予不敢于闭⑦。

注释

①已：唉，发端叹词。

②予惟小子：即“余小子”，周公代成王自称。渊：深。

③朕：我。攸：所以。济：渡过。

④敷：陈列，开展。贲：龟。

⑤前人：前代君王。

⑥兹：此。忘：同“亡”，失去。

⑦闭：壅塞。

译文

“唉！我小子好像准备渡过大河一样，必须寻求可以安全渡过的地方。我要广泛开展龟卜方式，发扬光大我们祖宗所接受的天命，这才能守住先王功业。我可不敢自我壅塞停滞。

“天降威，用文王遗我大宝龟绍天明[①]，即命曰[②]：‘有大艰于西土，西土人亦不静[③]，越兹蠢殷小腆[④]，诞敢纪其叙[⑤]；天降威，知我国有疵[⑥]，民不康。曰：“予复[⑦]！”反鄙我周邦[⑧]，今蠢今翼[⑨]。日民献有十夫予翼[⑩]，以于敉文、武图功[⑪]。我有大事[⑫]！休[⑬]？’朕卜并吉[⑭]！

注释

①绍：卜问。明：通“命”。

②命曰：占卜前要将所占之事向鬼神提出，称为“命龟”。

③西土人：指周朝派往东土的管叔、蔡叔等一班监视武庚的人。西土指周都镐京，在今陕西西安的西面。

④越：同“惟”，语词。兹：此。蠢：蠢动，不安分。腆：丰厚。

⑤诞：发语词，无意义。纪：整理。叙：通“绪”，旧的法

纪传统。

⑥疵：毛病，这里指周室内部的不团结。

⑦予复：恢复旧邦。此引武庚之言。

⑧鄙：使成为边境。

⑨今蠢今翼：（武庚他们）像害虫蠢动、恶鸟飞扑一样。蠢，虫子蠕动的样子。翼，通“翊”，鸟飞的样子。

⑩日：近日。民献：臣服于征服者而仍统治本族奴隶的贵族。十夫：一群人。予翼：倒文，即“翼予”，辅佐我。

⑪于：往。敉：完成。图：大。

⑫大事：指东征的军事行动。

⑬休：美好。

⑭卜并吉：殷周进行占卜时，用三个卜人进行占卜，这里就是说三个龟壳都显示了吉兆。

译文

“自从老天降下威严，我就用文王传下来的大宝龟来卜问天命。我祷告说：‘我们西土有大灾难落到头上来了，就连我们派出去的人员也不老实，不安分的殷人刚恢复了一点力量，就妄想恢复旧业！他们趁老天爷降下威严，知道我国出了些问题，百姓也不安起来，就叫嚣说：“我们要借此光复旧邦！”妄想把我周邦作为他们的边地。现在他们就像鸟虫一样蠢动飞扑。近来，幸好在归顺我们的殷人里，有一批贵族辅助我，一同去完成文王和武王的大功业。现在我准备发兵东征了！请问这次是吉还是凶？’结果，占卜的三个龟版全都呈现出吉兆。

“肆予告我有邦君越尹氏、庶士、御事曰[①]：予得吉卜，以惟以尔庶邦[2]，于伐殷逋播臣[3]！

注释

①肆：所以现在。尹氏：周王朝的史官，职掌书写王命。庶士：众多官员。

②以：用。庶邦：许多属邦。

③于伐：征伐。逋播：逃亡。

译文

“现在我明白告知你们各位邦君和官员：我得到了很吉利的卜兆，我要带领你们各邦去讨伐殷商叛乱集团的亡命之徒！

“尔庶邦君越庶士、御事罔不反曰[1]：‘艰大[2]，民亦不静，亦惟在王宫、邦君室[3]，越予小子考翼[4]，不可征。王害不违卜[5]？’

注释

①罔：无。反：同“返”，复命，回答上级。

②艰：困难。

③王宫：管叔、蔡叔是周朝亲族，所以这样说。邦君室：管叔、蔡叔是分封土地的诸侯，所以这样说。

④越：发语词，无意义。考翼：当作“孝友”，指父兄。

⑤害：同“曷”，何。

译文

“但是你们许多邦君和各级官员倒回答我：‘困难很大呀！人民也不老实，而且这些乱子就出在我们王朝的宫廷和王族诸侯的室家之间，本于我们孝友的原则，可不能大行征伐啊！王啊，您为什么不违背卜兆呢？’

“肆予冲人永思艰，曰：乌虖[1]！允蠢[2]，鳏寡哀哉[3]！予造天役遗[4]，大投艰于朕身[5]。越予冲人不卬自恤[6]，义尔邦君越尔多士、尹氏、御事绥予曰[7]：‘无毖于恤[8]！不可不成乃文考图功[9]！’

注释

①乌虖：同“呜呼”，相当于“唉呀”。

②允：实在。蠢：动乱。

③鳏寡：指无家可靠的孤独之人。

④造：遭。役：同“及”。遗：通“谴”，谴责。

⑤大：语词，无意义。

⑥卬：我。恤：忧。

⑦义：应该。绥：劝告。

⑧无：发语词，无意义。毖：谨慎，勤劳。

⑨文考：周文王。

译文

“因此，我对这些困难做了深入的思考，我要对你们说：

唉！这些叛乱之徒真的蠢动起来了，老百姓遭受这灾难多么可悲呀！我遭到了老天爷的责罚，艰难困苦压到我的身上。如果我小子对这样的大事还不知忧苦，你们各个邦君和各级官员正该劝谏我说：'您为什么不仔细地考虑呢！您的先人文王的大功不能不由您去完成啊！'

"已！予惟小子不敢僭上帝命①。天休于文王②，与我小邦周。文王惟卜用③，克绥受兹命④。今天其相民⑤，矧亦惟卜用⑥。乌虖！天明畏⑦，弼我丕丕基⑧。"

注释

①僭：不信。

②休：通"庥"，庇护。

③卜用：用占卜。

④克：能。绥：继承。

⑤相：帮助。

⑥矧：又。

⑦天明畏：即"畏天命"。

⑧弼：辅佐。丕：大。

译文

"唉！我小子决不敢不信天命。老天爷庇佑着文王，使我们小小周邦兴盛了起来。文王就是由于懂得遵照占卜行事，才能继承大命。老天爷还会给我们降福的，只要我们能依照占卜行事。啊！天命威严可畏，大家一同来辅佐我成就基业吧！"

王曰：“尔惟旧人[1]，尔丕克远省[2]？尔知文王若勤哉[3]！天閟毖我成功所[4]，予不敢不极卒文王图事[5]。肆予大化诱我友邦君[6]：天棐忱辞[7]，其考我民[8]，予害其不于前文人图功攸终[9]！天亦惟用勤毖我民[10]，若有疾[11]，予害敢不于前文人攸受休毕[12]！

注释

①尔：你们。惟：乃，是。旧人：旧臣。

②丕：大。克：能。远省：当作“適省”，遵循。

③若：如此。

④閟（bì）毖（bì）：谨慎告诫。所：所在，所由。

⑤极卒：赶快完成。极，通“亟”。卒，完成。

⑥化诱：教导。

⑦棐忱：不信。棐，通“匪”，非，不。忱，通“谌”，相信。辞：同“台（yí）”，我。

⑧考：成全，安定。

⑨害：通“曷”。其：语词，无意义。攸：是。

⑩勤：劳，征伐之役。

⑪有：为，治疗。

⑫攸受休：所受上天的庇佑。毕：祛除（疾病）。

译文

王接着说：“你们这些人，很多是我先文王的旧臣，你们能够很好地遵循文王的遗轨吗？你们知道文王曾多么勤劳于王事吗？现在老天爷已经把成功的道理教给我了，我实在不敢不尽快完成文王的大事。所以我深切地告诫各位邦君，老天爷并不是随便信任我的，它只是为了安定我们的人民才这样的。我怎么敢不为先王遗下的伟大功业争取最后胜利呢？现在老天爷又要成全我们的人民，从事东征了，正像对待瘟疫一样，我哪敢不为先王所受天命，而不去彻底清除它！”

王曰：“若昔朕其逝[①]。朕言艰日思[②]。若考作室[③]，既厎法[④]，厥子乃弗肯堂[⑤]，矧肯构[⑥]；厥考翼其曰[⑦]：‘予有后，弗弃基？’厥父菑[⑧]，厥子乃弗肯播，矧肯获；厥考翼其肯曰：‘予有后，弗弃基？’肆予害敢不越卬敉文王大命[⑨]！

注释

①若：如。昔：前面。其：之。逝：通“誓”，诰教。

②言：于。

③考：父。

④厎：定。法：指造房屋的构图尺寸规定。

⑤乃：尚且。堂：高出地面四方形土台，这里指堆土以奠定房基。

⑥矧：何况。构：屋架。

⑦翼：通“繄”，语词，无意义。其：哪里会。

⑧菑（zī）：田中除草和翻土的工作。

⑨越卬：于我，即趁我这一生。

译文

王又说："像前面我对你们所宣讲过的，我正天天深长地思考这件困难的工作。打个比方吧，就像一位父亲想造房子，已经定好了建筑的规划，他的儿子却连堆土夯房基的工作都不能做，更何况去搭架梁椽呢？这时父亲难道还能说'我有好后代，不会抛弃我的基业'吗？又如一位父亲在田地里已经翻好土地，他儿子连播种都不干，更不用说收割了。这时父亲难道还能说'我有好后代，不会抛弃我的基业'吗？像这样，所以我才不敢不及早努力继承、完成文王所承受的伟大天命。

"若兄考[①]，乃有伐厥子[②]，民养其观弗救[③]？"

注释

①兄考：即"皇考"，这里可以理解为周公隐指成王父亲武王。兄，同"贶"，又通"皇"，高大之谓。

②伐：侵伐，欺侮。

③民养：指奴隶，仆人，这里可理解为周室官员。观：观望。

译文

"像现在这样，武王死了，坏人来欺侮攻伐他的儿子，国家官员们可以袖手旁观而不去救援吗？"

王曰："呜呼！肆我告尔庶邦君[①]，越尔御事：爽邦由哲[②]，亦惟十人迪知上帝命越天棐忱[③]，尔时罔敢易定[④]，矧今天降戾于周邦[⑤]，惟大艰人诞以胥伐于厥室[⑥]。尔亦不知天命不易[⑦]。

注释

①肆：今。

②爽：尚且。由哲：亦作“迪哲”，昌明顺利，指文王、武王之时。

③十人：指一批大臣，十，虚数。迪知：用知。越：及。棐：匪。忱：信。

④易：改变。定：天的定命。

⑤矧：何况。戾：定，上天的命令。

⑥大艰人：指武庚、管叔、蔡叔等叛徒。诞：语词，无意义。胥：相。厥室：判周者的家室。

⑦不易：不变。

译文

王又说：“啊！现在我要告诉你们各个邦君和官员们：本来我们周邦国势昌明顺利，那是由于有一批贤臣，他们能认识到不可无条件地一味依赖天命。那时他们都不敢违背上帝的命令，何况现在老天爷又把这决定的命令降给我们了，注定那些发难的叛乱之徒到头只会相互毁掉自己的家室。难道你们还不知道上帝的命令是根本不会改变的吗？

“予永念曰：天惟丧殷，若穑夫[①]，予害敢不终朕亩[2]！天亦惟休于前文人，予害其极卜[3]？敢弗于从率文人有旨疆土[4]，矧今卜并吉。肆朕诞以尔东征[5]！天命不僭[6]，卜陈惟若兹[7]。”

注释

①穑夫：农夫。穑：耕稼。

②害：通“曷”，这里理解为“为什么不”。

③极：通“亟”，赶快。

④于：往。从：遵守。率：语词，无意义。文人：即文王。旨：美好。

⑤肆：所以。

⑥僭：不信。

⑦陈：陈列。惟：有。若兹：像这样。

译文

“我经过长时间的思考，认为老天爷早已决定要灭绝殷商。好像农夫种地一样，我哪敢不顺着天时把自己的农活善始善终地都干完呢？从前上天降福于文王，我为什么不能像先王那样抓紧进行占卜？不敢不守住文王开创的大好疆土。何况现在占卜都已得到吉兆！所以我就要带领大家东征了！天命不可不信，试看占卜的兆象何等清楚！”

康　诰

解题：《康诰》是周王朝册封文王之子康叔于卫国时的诰辞。《史记·卫康叔世家》载："卫康叔名封，周武王同母少弟也。……周公旦以成王命兴师伐殷，杀武庚禄父、管叔，放蔡叔。以武庚殷余民封康叔为卫君，居河、淇间故商墟。周公旦惧康叔齿少，乃申告康叔曰：'必求殷之贤人君子长者，问其先殷所以兴所以亡，而务爱民。'"《尚书大传》也记载了周公摄政二年平定武庚叛乱，三年践奄之后，回到宗周作《多方》，四年建侯卫，封鲁侯伯禽、卫康叔等。这篇《康诰》就是册封康叔的诰命，篇中反复告诫康叔要明德慎罚，爱护殷民。《康诰》和下文《酒诰》《梓材》两篇，因为都是周公对康叔说的话，习惯上合称为《康诰》三篇。

据刘起釪先生的统计，此篇在先秦文献中引用次数最多，共计三十余次。

惟三月哉生魄[①]，周公初基作新大邑于东国洛[②]，四方民大和会[③]，侯、甸、男邦，采、卫、百工、播民[④]，和见士于周[⑤]。周公咸勤[⑥]，乃洪大诰治[⑦]。

注释

①哉生魄：月初。哉，始。魄，《说文》作"霸"，马融说："魄，朏（fěi，月光）也。谓月三日始生兆。朏，名曰魄。"王国维《生霸死霸考》说："古人记时，月分四期：一月

初吉，二曰既生霸，三曰既望，四曰既死霸。又有哉生霸，旁生霸，旁死霸三名。”具体分期，自一日至七、八日为初吉，八、九日至十四、五日为既生霸，自十五、六日至二十二、三日为既望，自二十三、四日至月底为既死霸。每月的二、三日为哉生霸，二、三日之后也可以称哉生霸，所以哉生霸也可以是每月的五、六日。

②初基：于省吾《尚书新证》说“基”通“其”，“初其，犹金文之言‘启其’‘肇其’，乃周人语例。周公初基作新大邑于东国洛者，周公始其作新大邑于东国洛也。”大邑：国都。洛：《史记》作“雒”，今洛阳。

③四方民大和会：四方诸侯朝觐周天子的会同之礼。

④侯、甸、男邦：即侯邦、甸邦、男邦。采、卫：这里指与侯、甸、男并立的附庸小国。百工：百官。播民：指一些侯、甸、男邦及采、卫中所领有之殷余民，但主要当是迁至洛邑的殷余民。

⑤和：合，会。见士：即“见事”，效力，做事。

⑥咸：都。勤：劳，慰劳。

⑦洪：语词，无意义。治：通“辞”。

译文

三月初，周公在东方的洛阳开始营建新的大城市，四方的臣民都来朝觐。侯、甸、男、采、卫诸邦邑的百官和迁徙来的殷余民都来为周王朝效力。周公一一慰劳他们，发表了一篇告诫他们的训辞。

王若曰[①]：“孟侯[②]，朕其弟小子封[③]。惟乃丕显考文王克明德慎罚④，不敢侮鳏寡⑤，庸庸祇祇威威显民⑥。用肇造我区夏⑦，越我一二邦⑧，以修我西土⑨。惟时怙冒闻于上帝⑩，帝休⑪。天乃大命文王殪戎殷⑫，诞受厥命越厥邦厥民⑬，惟时叙乃寡兄勖⑭，肆汝小子封在兹东土⑮。”

注释

①王若曰：王如此说，王这样说。是史臣代宣王命时的开头用语。

②孟侯：康叔的另一称呼。

③其：之。小子：对亲属的一种亲昵的称呼，这里指康叔。封：康叔名。康叔为周文王之子，武王和周公之弟，成王之叔。

④乃：你的。丕：大。显：光辉。考：父。克：能。明：通“勉”。

⑤鳏寡：古人成语，指下层孤独无靠的人民。

⑥庸庸祇祇威威显民：据于省吾《尚书新证》说，当读为“庸祇威，庸祇威显民”，庸，用。祇，敬。威，通“畏”。显民，有声望的人。

⑦用：以。肇：始。区夏：华夏地区。

⑧越：与，及。一二邦：指周王朝统治下的一些分封诸侯。

⑨修：长。西土：指周族原居地今陕西一带。

⑩时：通“是”。怙：故。冒：上。帝：天帝。

⑪休：赞美。

⑫命：降命。殪戎殷：灭掉这大殷。殪（yì），死，尽。戎，大。

⑬诞：语词。越：与。厥：其。

⑭惟：语词。时叙：承顺，延续。乃：你的，寡兄：大兄。勖：勉。

⑮肆：语词，无意义。东土：指康叔新受封的卫地，即今河南淇县一带。

译文

王这样说："孟侯！我的弟弟封呀！你的伟大父亲文王最能英明地施行赏赐和谨慎地实行刑罚，又不欺侮那些孤独无依的小民，而且还敬畏那些有声望的人，所以他能缔造我华夏地区，包括我们好几个小邦，还扩展了西边的领土，由此他的德业上闻于天帝。天帝十分赞美，就降大命给文王，要他灭掉这强大的殷国，承受殷原有的天命和土地、人民。现在你接着你大哥武王所奋勉的大业，所以你才会到东方这块土地上。"

王曰："呜呼！封，汝念哉[①]！今民将在[②]！祗遹乃文考[③]，绍闻衣德言[④]，往敷求于殷先哲王[⑤]，用保乂民[⑥]；汝丕远惟商耇成人[⑦]，宅心知训[⑧]；别求闻由古先哲王[⑨]，用康保民[⑩]。弘于天若德，裕乃身不废在王命[⑪]。"

注释

①念：思考。

②将在：即"伤哉"，古音通假。

③祗：敬。遹（yù）：述，循。

④绍：继。衣：通“殷”。

⑤敷：广。

⑥用：以。保乂：即“俾乂”，保有和治理。

⑦丕：不。惟：语词。商：殷商。耇（gǒu）：老。

⑧宅心：放在心里。宅，度，居。知训：知道听取教训。

⑨别：通“辩”，遍。闻：遗闻。由：于。

⑩康：安。

⑪裕：同“欲”。

译文

王说：“啊呀！封呀，你想想吧！现在人民是多么痛苦啊！你应当敬重遵循父亲文王的德业，还要继承殷人好的文化。这次要广泛寻求殷人古先圣王的治国之道，用来安定和治理那里的人民；在那里有许多殷商德高望重的人离你不远，要把他们放在心里，知道去听他们的教导；再遍寻古先圣王的遗闻旧政，使人民生活安乐。你应该发扬上天的大德，就是要不废弃王朝给你的宠命。”

王曰：“呜呼！小子封，恫瘝乃身[①]，敬哉[②]！天畏棐忱[③]，民情大可见[④]，小人难保[⑤]。往尽乃心，无康好逸[⑥]，乃其乂民[⑦]。我闻曰：‘怨不在大，亦不在小。’惠不惠[⑧]，懋不懋[⑨]。已[⑩]！汝惟小子[⑪]，乃服惟弘[⑫]，王应保殷民[⑬]，亦惟助王宅天命[⑭]，作新民。”

注释

①恫：痛。瘝（guān）：病。

②敬：通“警”，警觉。

③畏：通“威”。棐：不。忱：可信，可知。

④大：语词，用于加强语气。

⑤小人：小民。保：安抚。

⑥康：一作“桐”，通“侗”，长久。

⑦乃其：乃可。乂：治理。

⑧惠不惠：施恩惠于不驯顺的人。前一“惠”字作动词，施惠。后一“惠”字释为驯顺。

⑨懋不懋：劝勉不勤勉的人。

⑩已：叹词。

⑪惟：同“虽”。

⑫乃：你的。服：官事，职务。弘：宏大。

⑬应：受。

⑭宅：安定。

译文

王说：“啊！封呀！人民的痛苦像缠在你的身上一样，你要注意啊！老天的威严不可测知，可是民情却是很容易见到的，要知道老百姓是难于安抚的。你去了之后，要尽心尽力办事，不要老是贪图安逸，爱好享乐，这才能治理好人民生活。我听说：‘人民的怨恨不一定出在大事上，也不一定出在小事上。’因此你要小心，善于施惠于那些不驯顺的人使之柔顺，劝勉那些不勤勉的人使之勤于职事。唉！你虽年轻，担当的职责可非常重大啊。我周王已承受了天令来保养殷民，你要助我王家安定好这天命，把这些殷民改造成新的人民。”

王曰：“呜呼！封，敬明乃罚。人有小罪，非眚[①]，乃惟终[②]，自作不典[③]，式尔[④]；有厥罪小[⑤]，乃不可不杀。乃有大罪，非终，乃惟眚灾，适尔[⑥]，既道极厥辜[⑦]，时乃不可杀[⑧]。”

注释

①眚：察。

②乃惟终：犹云“怙恶不悛”，坏到底。

③不典：不法。

④式尔：故意常犯罪。

⑤有：虽。

⑥适尔：偶然犯罪。

⑦道：当作“迪”，用。极：责罚。辜：罪。

⑧乃：却。

译文

王说：“啊！封呀！你要谨慎于使用刑罚。有人犯的是小罪，但他自己不承认，坚持错到底，主动违法犯纪，故意常常犯罪。那么虽然罪小，不可不杀。有的犯有大罪，但不是坚持错到底，而能认罪悔过，这是偶然犯罪，既已对他用了适当的责罚，这就不该杀了。”

王曰："呜呼！封，有叙时[①]，乃大明服[②]，惟民其勑懋和[③]。若有疾，惟民其毕弃咎[④]。若保赤子[⑤]，惟民其康乂[⑥]。非汝封刑人杀人[⑦]，无或刑人杀人[⑧]；非汝封又曰劓刵人[⑨]，无或劓刵人。"

注释

①叙时：承叙，承顺。此王引之《经义述闻》之说。

②服：使……心服。

③惟：则。勑：勤。懋：勉。

④毕：攘除疾病。弃：通"祓"，除恶。咎：疾。

⑤赤子：婴孩。

⑥惟：则。康：安，保。乂：治。

⑦非：除非。

⑧无或：没有谁。

⑨又：有。劓：割鼻之刑。刵：截耳之刑。

译文

王说："啊！封呀！如果你能照着这样做，就显示出你的公正严明，自然能服众，人民就会勤勉和顺了。就像疾病时，人民会以祓祭攘除它一样，去掉所有过失。只要像保育婴孩一样，人民自然会因安乐而被治理得很好。除非你自己要施人刑罚或杀人，没有谁可以这样做；除非你说要割人的鼻子或耳朵，没有谁可以这样做。"

王曰："外事[1]，汝陈时臬司[2]，师兹殷罚有伦[3]。"又曰："要囚[4]，服念五六日[5]，至于旬时[6]，丕蔽要囚[7]。"

注释

①外事：外朝听狱之事，此江声《尚书集注音疏》之说。

②陈：列。时：是。臬：法。

③师：效法。罚：通"法"。伦：条理。

④要（yāo）囚：古音通借又作"幽囚"，监禁犯人。

⑤服：思。念：思。

⑥旬时：殷代历法，一月分三旬。

⑦丕：乃。蔽：又作"弊"，断。

译文

王说："外朝审问案件，你要安排好司法人员，按照殷代的刑罚来治理，自会有条理。"又说："对于囚禁的犯人，要仔细审理五六天，甚至十天，直到确定没有冤屈，再去量定刑罚。"

王曰："汝陈时臬事[1]，罚蔽殷彝[2]，用其义刑义杀[3]，勿庸以次汝封[4]。乃汝尽逊[5]，曰时叙[6]，惟曰未有逊事。已！汝惟小子，未其有若汝封之心[7]，朕心朕德，惟乃知[8]。凡民自得罪，寇攘奸宄[9]，杀越人于货[10]，暋不畏死[11]，罔弗憝[12]。"

注释

①事：同上“汝陈时臬司”之“司”，指司法办事人员。

②彝：常，法。

③义：适宜。

④次：迁就。

⑤乃：若。逊：顺。

⑥曰：语词。时叙：承顺。

⑦若：顺。

⑧乃：你。

⑨寇：抢劫。攘：盗取。奸宄：邪恶行为。

⑩越：其意不详。于：取。

⑪㪧（mǐn）：强。

⑫憝（duì）：怨。

译文

王说：“你安排好司法人员，用殷代常法来断狱，该判刑的要判刑，该杀的就要杀，切不可迁就个人意志。如果你迁就个人意志，还说是承顺上帝旨意，就不能说断案顺利。你这年轻人，切不可顺从你个人意志啊。我的心意，我的做法，只有你理解啊！至于自取罪行的人，像抢劫、盗窃、奸邪之徒，他们惯于杀人越货，强悍而不怕死，没有人不痛恨希望他们死的。”

王曰：“封！元[①]恶大憝[②]，矧惟不孝不友，子弗祗服厥父事[③]，大伤厥考心[④]；于父不能字厥子[⑤]，乃疾厥子[6]。于弟弗念天显[7]，乃弗克恭厥兄；兄亦不念鞠子哀[8]，大不友于弟。惟吊兹不于我政人得罪[9]，天惟与我民彝大泯乱[10]。曰：乃其速由文王作罚，刑兹无赦。

注释

①元：大。

②憝：恶。

③矧：亦。祗：敬。

④考：父。

⑤于：为。字：爱。

⑥疾：憎恶。

⑦天显：上天规定的伦理常道。

⑧鞠：稚子。

⑨惟：有。吊：善，好。于：为。政：通“正”，长官。

⑩惟：语词。与：给予。彝：常，法。泯：乱。

译文

王说：“封啊！罪大恶极的人让人痛恨，但还有不孝不友的人更可恶。做儿子的不恭敬服事他的父亲，大伤他父亲的心；做父亲的不疼爱他的儿子，反而憎恶。做弟弟的不顾天伦之道，不敬重哥哥；做哥哥的也不考虑幼小的弟弟未离教养的可怜，反而不加爱护。如果宽容这些恶行而不被我们长官判罪的话，上天所定下的伦理就将陷于紊乱。所以，要赶紧按照文王的刑法来严惩这些恶行。

“不率大戛[1]，矧惟外庶子、训人、惟厥正人越小臣诸节[2]，乃别播敷[3]，造民大誉[4]，弗念弗庸，瘝厥君[5]，时乃引恶[6]，惟朕憝[7]。已[8]！汝乃其速由兹义率杀[9]。亦惟君惟长不能厥家人越厥小臣、外正[10]，惟威惟虐，大放王命[11]，乃非德用乂[12]，汝亦罔不克敬典乃由[13]。裕民惟文王之敬忌[14]，乃裕民曰‘我惟有及’[15]，则予一人以怿[16]。”

注释

①率：遵守。戛：楷，常法。

②矧：亦。外庶子、训人：诸侯国掌管教化的官员。外庶子专门负责贵族子弟的教育。正人：某项官职之长。越：与。小臣：官名。甲骨文中常见，主要从事占卜、祭祀、征伐等大事。西周中期以后地位降低为小吏。诸节：持有符节的官。

③别：另外。

④造：遭，迎合。

⑤瘝：病，引申为损害。

⑥时：是，此。引：助长。

⑦憝：痛恨。

⑧已：叹词。

⑨义：适宜。率：通“司”，治。

⑩君：封国之君。长：百官之长。能：善，这里作动词，使……善良。越：与。小臣外正：各封国中的官员。

⑪放：背弃。

⑫乂：治。

⑬罔：通“毋”。典：法。由：行。

⑭裕：同“欲”。敬忌：敬畏。

⑮我：民众自称。及：追随。

⑯怿：高兴。

译文

“还有不遵守王朝大法的，就是那些侯国掌教之官、各种政务长官及他们部下的小吏们。他们往往擅自发布条令，迎合百姓，不考虑对不对，损害君主的利益，助长下面的罪恶。这种人是我最痛恨的。哎！你应该赶快按适宜的刑罚把他们杀掉。还有分封的诸侯、贵族率众作恶，作威作福，背弃王命，这用德教是不管用的，你切不可不用你的法律去制裁他们。我们常对文王保有敬畏之心。要人民都能自己说愿意追随文王遗教，那我就高兴了。”

王曰：“封！爽惟民迪吉康①，我时其惟殷先哲王德用康乂民作求②。矧今民罔迪③，不适不迪④，则罔政在厥邦。”

注释

①爽：尚且。迪：善。康：安。

②时：是。其：将。哲：智。乂：治。作：为。求：通“逑”，匹，等。

③矧：何况。

④适：归。

译文

王说：“封啊！人民的境遇能够改善时，我们尚且要学习殷代圣王治民之方，而且希望运用得和他们一样；何况现在人民境况并不好，简直无所归附，这个国家还有什么政治可言呢！”

王曰：“封！予惟不可不监[①]，告汝德之说于罚之行[②]。今惟民不静，未戾厥心[③]，迪屡未同[④]；爽惟天其罚殛我[⑤]，我其不怨，惟厥罪无在大[⑥]，亦无在多，矧曰其尚显闻于天[⑦]？”

注释

①监：借鉴。

②于：与。行：道理。

③戾：安定。

④迪：进，作。屡：数次，多次。同：和谐。

⑤爽：尚且。惟：虽。殛：罚。

⑥惟：虽。

⑦矧：何况。尚：上。显：明。

译文

王说：“封啊！不可不借鉴历史，我来告诉你一些正确运用刑德的道理。现在殷民还没有安分，还有对立情绪，屡次发生不和谐的事件。上帝已经在惩罚我们了，虽说罪行不大，我承受而无怨言，何况现在的罪恶已明显地上达于天呢！”

王曰：“呜呼！封，敬哉！无作怨[①]，勿用非谋非彝蔽时忱[②]，丕则敏德[③]。用康乃心[④]，顾乃德，远乃猷[⑤]，裕乃以民宁[⑥]，不汝瑕殄[⑦]。”

注释

①怨：引起怨恨的事情。

②彝：常，法。蔽：败。时：是。忱：信。

③丕则：于是。敏德：勉行政教。

④康：安好。乃：你的。

⑤猷：谋略。

⑥裕：同“欲”。以：给予。

⑦不汝瑕殄：不以你传世久远而灭绝。瑕，通“遐”，远。殄，绝。

译文

王说：“唉！封呀，你要注意啊！不要做引起人民怨恨的事，不要让错误谋划和法令败坏了你的威信，要能勤勉政教。稳定你的思想，省察你的德行，使你的谋虑深远，要能给予人民安宁。你的国祚才会传世久远，不遭灭绝。”

王曰："呜呼！肆汝小子封[1]，惟命不于常[2]，汝念哉！无我殄享[3]。明乃服命[4]，高乃听[5]，用康乂民。"

注释

①肆：因此，所以。

②惟：语词。命：天命。于：为。

③享：享祀，这里指宗庙社稷。

④明：勉。乃：你的。服命：王朝授予的官位职事。

⑤高：使……广阔高远。

译文

王说："唉，封啊！天命无常，你须时刻牢记。切毋自绝宗庙社稷。你应该勤勉职事和宠命，深远的听取各方意见，以此治理好你的人民。"

王若曰[1]："往哉！封！勿替敬[2]，典听朕诰[3]，汝乃以殷民世享[4]。"

注释

①王若曰：本篇在篇首用"王若曰"，下面一直用"王曰"，这里又出现"王若曰"，可能衍一"若"字。

②替：废。

③典：常。

④汝乃以殷民世享：康叔受封于殷地，统治区域内原是殷民。故云。

译文

王说："去吧！封！不要废弃敬畏之心，要常听我的教导，你就可以拥有这些殷民，维系你绵绵不绝的国祚。"

酒诰

解题：《史记·卫康叔世家》记载："周公旦惧康叔齿少，……告以纣所以亡者，以淫于酒。酒之失，妇人是用，故纣之乱自此始。……故谓之《康诰》《酒诰》《梓材》以命之。"《史记·周本纪》载："初，管、蔡畔周，周公讨之，三年而毕定，故初作《大诰》，次作《微子之命》，次《归禾》，次《嘉禾》，次《康诰》《酒诰》《梓材》。"殷人大肆酗酒，以致亡国，康叔封于殷故地卫，周公恐其年少，于是发表此篇，告诫康叔不能重蹈殷人的覆辙。

王若曰[①]："明大命于妹邦[②]。乃穆考文王肇国在西土[③]，厥诰毖庶邦庶士越少正御事[④]，朝夕曰：'祀兹酒[⑤]。惟天降命，肇我民，惟元祀[⑥]。天降威，我民用大乱丧德，亦罔非酒惟行[⑦]；越小大邦用丧[⑧]，亦罔非酒惟辜[⑨]。'

注释

①王：实指周公，非成王。

②明：宣布。妹邦：周都所处牧野之地，封康叔于卫国首邑，此地固有妹水流过，故又称妹邦。在今河南淇县境内。

③穆考：对父亲的敬称。肇：始。

④诰毖：诰教。庶邦：众多国君。庶士：朝臣。越：与。少正：官名。御事：掌管王室事务的官职。杨树达《积微居读书记》说："此篇下文分外服、内服为言，其实全篇文字莫不分别言之。此文'庶邦庶士'，外服也；'少正御事'，内服也。"

⑤祀：通"已"，止。

⑥元祀：指文王受命改元之事。

⑦亦罔非酒惟行：伪《孔传》说："亦无非以酒为行。"

⑧越：及。

⑨亦罔非酒惟辜：伪《孔传》说："亦无不以酒为罪。"

译文

王这样说："把我的命令宣布给妹邦的人民吧！敬爱的父亲文王建立西岐的时候，就开始早晚告诫许多属国和官吏以及其他内庭官长办事人员说：'禁止喝酒啊！上天降我大命，自改元之日起，人民该过新生活了。天命威严，人民大乱而丧失德行，无非是喝酒造成的过错；以至于大大小小国家的丧亡，也无非是喝酒造成的罪恶。'

"文王诰教小子[①]：'有正、有事[②]，无彝酒[③]；越庶国[④]，饮惟祀[⑤]，德将无醉[⑥]；惟曰我民迪[⑦]。'小子[⑧]！

惟土物爱[9]，厥心臧[10]，聪听祖考之彝训[11]，越小大德[12]。小子！惟一妹土[13]，嗣尔股肱[14]，纯其艺黍稷[15]，奔走事厥考厥长[16]；肇牵车牛远服贾[17]，用孝养厥父母。厥父母庆[18]，自洗腆致用酒[19]。

注释

①小子：晚辈，年轻人。

②有正、有事：指群臣，属内服。

③彝酒：经常喝酒。

④越：与。庶国：所属各国统治者，属外服。

⑤饮惟祀：即上文“祀兹酒”。

⑥德将无醉：饮酒要以德自持。将，扶持。

⑦惟：发语词。曰：通“越”，于是。迪：正。

⑧小子：指康叔。下“小子”同。

⑨土物：黍稷，庄稼。

⑩臧：善。

⑪聪听：仔细地听。祖考：指文王。彝：常。

⑫越：与。

⑬惟：语词，无意义。一：乃。妹土：妹邦、妹邑。

⑭嗣：继承。股肱：犹如“手足”，指辅佐力量。

⑮纯：专一。艺：通“藝”，种植。黍稷：泛指粮食作物。

⑯事：服事。

⑰肇：始。服：从事。贾：经商。

⑱庆：喜庆欢乐。

⑲洗腆：清洁，丰厚。

译文

“文王告诫一班年轻人：‘各部门的官员不许经常喝酒，当和许多国君聚会时，按礼虽不得不喝，须以德自持，不致大醉。这样我们的人民也会归于正道。’封啊！要热爱庄稼，勤修善政，敬尊祖宗遗训及其品德。封啊！妹邦人民承继为你事业的辅助力量，应当专力于农事，为他们的父亲和兄长们尽心服务。或者牵了车子牛马出去经商，以此孝敬他们的父母，那时父母必然欢喜。做儿子的就可以趁着这好机会，备上丰盛洁净的酒席，阖家喝一回酒了。

“庶士、有正越庶伯、君子[①]！其尔典听朕教[②]！尔大克羞耇惟君[③]，尔乃饮食醉饱[④]。丕惟曰[⑤]：尔克永观省[⑥]，作稽中德[⑦]。尔尚克羞馈祀[⑧]，尔乃自介用逸[⑨]。兹乃允惟王正、事之臣[⑩]，兹亦惟天若元德[⑪]，永不忘在王家[⑫]！”

注释

①庶士：众士，指朝臣。有正：即“正”，指官长。以上属内服。越：与。庶伯：众氏族之长。君子：指当时的统治阶级。以上属外服。

②其尔：“尔其”的倒装，你们将。典：常。

③尔：加重语气。大：语词，无意义。克：能。羞：进献。耇：老。惟：与。

④乃：才。

⑤丕：语词。惟：语词。

⑥永：长久。观：顾。省：察。

⑦作稽中德：所作所止都能合于道德。稽，止。

⑧尚克：还能。馈祀：以熟食进献鬼神。

⑨介：乞。逸：安乐。

⑩允：信。正、事之臣：即上文“有正、有事”。

⑪若：同“诺”，允诺。元：善。

⑫忘：同“亡”，丧失功业禄位。

译文

“朝廷大臣、官员以及各氏族的贵族、领袖们，你们要常听我的教导！你们要先能孝敬扶养你们的父兄长老，自己才能大吃大喝。你们要能长期地观察自省，所作所为就都能合于道德。如果你们还能在祭祀里供上祭品，就可以祈祷安乐于神明了。只有这样你们才配奉行上天所承诺的善德，才能保有周天子所赐的禄位和功业！”

王曰：“封！我西土棐徂[①]，邦君、御事、小子[②]，尚克用文王教，不腆于酒，故我至于今，克受殷之命。”

注释

①西土：指周人原居地岐周一带。棐徂：犹云“非自今日始”。棐，通“匪”，非。徂，通“且”，此，现在。

②小子：对下属亲昵的称呼。

译文

王又说："封啊！因为我们西土国君和管事的年轻人早就接受了文王的教令，不贪图喝酒，所以到现在能够继承殷的天命。"

王曰："封！我闻惟曰[1]：在昔殷先哲王，迪畏天显、小民[2]，经德秉哲[3]。自成汤咸至于帝乙[4]，成王畏相[5]。惟御事厥棐有恭[6]，不敢自暇自逸，矧曰其敢崇饮。越在外服：侯、甸、男、卫、邦伯；越在内服：百僚、庶尹[7]、惟亚、惟服[8]、宗工[9]，越百姓、里君[10]：罔敢湎于酒。不惟不敢，亦不暇。惟助成王德显[11]，越尹人、祗辟[12]。

注释

①惟：有。

②迪：用。天显：古成语，指在上的一种尊贵力量。

③经德：周人常语，常德。秉哲：保持明智。

④咸：成汤之名。帝乙：殷商倒数第二代君主。

⑤成王：成就王业。畏相：敬畏自省。

⑥棐：通"匪"，非。恭：通"供"，供职。

⑦百僚、庶尹：即上文之"有正"。僚，即"寮"，《毛公鼎》有"卿事寮""太史寮"，地位极高。

⑧惟亚、惟服：即上文之"有事"。

⑨宗工：宗人之官。

⑩越：与。百姓：百官族姓。里君：街道的领导。

⑪德显：明德。

⑫尹人：治民。祇辟：敬法。

译文

王说："封啊！我听说从前殷的先代圣王因为惧怕上天和小民的力量，而长久保持他们的德行和明智。从成汤咸一直到帝乙，没有不成就王业严肃自省的。那时管事的臣子就是休假没有职事时，也不敢趁着闲暇去寻乐，何况说放肆喝酒。那时的官吏，地方的有侯、甸、男、卫各个国君，朝廷的有大僚和首长、任事的服官、管理王族的宗工以及无数氏族和街道领导，一概不敢酗酒。非但不敢，也没有空，他们只是帮助殷王成就王业、治理人民和谨守法度。

"我闻亦惟曰：在今后嗣王酣身厥命[①]，罔显于民祇[②]，保越怨不易[③]。诞惟厥纵淫泆于非彝，用燕丧威仪[④]，民罔不衋伤心[⑤]。惟荒腆于酒，不惟自息乃逸[⑥]。厥心疾很[⑦]，不克畏死。辜在商邑越殷国灭无罹[⑧]。弗惟德馨香祀登闻于天[⑨]，诞惟民怨，庶群自酒，腥闻在上，故天降丧于殷，罔爱于殷，惟逸。天非虐，惟民自速辜[⑩]！"

注释

①嗣王：继帝乙之后的王，指纣王。酣身厥命：强申命令，意谓好以威权凌驾人民。酣，通“刚”。

②罔：无。祇：通“哉”。

③保：安。越怨不易：与百姓的怨恨不可改变。

④燕：乐。

⑤衋（xì）：伤痛。

⑥息：停息。

⑦疾：害。很：戾。

⑧辜：作恶。越：与。罹：忧。

⑨祀：通“已”，以。登：上。

⑩速：招致。辜：罪。

译文

“我又听说：到了后来，他们的末代君王就喜欢用威权压迫百姓，没有什么行为可以使人民欢喜的，他得到的只是不可改变的怨恨。他又纵肆种种无法无天的淫乱，在享乐中丧尽了威仪，人民没有不为他伤心的。然而他还是贪酒，无休无歇地享乐。他的心又凶狠，不怕死。他在商都里作恶犯罪，到殷商灭亡的时候，还无忧无虑。他根本没有德行上闻于天，只有人民的怨恨和百官群臣酗酒的腥臭传到天上，所以，老天就把丧亡之祸降给他们，不再留一丝眷爱，这就是他过度淫乐的结局！老天哪里会故作暴虐，只是殷人自己招来的罪过！”

王曰：“封！予不惟若兹多诰。古人有言曰：‘人无于水监，当于民监[①]。’今惟殷坠厥命，我其可不大监抚于时[②]！

注释

①监：同“鉴”，照镜子。

②抚：据。时：是。

译文

王说：“封啊！我不想这样多话。古人说得好：‘要观察自己，不必对着水照，应该对人民的心去照。’现在殷已经为此失掉了天命，我们怎可不拿这个作为深刻的儆戒！

“予惟曰：汝劼毖殷献臣[①]，侯、甸、男、卫，矧太史友、内史友越献臣百宗工[②]，矧惟尔事，服休、服采[③]，矧惟若畴[④]，圻父薄违[⑤]，农父若保[⑥]，宏父定辟[⑦]，矧汝刚制于酒[⑧]。

注释

①劼毖：当作“诰毖”，诰教之意。献臣：遗臣。

②矧：与。友：即“寮”。越：与。宗工：管理殷遗民的官员。

③服休：伺候燕息的近臣。服采：掌管朝祭服装的近臣。

④畴：通“寿”，金文中地位相当于“三公”之“公”。

⑤圻（qí）父：掌管军事行政。薄违：讨伐叛逆。薄，迫。违，邪行。

⑥农父：掌管农事之臣。若：顺。保：安。

⑦宏父：掌管司法之臣。辟：法。

⑧矧：语词。刚：强。制：断。

译文

“我说：你应当去告导殷的遗臣和侯、甸、男、卫诸国君，太史、内史、管理遗臣民族的宗官，治事官员，侍候燕息的近臣和涉及朝祭之服的从臣，还有负责讨伐叛逆的圻父、安保君民的农父、执行法律的宏父三位尊官，还有你自己，要坚决戒绝饮酒啊！

“厥或诰曰‘群饮’[①]，汝勿佚[②]，尽执拘以归于周[③]，予其杀。又惟殷之迪诸臣惟工乃湎于酒[④]，勿庸杀之，姑惟教之[⑤]。有斯明享[⑥]，乃不用我教[⑦]，辞惟我一人弗恤、弗蠲乃事[⑧]，时同于杀[⑨]。”

注释

①诰：告。

②佚：使……逃逸。

③执拘：抓获。

④迪：引导。诸臣惟工：泛指百官。惟，与。

⑤姑：暂且。

⑥享：劝导。

⑦用：遵用。

⑧辞：语词。恤：怜悯。蠲（juān）：赦免。

⑨时：是。同：立刻。

译文

“假如有人来报告你说‘有人聚众饮酒，你就该一个都不漏地捆绑了送到周都，我定他们死罪。如有殷所登用的旧臣百官，因为一时难改旧习，还在喝酒，可不必杀他们，暂且去教育他们。他们受了这些明显的教导，如果还不肯听从教训，我将不再怜悯、宽恕这种行为，一概马上杀掉。”

王曰：“封！汝典听朕毖[1]，勿辩乃司民湎于酒[2]！”

注释

①典：常。毖：诰，教导。

②辩：通“俾”，使。司：治。

译文

王说：“封啊！你应当经常听我教导，切不要让你治下的民众官吏沉湎于酒呀！”

梓材

解题：《史记·卫康叔世家》记载："周公旦惧康叔齿少……为《梓材》，示君子可法则。"篇中有"若作梓材"之语，比喻治国要继续努力，史官因以"梓材"命名。《梓材》是周公教导康叔如何治理殷商故地的一篇训话，其中制定了对待殷遗民的一些宽大政策。

关于本篇的内容，历来有争论。前半部称呼康叔的名字"封"来教导训话，后半"今王惟曰"等又变成臣对君王说话的口吻，似明显不一致。也有学者认为内容前后首尾连贯，并无矛盾。

王曰："封，以厥庶民暨厥臣达大家①，以厥臣达王惟邦君②。

注释

①以厥庶民暨厥臣达大家：此句是"以大家达厥庶民暨厥臣"的倒装。以，由。庶民，老百姓。臣，卿大夫以下的官员。达，通。大家，指卿大夫。

②以厥臣达王惟邦君：是"以王惟邦君达厥臣"的倒装。王，天子。惟，与。邦君，诸侯王。

译文

王说："封啊！由卿大夫们通达至下属官吏和广大民众，由周天子和诸侯国君通达至下属官吏。

“汝若恒越曰[①]：‘我有师师[②]：司徒、司马、司空、尹、旅[③]！’曰：‘予罔厉杀人[④]！亦厥君先敬劳，肆徂厥敬劳[⑤]。肆往[⑥]奸宄、杀人历人宥[⑦]，肆亦见厥君事戕人宥[⑧]。’”

注释

①若：顺。恒：常。越：语词。

②师师：众位高级长官。前“师”字释为“众”，后一“师”释作官长。

③尹：正。旅：众官。

④罔：无。厉：杀害无辜。

⑤亦厥君先敬劳：是“亦先厥君敬劳”的倒装。厥，其。敬劳，慰劳。肆：极。徂：往。

⑥肆往：过去。

⑦奸宄：恶行之人。杀人历人：杀奴隶的人。历人，即“人鬲”，奴隶。宥：宽恕。

⑧肆亦：同“肆往”。见：同“伣”，刺探。戕：残害人的肢体。

译文

“你该常常唤着：‘我的许多长官：司徒、司马、司空，各部门的主管人员和许多士大夫啊！’还要对他们宣布：‘我不敢杀害无辜！你们要先敬告国君对人民表示慰劳安抚，赶快去表示吧。对以前哪些内外作乱的人，杀奴隶的人要给予宽恕，对过去那些刺探国君大事的人、伤残他人肢体的人，也要宽恕啊。’”

王启监[①]，厥乱为民[②]。曰：“无胥戕[③]！无胥虐[④]！至于敬寡[⑤]，至于属妇[⑥]，合由以容[⑦]。王其效邦君越御事[⑧]，厥命曷以引养、引恬[⑨]。自古王若兹监[⑩]，罔攸辟[⑪]。”

注释

①启监：设立诸侯。周初在殷地设“三监”。

②厥：其。乱：通“率”，都。

③胥：相互。戕：残害。

④虐：暴虐。

⑤敬寡：即“鳏寡”，指孤独无依的人。

⑥属妇：低贱的妻妾。

⑦合：同。由：道。

⑧效：考。越：与。

⑨引：长。恬：安。

⑩监：治理。

⑪罔：无。攸：所。辟：邪辟，叛乱。

译文

周王封建诸侯，大抵为了教化民众。王说：“不要互相残害！不要互相压迫！包括鳏寡无依的以及低下的贱妾，都要宽容他们。君王要考验诸侯王和近臣：天命如何长久安定？从古以来的君王都是这样治理国家的，没有犯上作乱的事。”

惟曰：“若稽田[①]，既勤敷菑[②]，惟其陈修[③]，为厥疆畎[④]。若作室家，既勤垣墉[⑤]，惟其涂塈茨[⑥]。若作梓材[⑦]，既勤朴斫[⑧]，惟其涂丹雘[⑨]。”

注释

①若：比如。稽田：耕种治理田地。

②敷：播种。菑（zī）：新开垦的田地。

③惟：思。陈：治。

④疆：界。畎（quǎn）：田间水道。

⑤垣墉：墙，矮的叫垣，高的叫墉。

⑥涂：涂上白垩。塈（jì）：涂屋顶。茨：用茅草盖屋。

⑦梓材：良才。

⑧朴：原材料。斫（zhuó）：加工修治。

⑨丹雘（huò）：颜料。丹，红色。雘，青色。

译文

又说：“好像耕田，先已尽力开垦播种了，就该计划如何整治田坎和水沟。又像建筑房屋，先已辛苦打好了墙头，就该想怎样涂上白垩和盖上茅草。又像制造优良的木器，先已费劲锯削好了白坯，就该设计如何髹漆。”

今王惟曰[①]："先王既勤用明德怀[②]，为夹庶邦享作[③]。兄弟方来[④]，亦既用明德，后式典集[⑤]，庶邦丕享[⑥]。

注释

①今王：成王，但由周公代替训话。

②明：勉。

③夹：辅佐。享：献，即纳贡。

④兄弟方：兄弟国家，指姬姓诸侯。方：方国。

⑤后：诸侯王。式：因此。典：常。集：朝会。

⑥丕：大。

译文

成王认为："先王已经勤劳地发挥德行去感召人心，使无数邦国纳贡和勤王。姬姓诸侯纷纷前来，也是因为我们的德政。诸侯王常来会同朝觐，带来各国的贡品。

"皇天既付中国民越厥疆土于先王[①]，肆王惟德用和怿先后迷民[②]，用怿先王受命[③]。已[④]，若兹监！"

注释

①越：与。

②肆：今。和怿：使……心悦诚服。迷民：指殷之顽民。

③怿：通"斁"，终，完成。

④已：叹词。

译文

"上天已把中国臣民和广大土地付与我们先王，所以我王也要用德行来使那些先后受了迷惑的殷顽民心悦诚服，好完成先王所受的天命。唉！就这么统治吧。"

惟曰："欲至于万年，惟王子子孙孙永保民。"

译文

又说："希望我们的国祚绵延万年，周王子孙永远保佑着他的人民啊。"

召　诰

解题：召（shào）指召公奭。《史记·周本纪》载："成王在丰，使召公复营洛邑，如武王之意。周公复卜申视，卒营筑，居九鼎焉。曰：'此天下之中，四方入贡道里均。'作《召诰》《洛诰》。"此篇讲述周公平定武庚叛乱后，迁殷遗民于洛邑，并决定营建洛邑成为东都来加强统治。这个建议得到了成王的同意。周公、召公赞美成王的伟大决定，进而勉励成王敬重贤人，施行德教，爱护百姓，以发扬光大文王、武王的业绩。

王国维《殷周制度论》认为此篇乃召公的话，被史官所记录。但有学者认为此篇大部分为周公之言，最后有一小段是召公所说。今从后一说。

惟二月既望，越六日乙未[1]，王朝步自周[2]，则至于丰[3]。

注释

①惟：语气词。二月既望，越六日乙未：曾运乾《尚书正读》说："依三统历及周历，并推得是年二月小，乙亥朔、己丑望。庚寅既望，为月之十六日。越六日为廿一日，得乙未。"望，《释名》："月满之名，月大十六日，月小十五日。"

②朝：早。步：行。周：镐京。

③丰：文王所作都邑。

译文

二月十六日后的第六天，是乙未日，这一天周成王为了要营建东都洛邑，早晨从镐京出发，到丰邑去祭告文王。

惟太保先周公相宅[1]。越若来三月[2]，惟丙午朏[3]，越三日戊申[4]，太保朝至于洛，卜宅；厥既得卜[5]，则经营[6]。越三日庚戌[7]，太保乃以庶殷攻位于洛汭[8]。越五日甲寅[9]，位成。

注释

①太保：官名，辅弼周王。先：在……之前。相：视。

②越若：语词。来：至。

③惟：语词。朏：《说文》："朏，月未盛之明也。"谓一月的第二日或者第三日。由下文知，此指三月初三，丙午日。

④戊申：三月初五。

⑤得卜：得到吉兆。

⑥经营：勘定方位，营建都城。

⑦庚戌：三月初七。

⑧庶：众。殷：殷民。攻：治。位：宗庙市朝之位。洛汭（ruì）：洛水入黄河之处。汭，河流会合的弯曲处。

⑨甲寅：三月十一。

译文

太保召公在周公之前先去察看、规划。到了三月，初三月亮初出，是丙午日，隔了三天是戊申日，太保早上到了洛邑，占卜营建的地方；他得了吉兆，就开始丈量勘查。又隔了三天到庚戌日，太保便带领众多殷商遗民在洛水隈曲处量定了墙垣和宫室的基址。又隔了五天，到了甲寅日，勘查规划工作结束。

若翼日乙卯[①]，周公朝至于洛，则达观于新邑营[②]。越三日丁巳[③]，用牲于郊[④]，牛二。越翼日戊午[⑤]，乃社于新邑[⑥]，牛一，羊一，豕一[⑦]。越七日甲子[⑧]，周公乃朝用书[⑨]，命庶殷侯、甸、男、邦伯。厥既命殷庶，庶殷丕作[⑩]。

注释

①若：及。翼日：即“翌日”，第二天，即三月十二日。

②达：通。观：观测。营：区域，工地。

③丁巳：三月十四。

④用牲于郊：在郊外祭祀天神。

⑤戊午：三月十五。

⑥社：设祭坛祭祀地祇。

⑦豕（shǐ）：猪。

⑧甲子：三月二十一。

⑨书：册命之书。

⑩丕：大。作：劳动。

译文

第二天乙卯日，周公早上来到洛邑，把新都工地统统审查了一遍。隔了三天，到了丁巳日，他用两头牛祭祀了上天。再过一天是戊午日，又用牛、羊、猪各一头祭了土地神。隔了七天，甲子日的早晨，周公把详细的工程计划书写成文件，交与殷家的侯、甸、男众位诸侯。命令下达给广大殷民后，营建新都就大举动工了。

太保乃以庶邦冢君出取币[①]，乃复入锡周公[②]。周公曰：

注释

①以：和。庶邦冢君：诸侯国君。币：玄纁束帛等赠礼。

②锡：献。

译文

太保于是偕同许多诸侯国君取了币物，进来赠给周公。周公说：

“拜手稽首，旅王若公[①]，诰告庶殷越自乃御事[②]：呜呼，皇天上帝改厥元子[③]，兹大国殷之命，惟王受命，无疆惟休[④]，亦无疆惟恤[⑤]。呜呼，曷其奈何弗敬！

注释

①旅：嘉。若：与。

②越：与。

③元子：天子。

④惟：语词。休：美。

⑤恤：忧。

译文

“我谨跪拜叩头，感激我王和召公的美意。告诫广大殷民还有周邦自己的官员们：啊！老天更换了天子，这大殷的天命就由我们周王接受了，这固然是无穷的美好，可也是无穷的忧患。唉！我们怎能不更加敬慎警惕呢！

“天既遐终大邦殷之命[①]，兹殷多先哲王在天。越厥后王后民[2]，兹服厥命[3]，厥终，智藏，瘝在[4]！夫知保抱携持厥妇子以哀吁天[5]，徂厥亡[6]，出执[7]。呜呼，天亦哀于四方民，其眷命用懋[8]！王其疾敬德！

注释

①遐终：长久延续。旧释为终止，似不确。

②厥：及。

③服：服事。

④瘝：通“鳏”，病。在：通“哉”。

⑤夫：丈夫。知：语词。保：同“褓”，小儿衣物。妇子：妻妾。吁：呼告。

⑥徂：通“诅”。厥：其，指商纣王。

⑦出执：通“黜卼”，不安。

⑧眷：顾。懋：勉。

译文

“上天以前曾想长久延续大殷的天命，许多殷家圣王的神灵都在天上。等到了他们末代君王和人民的手里，开始还能服事其禄位和天命，可最终，所有贤人都隐藏起来了，多么大的痛苦啊！那时丈夫们怀抱了孩子，搀扶了妻妾，哀号着呼告苍天，诅咒纣王灭亡，痛苦不安啊！唉，老天也怜惜这四方民众，所以顾视天下寻觅一位勤勉有德之人交付天命。我王应该多行德教才行啊！

“相古先民有夏[①]，天迪从子保[②]；面稽天若[③]，今时既坠厥命。今相有殷，天迪格保[④]；面稽天若，今时既坠厥命。今冲子嗣则无遗寿耇[⑤]，曰其稽我古人之德，矧曰其有能稽谋自天[⑥]。

注释

①相：视。

②迪：用。子：通“慈”。

③面：通“偭”，背。天若：指天道。若，顺，道。

④格保：嘉保。

⑤冲子：年幼的人，指成王。嗣：继承。寿耇：年高德劭之人。

⑥矧：何况。

译文

“我们看：古代先民夏人建立夏国，因为顺从天命而受到老天的慈护；可到后来他们违背天道，结果失掉了天命。再看殷国，他们本来也是受到老天保佑的，后来也违背了天道，所以到今天也失去天命了。现在我们的王年轻嗣位，先王没有留下年高德劭的辅助大臣，还不能说可以寻求古人的德政，更不必说能上窥天道了。

“呜呼，有王虽小，元子哉！其丕能諴于小民[①]！今休[②]，王不敢后，用顾畏于民碞[③]。

注释

①丕：大。諴（xián）：和。

②休：美。

③嵒：即“岩”，险。

译文

“啊！王虽幼小，却是天子。他和人民搞得非常的和谐。现在一切顺利，我王不敢延缓营建洛邑之事，也由于顾忌殷民难以统治的险难。

“王来绍上帝[①]，自服于土中[②]。旦曰[③]：‘其作大邑，其自时配皇天[④]。毖祀于上下[⑤]，其自时中乂[⑥]。’王厥有成命治民[⑦]，今休。

注释

①绍：曾运乾《尚书正读》说：“读为‘卲’，卜问也。”可从。

②服：治。土中：即“中土”，指洛邑。

③旦：周公自称。

④时：是。配：配享，祭祀时以周的祖先配享上帝。

⑤毖：告。

⑥中乂：治理于中土洛邑。

⑦厥：其。成命：定命，上天之命。

译文

“王前往卜问了上帝旨意，到这中土洛邑来统治。我小臣旦曾经说过：‘要建造一个大都，从此以周的先祖配享皇天上帝，谨慎地祭祀上下的神祇，在这中土安治天下。’我王得着上天大命来治理人民，现在一切都顺利了。

“王先服殷御事①，比介于我有周御事②，节性惟日其迈③。王敬作所④，不可不敬德！

注释

①服：用。御事：泛指治事大臣。

②比：接近。介：当作“尔”，同“迩”，近。

③节：节制，改造。迈：进。

④所：于省吾《尚书新证》说：“‘所’乃‘匹’之讹，……‘匹天’即‘配天’。”

译文

“王重视任用殷之旧臣，使他们亲近周家的治事大臣，互相得到劝勉，天天都在进步之中。我王德配上帝，不可以不谨慎于德行啊！

“我不可不监于有夏①，亦不可不监于有殷。我不敢知曰有夏服天命惟有历年②，我不敢知曰不其延③，惟不敬厥德乃早坠厥命。我不敢知曰有殷受天命惟有历年，我不敢知曰不其延，惟不敬厥德乃早坠厥命。今王嗣受厥命[4]，我亦惟兹二国命[5]，嗣若功。

注释

①监：同“鉴”。

②知：语气词。服：受。历：久。

③延：长久。

④嗣：继。

⑤惟：思。

译文

“我们不可不以夏代为鉴，也不可不以殷朝为鉴。我不敢说夏王受天命的年数有多长，也不敢说不长久，只知道他们不谨慎德行才早早失掉了天命。我不敢说殷王受天命的年数有多长，也不敢说不长久，只知道他们不谨慎德行才早早失掉了天命。现在我王继承了天命，我们也该思考夏、商两国受命、失命的原因，从而继承他们先王的功业。

“王乃初服[1]！呜呼，若生子[2]，罔不在厥初生，自贻哲命[3]！今天其命哲[4]，命吉凶，命历年。知今我初服，宅新邑，肆惟王其疾敬德[5]！王其德之，用祈天永命！

注释

①服：指受天禄命。

②生子：养育孩子。

③贻：传。哲：明。

④命：赐予。

⑤肆：所以。疾：快。

译文

“我王可是初受天命啊！唉，像生养孩子一样，没有不从他幼年开始，就传授他明智的德行。现在上天赐予大命，赐予吉祥，赐予了长久的国祚。上帝知道我王初受天命，规划新都，我王得赶快谨慎德行才是啊！希望我王能施行德治，好请上天赐予永久的大命。

“其惟王勿以小民淫用非彝[①]，亦敢殄戮[②]，用乂民若有功[③]。其惟王位在德元，小民乃惟刑用于天下[④]，越王显[⑤]。上下勤恤[⑥]，其曰我受天命[⑦]，丕若有夏历年[⑧]，式勿替有殷历年[⑨]！欲王以小民受天永命！”

注释

①淫：放纵，过度。彝：法。

②殄：绝灭。戮：杀。

③乂：治。功：功效。

④惟：语词。刑：法。

⑤越：扬。显：彰显。

⑥上下：指君臣。

⑦其：差不多，大概。

⑧丕：乃。

⑨式：用。替：废。

译文

“王不要因为民众有放纵违法的行为，就杀戮灭绝他们，治理人民必须要有实效。王的道德地位垂范天下，小民们常以为法，才能发扬彰显王的光辉。所以，君臣上下应该相互体恤，才能说我们受了天命，才能期望像夏代享年的长久，不要像殷国年数虽长而突然废弃了！希望我王能依赖广大民众的力量去承受永久的天命！”

拜手稽首曰：“予小臣敢以王之雠民、百君子越友民保受王威命明德[①]！王末有成命[②]，王亦显。我非敢勤[③]，惟恭奉币[④]，用供王能祈天永命！”

注释

①予小臣：指召公。雠民：指殷顽民，商亡后，仍与周为敌。百君子：泛指殷商旧臣。越：与。友民：亲附于周的殷民。

②末：终。成命：上天的定命。

③勤：劳。

④币：赠礼。

译文

召公跪拜叩头说：“我小臣率曾经敌对我们的殷民，和殷商旧臣以及拥护我们的殷民，来共同承受周王的威严和德行。我王终得上天定命，营建洛邑，可谓显赫。我不敢说什么辛苦，惟有敬献微薄的币礼，以供我周王祈求上天赐给我们永远的天命。”

洛诰

解题：周公营建洛邑完工后，请求周成王到洛邑举行祀典、主持国政，成王针对当时民心不稳的情况，决定留下周公继续居洛，以治理东土。在周公摄政七年冬祭祀典中，成王宣布了决定。史官作册逸将周公、成王讨论告答之辞记录成文，即成为本篇《洛诰》。1963年，陕西宝鸡市出土了西周青铜器“何尊”，其铭文记录了周成王五年（周公摄政七年）成王亲临成周洛邑视察之事，可与本篇互证，也说明兴建洛邑确为周初重大的历史事件。

周公拜手稽首曰：“朕复子明辟[①]：王如弗敢及天基命定命[②]，予乃胤保大相东土[③]，其基作民明辟[④]。

注释

①复：复命。子：成王。辟：君主。

②基：始。

③胤：继。保：太保，指召公。

④其：副词，表希望。基：始。

译文

周公跪拜叩头，遣使转告成王说："我复命给您这位贤明的君主，您如果还自谦推辞上天早就确定给予您的大命，我继召公后勘查了东都洛邑，我王就要开始作为万民的贤明君主了。

"予惟乙卯朝至于洛师①。我卜河朔黎水②。我乃卜涧水东③，瀍水西④，惟洛食⑤。我又卜瀍水东，亦惟洛食。伻来以图及献卜⑥。"

注释

①乙卯：据《召诰》，指成王五年三月十二日。洛师：指洛邑京师。

②河：黄河。朔：北岸。黎水：距离洛水不远的黄河北岸。

③涧水：在洛水西北，发源于今河南省渑池县东北白石山，东流经新安、洛阳而入洛水。

④瀍水：在洛水北，发源于今河南省孟津县西北谷城山，向东入洛水。

⑤惟洛食：洛水边吉兆。西周营造洛邑分两处，涧水东瀍水西的是王城，也叫郏鄏、东周，在今洛阳市王城公园一带。瀍水东的叫成周，在今洛阳白马寺一带。

⑥伻（bēng）：通"抨"，使。图：地图。

译文

"我是乙卯那天早晨到达洛邑。我先占卜了大河以北的黎水地方，又占卜涧水之东瀍水之西中间那片土地，只有这洛水之地得到吉兆；我又占卜瀍水以东的地方，也还是这洛水之地得到吉兆。特遣使来把新邑地图及占卜的吉兆献上。"

王拜手稽首曰："公不敢不敬天之休，来相宅①，其作周匹②。休公既定宅③，伻来，来视予卜休恒吉④，我二人共贞⑤。公其以予万亿年敬天之休⑥！拜手稽首诲言⑦。"

注释

①宅：宗庙宅基的地址。

②匹：配，辅。

③休：旧说皆属上句，今依裘锡圭《〈洛诰〉"其作周匹休……"新解》之说，"休"下属为句，作为动词，褒美周公定宅、献图等行为。

④恒：常。

⑤共贞：共当此吉。

⑥以：与，和。

⑦诲言：教诲。

译文

成王跪拜叩头说："您敬奉上天美命，来到洛地勘查新邑的基址，您是我周邦辅佐元勋，我特褒美您勘定都邑、献图献卜的行为。您既勘定洛邑，遣使到来，让我看到卜兆的美好吉祥，那么是您和我二人共同承当此美好。但愿您与我永久敬奉天的美命。谨跪拜叩头，感谢您的教诲。”

周公曰：“王肇称殷礼[①]，祀于新邑，咸秩无文[②]。予齐百工[③]，伻从王于周[④]，予惟曰‘庶有事[⑤]。’今王即命曰：‘记功宗[⑥]，以功作元祀[⑦]。’惟命曰：‘汝受命笃弼[⑧]，丕视功载[⑨]，乃汝其悉自教工[⑩]。’

注释

①肇：始。称：举。殷礼：祭天改元的大礼。

②咸：皆。秩：有序。文：通“紊”，乱。

③齐：齐同。百工：百官。

④伻：同“抨”，使。

⑤庶：百官众庶。

⑥记功宗：于省吾《尚书新证》说“记”乃“祀”之讹，“功宗”又作“公宗”“宗公”，宗神。今从之。

⑦以功作元祀：王国维《洛诰解》说：“‘记功宗’以下，周公述成王之言也。‘功’，谓成洛邑之功。殷人谓年为祀，‘元祀’者，因祀天而改元，因谓是年曰‘元祀’矣。时洛邑既成，天下大定，周公欲王行祀天建元之礼于宗周。王则归功于洛邑之成，故即命曰‘记功宗，以功作元祀’，意欲于洛邑行之也。”元祀，大祀。

⑧笃：通“督”。弼：辅佐。

⑨丕视功载：于省吾《尚书新证》说即“斯视事哉”，可从。

⑩教工：王国维《洛诰解》说：“《大传》作‘学功’。学，效也。欲令周公效洛邑之功，以示天下也。”

译文

周公回到宗周镐京说：“我王在新邑开始举行祀天改元的殷祭大典，应按礼法对天地神祇一一奉祀，不要紊乱。我召集百官，使他们迎接大王去洛邑。我对他们说：‘你们百官将有祭祀大事。’现在我王可以请命于神说：‘祭祀于宗神，以有功者告庙，举行开国大典式的元祀。’还可以命令我说：‘你受先王遗命督促辅助我，这就履行你的职事吧，可自宣其功，以示天下。’

“孺子其朋[①]，孺子其朋，其往！无若火始炎炎[②]，厥攸灼[③]，叙弗其绝厥若[④]。彝及抚事如[⑤]。予惟以在周工往新邑[⑥]，伻向即有僚[⑦]，明作有功[⑧]，惇大成裕[⑨]，汝永有辞[⑩]。”

注释

①孺子：幼子，指成王。朋：群。

②炎炎：又作“庸庸”，微笑的样子。

③厥：其。攸：所。灼：烧。

④叙弗其绝：不能失去秩序。

⑤彝：常。抚：顺，循。如：通“汝”。

⑥工：百官。

⑦伻：通“抨”，使。向：各有方向，归属。有僚：即“僚”，“寮”。

⑧明：勉。

⑨惇：厚。裕：宽裕之治。

⑩辞：声誉。

译文

“年轻的王啊，你还是和群臣一起去吧！不要像点火那样，开始微小的火星，后来逐渐烧大，君臣一起前去，不要前后递行，使群臣们常顾盼顺从于你，失去大祭的序次。我率宗周百官前往新邑，使各就卿士、太史诸大寮，勉赴事功，成就宽厚的大政，您也会在后代流传着美好的声誉。”

公曰：“已[①]，汝惟冲子[②]，惟终[③]。汝其敬识百辟享[④]，亦识其有不享。享多仪[⑤]，仪不及物[⑥]，惟曰不享，惟不役志于享[⑦]。凡民惟曰不享，惟事其爽侮[⑧]。

注释

①已：啊。

②冲子：童子，幼子，王者自谦之词。

③终：俞樾《群经平议》说通“崇”，尊崇。

④识：记。百辟：诸侯。享：献，朝贡之礼。

⑤仪：礼意。

⑥物：币物。

⑦役：营。

⑧爽：差。侮：轻慢。

译文

周公说："啊！您虽年少，但您地位无比崇高。您要谨慎地辨识诸侯诚心享献者，也要识别不诚心享献者。享献之礼仪节繁多，其心中礼意比不上所献币物，那只能说是没有享献，因为他不专心于供奉。如果民众都仿效他不恭敬奉上，很多事情都会轻慢简率无所不至了。

"乃惟孺子颁[①]，朕不暇听[②]。朕教汝于棐民彝[③]，汝乃是不蘉[④]，乃时惟不永哉[⑤]。笃叙乃正、父[⑥]，罔不若予[⑦]；不敢废乃命。汝往敬哉！兹予其明农哉[⑧]！彼裕我民[⑨]，无远用戾[⑩]。"

注释

①颁：颁赐。

②朕不暇听：孙诒让《尚书骈枝》说："不敢受命之意。"

③棐：非。彝：法。

④乃是：若是，如果。蘉（máng）：勉。

⑤乃：你的。时：统治时间。永：长。

⑥笃：厚。叙：顺。正、父：二者都是官长。

⑦罔不若予：无不像我，就像对我一样。

⑧明农：王夫之《书经稗疏》说："经理疆洫之事。"

⑨裕：使丰裕。

⑩戾：乖戾。

译文

“我王您颁赐我大功，我不敢承受。我教告你民众非法之事，你如果不勉力，那就不能长治久安。要厚待众官之长，就像对我一样，那么他们也会想我一样不敢废弃你的教令。你去吧！要恭敬谨慎啊。现在我准备去搞好农田疆界，用来丰富加厚百姓的生计，那就可以长远安稳了。”

王若曰[①]：“公，明保予冲子[②]。公称丕显德[③]，以予小子扬文武烈[④]，奉答天命，和恒四方民居师[⑤]。惇宗将礼[⑥]，称秩元祀[⑦]，咸秩无文。惟公德明光于上下，勤施于四方，旁作穆穆[⑧]，御衡不迷[⑨]，文武勤教，予冲子夙夜毖祀[⑩]。”

注释

①王若曰：这是史臣记录成王讲话。

②明：勉。保：辅。

③称：举，扬。丕：大。

④以：与。文武烈：文王、武王的事业。

⑤和恒：和悦。师：京师洛邑。

⑥惇：厚。宗：崇。将：大。

⑦秩：叙次，次第。

⑧旁：浦，普。穆穆：美盛的样子。

⑨御衡不迷：章太炎《古文尚书拾遗》说："言遭横屰（逆）而心不乱。"御，迎。

⑩毖：慎。

译文

王这样说："公啊！您要勉力辅佐我啊。发扬您的大德，和我一起弘扬文王武王的光辉事业，上以承奉天命，下以和悦四方之民来定居洛邑。我们要厚崇大典，举行元祀，按祀典顺序致祀不要紊乱。您的美德充满天地，普照四方，遇到挫折也不荒乱，又常教导我文治武功之方。我只是早晚敬慎于祭祀的大事啊。"

王曰："公功棐迪笃[①]，罔不若时[②]。"王曰："公，予小子其退，即辟于周，命公后[③]。四方迪乱[④]，未定于宗礼[⑤]，亦未克敉公功[⑥]。迪将其后[⑦]，监我士、师、工[⑧]，诞保文武受民[⑨]，乱为四辅[⑩]。"

注释

①棐：辅。迪：教导。笃：厚。

②若时：若是，如此，指上面所称述的。

③王曰："公，予小子其退，即辟于周，命公后"：此十五字刘起釪说是错简在此，当在下文"王入太室祼"之下。蔡沈《书集传》说："此下成王留周公治洛也。成王言我退，即居于

周（宗周镐京），命公留后治洛（成周）。……谓之后者，先成王之辞，犹后世留守留后之义。”其说是。今经文保留在此，译文移到“王入太室祼”之下。

④迪：还。乱：需要治理。

⑤宗礼：指元祀。

⑥克：能。敉：通“弥”，终。

⑦后：继续。

⑧监：监督领导。士、师、工：指百官。

⑨诞：乃。

⑩乱：治理。四辅：四方之辅。

译文

成王说：“您对我的辅助教导十分深厚，无不如上面所称述的。现在四方还没完全治理好，尚未安定于功宗元祀之礼，您的功业没有完全结束。所以您要继续留后在洛，监督百官大臣，安定文王武王的民众，治理成我们宗周四方之辅。”

王曰：“公定[①]，予往已公功肃将祗欢[②]，公无困哉我[③]，惟无斁其康事[④]；公勿替刑[⑤]，四方其世享。”

注释

①定：止，留下来。

②已：通“祀”。祗：敬。欢：通“灌”，灌礼。

③哉我：当作“我哉”。

④斁（yì）：厌倦、懈怠。康事：章太炎《古文尚书拾遗》说

当作“庚事”，即“更事”，更习吏事。

⑤替：废。刑：同“型”。

译文

成王说：“您留下来，我去祭祀以公功告庙，谨慎恭敬地完成灌献之礼。您一定要留下来，不要离开让我忧困呀！我将不懈地学习为政之方，以您为永远的模范，四方之民就能世世受享公之德了。”

周公拜手稽首曰：“王命予来，承保乃文祖受命民[①]，越乃光烈考武王弘朕[②]。恭孺子来相宅[③]，其大惇典殷献民[④]，乱为四方新辟[⑤]，作周恭先[⑥]。曰其自时中乂[⑦]，万邦咸休，惟王有成绩。予旦以多子越御事笃前人成烈[⑧]，答其师[⑨]，作周孚先[⑩]。考朕昭子刑[⑪]，乃单文祖德[⑫]。

注释

①文祖：文王。

②越：与。光：光辉。烈：威严。考：父亲。弘朕：当作“弘训”。

③恭：奉。孺子：指成王。

④惇：厚。典：录用。

⑤乱为四方新辟：章太炎《古文尚书拾遗》说：“言撮取大要为四方新法也。”

⑥恭：敬。先：先导，表率。

⑦时：是。中：土中，指洛邑。乂：治。

⑧多子：指承担王朝大部分官职的姬姓贵族。越：与。笃：厚。

⑨答：符合。师：众。

⑩孚：同“郛”，包括王城和成周都在其中的广大区域。

⑪考朕：于省吾《尚书新证》谓即“朕考”，指文王。昭：示。刑：模范。

⑫单：大，光大。

译文

周公跪拜叩头说：“我王命令我来洛邑，安定您祖父文王的民众，与您光辉的父亲武王的弘训。我伺奉您察看定居之地，从厚录用殷之贤人，以治殷之法撮举大要为四方的新法，作为将普遍实行的周法的先驱。从此以四方之中的洛邑为治，万国都将因此美盛，我王自会成就大功。我旦以众卿大夫与御事官员笃行文王武王的遗训，以应和天下众心，筑成王城，以为南系于洛水、北因于郏山的周郛之先导。我的父亲文王昭示您以仪型，您必须要光大您祖父文王的大德。

“伻来毖殷[①]，乃命宁予[②]，以秬鬯二卣[③]，曰：‘明禋[④]，拜手稽首休享[⑤]。’予不敢宿[⑥]，则禋于文王武王：‘惠笃叙[⑦]，无有遘自疾[⑧]，万年猒于乃德[⑨]，殷乃引考[⑩]。’王伻殷，乃承叙[⑪]，万年其永观朕子怀德[⑫]。”

注释

①伻：使。毖：慎。殷：殷祭之礼。

②宁：安。

③秬（jù）：黑黍。鬯（chàng）：祭祀时用的香酒。卣（yǒu）：盛酒的尊。

④禋（yīn）：古代祭天之礼。

⑤休：美。享：祭献。

⑥宿：经一宿。

⑦惠：顺。笃：厚。叙：次第。

⑧遘：遇。疾：病。

⑨猒（yàn）：同“厌”，饱。

⑩殷：殷的天命。引：长。考：成。

⑪承叙：承顺。

⑫朕子：指成王。

译文

“您派使者来，敬慎地对待殷祭之礼，命他以两樽黑黍鬯酒来看望我，指示说：‘精意洁诚的禋祀，请跪拜好好祭献。’我不敢经宿拖延，马上禋祀于文王、武王，并献祝词说：‘祝成王继承文武之道，身不遇疾病，子子孙孙永享其德，殷的天下永成周的天下。’希望我王能使殷人承奉有序，永远瞻仰感怀您的大德。”

戊辰[①]，王在新邑，烝祭岁[②]，文王骍牛一[③]，武王骍牛一。王命作册逸祝册[④]，惟告周公其后[⑤]。王宾[⑥]，杀禋[7]，咸格[8]，王入太室祼[9]。

注释

①戊辰：成王七年十二月晦日。

②烝：冬祭。岁：岁祭。

③骍（xīng）：红色。

④作册：官名。逸：人名。祝册：宣读册文以告神。

⑤告周公其后：告诉文王、武王以周公留守洛邑之事。

⑥王宾：文王、武王之傧。

⑦杀：杀牲。禋：禋祀。

⑧格：歆享。

⑨太室：太庙中央之室。祼（guàn）：以酒灌地降神之礼。“王入太室祼”以下当有“王曰公小子其退即辟于周命公后王命周公后”，上文错简在此，今正文保留在彼，译文见下。

译文

十二月戊辰，成王已在新都洛邑，举行了冬祭和岁祭之礼。祭文王用一头红色的牛，祭武王也用了一头红色的牛。成王命作册之官逸在祭祀时宣读祝册之文，向文王武王禀报了周公留守洛邑的事情。杀牲禋祀文王武王，文王武王都来享受。成王进入清庙中央之室，完成祼祭之礼。成王对周公说：“我要退居到镐京，就君位于宗周，特命您留守洛邑。”

王命周公后，作册逸诰[1]，在十有二月。惟周公诞保文武受命[2]，惟七年[3]。

注释

①诰：诰命天下。

②诞：乃。

③惟七年：周公摄政七年。

译文

成王命周公留下后，由作册逸作诰，这件事发生在十二月。周公留在了洛邑，承受文王武王所赐予的大命，这一年是周公执政七年。

多士

解题：多士，就是众士，指殷商旧臣。本篇是周公代成王向殷商旧臣发布的诰辞，记录了周公借天命强迫殷商遗民迁居洛邑的原因，和周王室对他们的政策，希望他们在洛邑安居乐业。

刘起釪先生认为："周公称王执政的头三年（亦即周成王同时在位的三年），平定武庚、管、蔡等叛乱，即《大传》云'二年克殷三年践奄'之事。三年，归宗周，诰'四国多方殷侯尹民'于宗周，作《多方》。四年，封康叔于卫，作《康诰》《酒诰》《梓材》。接着以三监败后迁至洛邑的庶殷遗民筑成周都邑，形成一组诰辞，即五年所作的《召诰》《多士》，至七年作雒工程的宗庙部分完成，周公请成王来洛邑举行元祀所作的《洛诰》及《逸周书》的《作雒》，还有《康诰》之首的逸篇。这是《大诰》之后的《周书》主要几篇的先后写成情况。"（《尚书校释译论·多士》）有助于理解本篇撰作的背景，可以备参。

惟三月[1]，周公初于新邑洛用告商王士[2]。

注释

①惟三月：周公摄政七年三月。

②王士：殷商的贵族阶级。杨筠如《尚书覈诂》说："《逸周书·世俘解》：'癸丑，荐殷俘王士百人。'则王士盖犹言《春秋》王人也。下文'尔殷遗多士'亦即此王士也。"

译文

三月里，周公第一次在新都洛邑代成王告谕商王旧臣。

王若曰："尔殷遗多士！弗吊旻天大降丧于殷[1]；我有周佑命[2]，将天明威致王罚敕[3]，殷命终于帝。肆尔多士[4]，非我小国敢弋殷命[5]，惟天不畀[6]，允罔[7]，固乱弼我[8]；我其敢求位[9]！惟帝不畀，惟我下民秉为[10]，惟天明畏[11]。

注释

①弗：不。吊：善。旻天：指上天。降丧：降下灾祸。

②佑命：帮助老天行天命。

③将：奉。致：送。敕：告诫。

④肆：现在。

⑤弋：取。

⑥畀：给予。

⑦允罔：确定灭亡。

⑧固：继续。乱：治。

⑨其：岂。

⑩秉：秉承。为：行事。

⑪明畏：圣明威严。畏，通“威”。

译文

王这样说：“你们这些殷商旧臣们，由于纣王不敬天命，上天给你们降下了大祸。我们周国信奉天命，在刑罚和儆戒中贯彻了上帝显赫的威严，殷的天命就此结束。所以告诉你们，不是我们小小周邦敢于夺取你们殷人的天命，只是因为上天不愿意再给你们，决定要你们丧亡，所以他连续佑助我们。我们哪敢奢求这个王位呢！上帝盛明而威严，他不愿意再给你们大命，下民们只能信守奉行他的旨意。

“我闻曰：上帝引逸[①]，有夏不适逸则[②]，惟帝降格向于时[③]。夏弗克庸帝[④]，大淫泆有辞[⑤]。惟时天罔念闻[⑥]，厥惟废元命[⑦]，降致罚。乃命尔先祖成汤革夏[⑧]，俊民甸四方[⑨]。自成汤至于帝乙[⑩]，罔不明德恤祀[⑪]，亦惟天丕建[⑫]，保乂有殷[⑬]；殷王亦罔敢失帝，罔不配天，其泽[⑭]。在今后嗣王诞罔显于天[⑮]，矧曰其有听念于先王勤家；诞淫厥泆，罔顾于天显民祇[⑯]。惟时上帝不保，降若兹大丧。惟天不畀，不明厥德。凡四方小大邦丧，罔非有辞于罚。”

注释

①引逸：古代成语，牵引之使收敛，不至于犯下大过。引，限制。逸，放纵。

②有夏：夏。适：节制。

③降格：指降下灾祸。格，来。时：是。

④克：能。庸：用。

⑤泆：通“逸”。有辞：有罪状可以指说。

⑥惟时：于是。天罔念闻：老天抛弃，不闻不问。

⑦元命：天命，大命。

⑧成汤：商代的第一个王。革夏：改变夏朝的天命。

⑨俊民：贤人。甸：治理。

⑩帝乙：商纣王之父，倒数第二代商王。

⑪罔：无。明：勉。恤：慎。

⑫丕：大。建：建立。

⑬保：安。乂：治。

⑭泽：通“绎”，嗣绪。

⑮后嗣王：即商纣王。诞：大。显：敬畏。

⑯天显：天命。祇：通“哉”。

译文

“我听说：上帝是不让人过度放纵。夏桀却不节制自己的享乐行为，于是上帝降下了灾祸。但夏桀还不听从接受，反而变本加厉，处处表现他的罪状。到了这时候，上天就不再顾惜他们，废掉了夏的大命，降下灭亡的责罚。这样他就命令你们的先祖成汤代替夏的统治，成汤又把夏的贤人安置到四方治理民事。从成汤到帝乙，没有一个不是勤修德行和谨慎于祭祀的，天也就帮助成立了商的天下。商王也不敢违背天命，没有不能配合上帝的，所以他们才能一代代传下王业。可是到了末代君王纣，大不敬天道，更说不上尊念先王勤政的故事。他就大肆淫乱起来，根本不管天命和民众疾苦。上帝就不再保佑殷国，降下了灭亡的大祸。由此可知，老天不会赐天命给不修德教的人，四方大大小小国家的灭亡，没有一个不是因为相应的罪状招致惩罚的。”

王若曰：“尔殷多士！今惟我周王丕灵承帝事①，有命曰‘割殷②’，告敕于帝。惟我事不贰适③，惟尔王家我适④。予其曰：惟尔洪无度⑤，我不尔动⑥，自乃邑。予亦念天即于殷大戾⑦，肆不正⑧。”

注释

①丕：大。灵：善。承：承顺。

②割殷：指灭殷。割，害。

③惟：只有。

④适：通“敌”。

⑤尔：你们。洪：大。度：法度。

⑥不尔动：不动尔，宾语前置。

⑦即：就。戾：罪。

⑧肆：故。正：治罪。

译文

王说："你们这些殷商旧臣啊！现在，只有我们周王能好好地顺承上帝，所以上帝命令说：'你们去惩罚殷家。'我们执行了，并将结果祭告了上帝。我们灭殷只是与王家为敌，并不是敌视你们民众。我要说：是你们武庚太没有法度，我们也并没有采取行动，是你们国都内先发动了叛变。我看到上天已经降下大祸给殷家，所以也就不再诛伐你们这些人了。"

王曰："猷告尔多士[①]！予惟时其迁居西尔[②]，非我一人奉德不康宁[③]，时惟天命[④]，无违！朕不敢有后[⑤]，无我怨！

注释

①猷告：王引之《经义述闻》说原作"告猷"，伪《古文》所改。猷，于。

②迁居西尔：即"迁尔居西"之倒装。洛邑在殷地之西，所以说迁到西面。

②奉德：根据道德原则。康宁：安静。

④时：是。

⑤后：怠慢。

译文

王说："我告诫你们！我把你们迁移到这里，不是我不让你们安定，这是上天的命令，违背不得的！我也不敢怠慢上天的命令，你们可不要怨我。

“惟尔知：惟殷先人有册有典[①]，殷革夏命。今尔又曰：‘夏迪简在王庭[②]，有服在百僚[③]。’予一人惟听用德[④]，肆予敢求尔于天邑商[⑤]。予惟率肆矜尔[⑥]。非予罪，时惟天命！”

注释

①有册有典：有典籍之谓。

②迪：进。简：选拔。

③服：服务。百僚：泛指百官。

④予一人：周公代周王自称。

⑤肆：故。求：求取。天邑商：即“大邑商”，甲骨文互见，指商代都城。

⑥率肆矜尔：王引之《经义述闻》引王念孙说：“谓放赦之也。‘予惟率肆矜尔’者，言我惟用肆尔之罪，矜尔之愚而已。”率，用。肆，宽赦。矜，怜。

译文

“你们知道殷家先王传下来的历史典册，记载着殷革夏命的故事，就说：‘殷商选拔了很多夏人进入朝廷，让他们担任各种要职。’但我用人是以德行作为标准的，如果你们中间有贤人，我一定会在商都里找出来的；但现在我只有哀怜、赦免你们而已。这不是我的罪过，这是上天的命令！”

王曰："多士！昔朕来自奄[①]，予大降尔四国民命[②]。我乃明致天罚，移尔遐逖[③]，比事臣我宗[④]，多逊[⑤]。"

注释

①朕：周公自称。奄：古国名，在今山东曲阜东。奄是东方强大方国，曾参加周初反叛，是东方国家叛乱的中心之一。《尚书大传》曰："周公摄政三年，践奄。"告多士在摄政七年，故曰："昔朕来自奄。"奄地后来是周公受封之地，鲁国就是在奄地建立起来的。

②降：下。四国：指参加叛乱的管、蔡、商、奄四国殷民。

③遐：远。逖：远。

④比：亲附。事：服事。臣：臣服。我宗：指周王朝。

⑤逊：顺。

译文

王说："殷商旧臣们！从前我征伐了奄国回来，对参加叛乱的管、蔡、商、奄四国殷民厚赐恩德。为了明确表达出天的责罚，把你们从遥远的地方迁来，好亲近我们的政教，服事、承顺我们周王朝。"

王曰："告尔殷多士！今予惟不尔杀，予惟时命有申[①]。今朕作大邑于兹洛，予惟四方罔攸宾[②]；亦惟尔多士攸服[③]，奔走臣我[④]，多逊[⑤]。

注释

①时：是。有：又。

②攸：所。宾：通“摈”，摈弃。

③服：服务。

④奔走：效力。臣：臣服。

⑤逊：顺。

译文

王又说：“告诉你们殷商的旧臣们！现在我不杀你们，我把以前的命令重申一下。我们在洛水旁造起这座大城邑，为的是包容四方民众；不但不会拒绝你们，而且希望你们能替我们效力，顺从地臣服我们。

“尔乃尚有尔土[①]，尔乃尚事宁干止[②]。尔克敬，天惟畀矜尔[③]；尔不克敬，尔不啻不有尔土[④]，予亦致天之罚于尔躬[⑤]！今尔惟时宅尔邑[⑥]，继尔居[⑦]，尔厥有干有年于兹洛[⑧]，尔小子乃兴[⑨]，从尔迁。”

注释

①尚：通“常”。

②宁：安。干：通“翰”，屏翰，守护。止：休息。

③畀：给予。矜：怜爱。

④不啻：不但。

⑤躬：身。

⑥时：是。宅：居。

⑦居：居处，指正常生活。

⑧有年：长久。

⑨兴：兴盛。

译文

“你们还是可以永远占有你们的土地，永远安宁地守护着它。只要你们恭恭敬敬的，老天就会哀怜你们。否则，你们不但不能享有土地，我还要把上天的责罚加到你们身上。现在你们在自己的都邑里安居乐业了，可以好好地在洛邑守护漫长的岁月。从你们迁居开始，你们的子孙后代也会兴旺发展起来的。”

王曰又曰[①]：“时予[②]，乃或言尔攸居[③]。”

注释

①王曰又曰：曾运乾《尚书正读》说：“《尚书》各篇惟周公各诰常称又曰，通校各篇，除本篇‘今尔又曰’为引或言外，余皆一语复言。本文‘又曰’，重言‘时予’也。”

②时：承，顺。

③或：通“克”，能。攸：通“悠”。

译文

王说：“顺从我吧。”又说：“顺从我，才能在这里永久安居。”

多　方

解题：此篇写成年代有异说。今从上文《多士》篇题解引刘起釪先生之说，《多方》乃周公摄政三年平定奄地叛乱，回到宗周，对各诸侯国君以及殷商旧臣等所作的一篇诰词，强调他们认请天命，老老实实服从周王朝的统治。

惟五月丁亥[①]，王来自奄[②]，至于宗周[③]。

注释

①五月丁亥：周公摄政三年的五月丁亥。

②王：指周公。奄：古国名，在今山东曲阜东。奄是东方强大方国，曾参加周初反叛，是东方国家叛乱的中心之一。《尚书大传》曰："周公摄政三年，践奄。"

③宗周：镐京，武王始都，在今陕西长安县西南。

译文

五月丁亥这一天，王从奄地归来，到了宗周。

周公曰[①]。

注释

①周公曰：此篇诰词纯为周公所讲，此是史臣纪事之辞。曰，讲话。

译文

周公讲了一番话。

王若曰[1]："猷告尔四国多方惟尔殷侯尹民[2]，我惟大降尔命[3]，尔罔不知。

注释

①王若曰：大臣代宣王命或史臣记载王命用语。此处是史臣记周公之语。

②猷告：马融本作"大告猷"。猷，于。惟：与。四国多方：于省吾《尚书新证》认为京畿范围内京师四外之地称四国，四国之外诸地称多方。殷墟卜辞中有土方、鬼方、羌方等，都是指殷王畿之外存在的不同部族。所以"四国多方"，指四国境内的各族首领及四方境内称为方的各族首领。殷侯尹民：泛指殷诸侯的正长。

③降尔命：给你们降下宽宥、好处。

译文

王这样说："告诉你们四国、多方的首领们和殷的诸侯、官员们，我安排你们美好的命运，你们没有不知道的。

"洪惟图天之命[1]，弗永寅念于祀[2]。惟帝降格于夏[3]。有夏诞厥逸[4]，不肯戚言于民[5]，乃大淫昏，不克终日劝于帝之迪[6]。乃尔攸闻。厥图帝之命[7]，不克开于民之丽[8]，乃大降罚，崇乱有夏[9]。因甲于内乱[10]，不克灵承于旅[11]，罔丕惟进之恭[12]，洪舒于民[13]。亦惟有夏之民，叨懫日钦[14]，劓割夏邑[15]。天惟时求民主，乃大降显休命于成汤[16]，刑殄有夏[17]。

注释

①洪惟：周公代替成王发布命令时常用的发端词。图：败坏。

②寅：敬。祀：祭祀之礼。

③格：告，此处指谴告。

④诞：大。逸：放纵。

⑤戚：忧。言：语词。

⑥克：能够。劝：劝勉。迪：导，由。

⑦图：败坏。

⑧丽：法则。

⑨崇：重，增。

⑩甲：通"狎"，习。

⑪灵承：周人成语，自下奉上之词，善受之意。旅：嘉美。

⑫罔丕惟：古成语，无不如此。进：财。恭：共。

⑬洪：大。舒：通"荼"，荼毒。

⑭叨（tāo）：贪婪。懫（zhì）：忿戾。钦：兴。

⑮劓割：残害。劓（yì），五刑之一，割鼻。

⑯显：光。休：美。

⑰殄：绝。

译文

“因为夏王败坏天命，又不敬重于祭祀大礼，上帝降下了谴告。而夏桀不知畏惧，还大肆享乐，不肯忧念其民，甚至大大地发昏，不能终日勤勉于天道，这是你们所共知的。他败坏了天命，不能宣示人们以法度政教，还大降罪孽，给夏朝增添祸乱。狎习淫恶，不能好好接受上天的美命。他和臣下无不大力搜刮财货，荼毒人民。因而夏民也惟以贪饕忿戾相鼓动，竞相剥削残害损坏着夏朝。上天为了寻求一个较好的君王，大降美命于成汤，让他灭绝夏朝。

“惟天不畀纯[①]，乃惟以尔多方之义民[②]，不克永于多享[③]。惟夏之恭多士[④]，大不克明保享于民[⑤]。乃胥惟虐于民[⑥]，至于百为，大不克开[⑦]。乃惟成汤克以尔多方简代夏作民主[⑧]。慎厥丽乃劝[⑨]，厥民刑用劝。以至于帝乙[⑩]，罔不明德慎罚，亦克用劝。要囚[⑪]，殄戮多罪，亦克用劝。开释无辜，亦克用劝。今至于尔辟[⑫]，弗克以尔多方享天之命。呜呼！”

注释

①畀：给。纯：大福、大命。

②以：与。义民：贤者。

③克，能够。

④恭：通“供”，指所供职位。

⑤明：勉。保：安。

⑥胥：皆。惟：为。

⑦开：通。

⑧乃惟：只有。简：虚词，无意义。

⑨丽：法则。

⑩帝乙：商汤第六世孙祖乙，商王朝第十四任国王，卜辞中称为中宗祖乙。

⑪要囚：幽囚。

⑫辟：君，指商纣王。

译文

“老天之所以不降命给桀，只是由于桀任用的多方官员不能长久享其职位、保育人民，却大肆残害人民，无所不至，夏朝自然陷入了无可救药的地步。只有成汤善于取得多方众士的支持，取代了夏王做了人民的君主。他谨慎于刑法，民众感动而勤勉从善；他一旦用刑于有罪，也使民畏惧而知向善。从汤王直到中宗祖乙，都是明德慎罚，能使人民勉于从善；对幽囚的犯人，杀戮其中罪大恶极的，人民也由此勉于向善；释放无辜的犯人，人民也由此勉于向善。汤王明德慎罚，民众如此拥戴；而今天你们的纣王，竟然不能和你们多方首领们共享天命而至于灭亡。唉！”

王若曰：“诰告尔多方，非天庸释有夏[1]，非天庸释有殷，乃惟尔辟以尔多方大淫，图天之命[②]，屑有辞[③]。乃惟有夏，图厥政，不集于享[④]；天降时丧[⑤]，有邦间之[⑥]。乃惟尔商后王[⑦]，逸厥逸，图厥政，不蠲烝[⑧]，天惟降时丧[⑨]。

注释

①庸：用。释：厌弃。

②图：败坏。

③屑：繁碎众多的样子。

④集：和。享：祭祀。

⑤时：是。

⑥有邦：这里指商。间：代替。

⑦商后王：即商朝末代王纣。

⑧蠲：清洁。烝：祭祀活动。

⑨惟：又。

译文

王这样说：“告诉你们多方之人，并不是上天厌弃了夏朝，也并不是上天厌弃殷朝，实在是因为你们君主率多方首领大肆淫恶，败坏天命，甚至还巧言粉饰罪行。夏王败坏了政事，遭到神祇的厌弃而不能和谐于享祀，老天才降了灭亡之命给他，从而使商王取代了他。但是你们商代后王，贪图逸乐，败坏政事，不清洁诚恳地奉行祭祀，老天也只得又降了这丧亡之命给他。

“惟圣罔念作狂[①]，惟狂克念作圣。天惟五年须暇汤之子孙[②]，诞作民主[③]，罔可念听。天惟求尔多方，大动以威[④]，开厥顾天[⑤]，惟尔多方罔堪顾之[⑥]。惟我周王灵承于旅[⑦]，克堪用德，惟典神天[⑧]。天惟式教我用休[⑨]，简畀殷命[⑩]，尹尔多方[⑪]。

注释

①惟：虽。圣：聪明睿智。念：敬念，念善。狂：愚狂无知。

②须：等待。暇：宽暇。子孙：指纣王。

③诞：其。民主：君王。

④大动以威：指天降灾异以谴告之。

⑤厥：其，指多方。顾天：仰承天意。

⑥罔：不。

⑦灵承于旅：善受嘉休，指文王、武王善承上天所赐大命。

⑧典：主。

⑨式：用。教：告。休：美。

⑩简：大。畀：给。

⑪尹：正，治理。

译文

“聪明睿智的人不念善行就会渐成愚昧，狂荡愚昧的人一心念善也会渐成睿智。上天考察你们汤的子孙纣王，等了他五年，希望他能改恶从善，当好人民的君主。可他根本不考虑，也根本不信天命。老天只有对你们多方，降下灾异来谴告，希望开发出能仰承天意的人。但你们多方中没有能仰承天意的人，只有我周王善承天的美命，又能施行德政，足以主持天地神祇的祭祀。老天就将吉祥美好的迹象告诉了我们周，将以前殷朝所承受的天命转给了我们，我们就靠这天命治理好了多方诸侯。

“今我曷敢多诰[①]，我惟大降尔四国民命。尔曷不忱裕之于尔多方[②]？尔曷不夹介乂我周王[③]，享天之命？今尔尚宅尔宅[④]，畋尔田[⑤]，尔曷不惠王熙天之命[⑥]？

注释

①曷敢：岂敢。

②忱裕：劝导。

③夹：近。介：善。乂：治。

④宅尔宅：前一个宅作动词，居住。后一个宅是居住之处。

⑤畋：平治田亩。

⑥惠：顺。熙：广。

译文

“现在我何敢烦琐地对你们讲这么多告诫的话，我只是郑重地赐予你们四国民众美好的命运。你们四国之民为什么不把这些好处转告多方诸侯？你们为什么不靠拢亲附于我周王，共享天命？现在你们都安居乐业，耕种着自己的田园，为什么不依顺我周王以发扬上天的美命？

“尔乃迪屡不静[①]，尔心未爱[②]，尔乃不大宅天命[③]，尔乃屑播天命[④]，尔乃自作不典[⑤]，图忱于正[⑥]。

注释

①乃：竟。迪：作。屡：屡次。静：安定。

②爱：惠，顺。

③宅：度，考虑。

④屑：通“泆”，失去。播：弃。

⑤典：法。

⑥图：图谋。忱：信。正：正义。

译文

“你们屡次搞叛变活动，心里没有驯顺之意，你们竟然不认真考虑天命，敢轻易抛弃掉天命，你们自为非法乱常，还企图以正义取信于人。

“我惟时其教告之[①]，我惟时其战要囚之[②]。至于再，至于三。乃有不用我降尔命[③]，我乃其大罚殛之[④]。非我有周秉德不康宁[⑤]，乃惟尔自速辜[⑥]。”

注释

①惟时：于是。

②战：通“殚”，尽。

③有：又。

④殛：诛。

⑤康：安。

⑥速：召。辜：罪。

译文

“我只好严肃教训你们，必要时我会尽数把不法之徒幽囚起来。我教导再三，如果还有不遵行我安排的，我只好大行惩罚，直至诛杀。这并非我周朝秉持德教故为不宁，实在是你们自取其罪。”

王曰：“呜呼！猷告尔有方多士暨殷多士[1]：今尔奔走臣我监五祀[2]。越惟有胥伯小大多正[3]，尔罔不克臬[4]。自作不和[5]，尔惟和哉[6]。尔室不睦[7]，尔惟和哉。尔邑克明[8]，尔惟克勤乃事。尔尚不忌于凶德[9]，亦则以穆穆在乃位[10]。克阅于乃邑谋介尔[11]，乃自时洛邑[12]，尚永力畋尔田[13]。天惟畀矜尔[14]，我有周惟其大介赉尔[15]，迪简在王庭[16]，尚尔事，有服在大僚[17]。”

注释

①暨：及。

②奔走：效劳。监：指灭殷后所立监督殷民的三监。五祀：五年。指监殷民之日起至这篇诰词对殷民讲话之时正好五年。

③越惟：发语词。胥：徭役，亦即赋税。伯：通“赋”。正：征调。

④臬：准。

⑤和：和睦。

⑥惟：思。

⑦室：家庭。

⑧克：能。

⑨忌：通“期”，期望。

⑩穆穆：和敬的样子。

⑪阅：历久。介：助。乃：则。

⑫时：是。

⑬永：长。

⑭畀：赐予。矜：怜。

⑮介：助。赉：赐。

⑯迪：进。简：择。

⑰服：事。僚：官。

译文

王说：“唉！告诫你们多方的首领和殷商旧臣们：现在你们臣服效劳于我周朝的管理已经五年了，对于规定的大小徭役、赋税和各种征调，你们都能按准额交纳。如果你们之间有不和的，应该和好起来；家庭有不亲睦的，也要亲睦起来。如果你们能够治理好自己的居邑，就算你们能勤于职守。我不期望你们遇到坏事，但望你们能和敬地保有禄位。只要能长久相安于你们的居邑，我当设法相助，使你们在洛邑安定下来，长期从事田亩。上天也会怜惜你们，我周朝更会大大帮助和赏赐你们。你们中有才干的，将选拔到王庭来。勤勉尽力于职守的，可以提升到高级机构任职。”

王曰：“呜呼！多士，尔不克劝忱我命[①]，尔亦则惟不克享，凡民惟曰不享。尔乃惟逸惟颇[②]，大远王命，则惟尔多方探天之威[③]，我则致天之罚，离逖尔土[④]。”

注释

①劝：勉。忱：信。

②逸：逸乐放荡。颇：邪。

③探：触冒。

④离逖：分离夺走。逖，远。

译文

王说：“唉！四方诸侯和殷商旧臣们，如果你们不能努力服从我的命令，你们就不能享有你们的禄位，下面的小民也不能享有财富。如果你们只知道逸乐放荡，背弃王命，那就是你们敢于触犯天威，我就只好执行天谴，远远流放你们，夺走你们的土地。”

王曰：“我不惟多诰，我惟祇告尔命[①]。”

注释

①祇：敬。

译文

王说："我不想费口舌告诫你们了，我只是恭敬地告知你们所承受的上天赐下的命运。"

又曰："时惟尔初[1]，不克敬于和，则无我怨。"

注释

①时：是。

译文

王又说："现在是你们重头开始的机会，如果你们不能敬遵天命和谐相处，可别怨我执行处罚！"

礼记

王 制

解题：王制，意为王者之制度。郑玄说："名曰《王制》者，以其记先王班爵、授禄、祭祀、养老之法度。"学者都认为这是一篇完整的施政大纲，分歧在于本篇产生的年代。卢植认为是汉文帝命令博士诸生作此篇，因为《史记·封禅书》上有这样的记载。郑玄认为本篇内容有与《孟子》一书所载相合者，从而认为"孟子在赧王之际，《王制》之作复在其后。"孔颖达则以为作于"秦、汉之际"。清人俞樾、康有为等人又把本篇看作是孔子的遗书，七十子后学者所记。比较诸说，卢植为优。本篇在中国政治思想史上占有重要地位。董仲舒曾有选择地继承了《王制》的思想，班固的《白虎通义》则基本上全盘接受了《王制》的观点。王莽改制，清末康有为等人的变法，都先后以《王制》为托古改制的理论武器。

王者之制禄爵[①]，公、侯、伯、子、男，凡五等。诸侯之上大夫卿、下大夫、上士、中士、下士[②]，凡五等。天子之田方千里[③]，公、侯田方百里，伯七十里，子、男五十里。不能五十里者，不合于天子[④]，附于诸侯，曰附庸。天子之三公之田视公、侯[⑤]，天子之卿视伯，天子之大夫视子、男，天子之元士视附庸[⑥]。

注释

① 禄爵：俸禄和爵位。

② 上大夫卿：诸侯的卿均为上大夫，故以上大夫、卿合为一等。

③ 田：禄田。指收取租税作为俸禄的土地。

④ 合：朝会。

⑤ 三公：辅佐天子治理国家的三个最高官员，即太师、太傅、太保。

⑥ 元士：上士。

译文

天子为臣下制定俸禄和爵位。以爵位来说，有公、侯、伯、子、男，共五等。诸侯为其臣下制定的爵位，有上大夫卿、下大夫、上士、中士、下士，也是总共五等。天子的禄田是一千里见方，公、侯的禄田是百里见方，伯则七十里见方，子、男是五十里见方。禄田不足五十里见方的小诸侯，不朝会于天子，而隶属于较大的诸侯，叫做附庸。天子三公的禄田数量比照公侯，天子的卿的禄田比照伯，天子的大夫的禄田比照子、男，天子的上士的禄田比照附庸。

制：农田百亩。百亩之分[①]，上农夫食九人[②]，其次食八人，其次食七人，其次食六人，下农夫食五人。庶人在官者，其禄以是为差也。诸侯之下士视上农夫，禄足以代其耕也。中士倍下士，上士倍中士，下大夫倍上士。卿四大夫禄，君十卿禄。次国之卿三大夫禄，君十卿禄。小国之卿倍大夫禄，君十卿禄。次国之上卿，位当大国之中，中当其下，下当其上大夫。小国之上卿，位当大国之下卿，中当其上大夫，下当其下大夫③。其有中士、下士者，数各居其上之三分④。

注释

①分（fèn）：有的《礼记》本子作“粪”，与《孟子·万章下》所载同。此指土地之肥瘠。

②食（sì）：养活。

③下当其下大夫：因为大夫只有上大夫、下大夫二等，所以小国之下卿相当于大国的下大夫。

④其有中士、下士者二句：孙希旦引徐师曾说，这两句是错简，应当在下文“天子三公九卿”节之末，今从之，译文见彼处。

译文

分配俸禄的规定：每个农户受田一百亩。百亩之田按其土质肥瘠分为五等，第一等的百亩之田一个农夫可以养活九口之家，第二等的可以养活八口之家，第三等的可以养活七口之家，第四等的可以养活六口之家，最末等的可以养活五口之家。平民在官府当差的，他们的俸禄也参照这个等差受田。诸侯下士的俸禄比照受第一等田的农夫，使他们的俸禄足以能养活九口之家。诸侯中士的俸禄是下士的两倍，上士是中士的两倍，下大夫是上士的两倍。大国诸侯的卿的俸禄是大夫的四倍，国君的俸禄是卿的十倍。中等诸侯国的上卿的俸禄是大夫的三倍，国君的俸禄是卿的十倍。小国诸侯的卿的俸禄是大夫的两倍，国君的俸禄是卿的十倍。中等诸侯国的上卿，其爵位相当于大国的中卿，其中卿相当于大国的下卿，其下卿相当于大国的上大夫。小国的上卿，其爵位相当于大国的下卿，中卿相当于大国的上大夫，下卿相当于大国的下大夫。

凡四海之内九州。州方千里，州建百里之国三十，七十里之国六十，五十里之国百有二十，凡二百一十国。名山大泽不以封[①]，其余以为附庸闲田[②]。八州[③]，州二百一十国。天子之县内，方百里之国九，七十里之国二十有一，五十里之国六十有三，凡九十三国。名山大泽不以朌[④]。其余以禄士，以为闲田。凡九州，千七百七十三国，天子之元士、诸侯之附庸不与。

注释

①名山大泽不以封：孙希旦云："名山大泽不以封，一则恐其专财利而不与民同，一则恐其据险阻而易于负固也。"换言之，一则与民同利，一则预防诸侯据险作乱。

②闲田：备用的封赏之田。

③八州：此八州是所谓畿外八州。另有一州是畿内，由天子直辖，即下文"天子之县内"。

④朌（bān）：同"颁"。朌与封的区别在于，封给的土地可

以世袭，而肦给的土地只可享用，不可世袭。

译文

四海之内共有九个州。每个州的面积都是千里见方。每州之内分封百里见方的大诸侯国三十个，七十里见方的中等诸侯国六十个，五十里见方的小国一百二十个，总共二百一十个诸侯国。每州内的名山大泽不用来分封。分封剩余的土地或作为附庸，或留待赏赐之用。这是畿外的八州，每州有二百一十个诸侯国。还有一州，那就是天子直辖的王畿，其中分配给公卿大夫的国土，方百里者九国，方七十里者二十一国，方五十里者六十三国，总共九十三国。在这九十三国之内，如有名山大川，也不用来分配。分配剩余的土地，或用作士人的禄田，或留待赏赐之用。总计，九个州共有一千七百七十三个国家，而天子的元士、诸侯的附庸尚未计算在内。

天子百里之内以共官[①]，千里之内以为御[②]。千里之外设方伯[③]。五国以为属，属有长；十国以为连，连有帅；三十国以为卒，卒有正；二百一十国以为州，州有伯。八州，八伯、五十六正，百六十八帅，三百三十六长。八伯各以其属属于天子之老二人，分天下以为左右，曰二伯[④]。千里之内曰甸[⑤]，千里之外曰采[⑥]，曰流[⑦]。

注释

①百里之内：以王城为中心的半径为一百里的范围内。共：通“供”，供给。官：郑玄说是官府的文书财用。

②千里之内：以王城为中心的半径为五百里的范围内。御：指天子宫内的衣食等各种开销。

③千里之外：指王畿之外的每一州。方伯：即州牧，管理一州的最高行政长官。

④二伯：这是协助天子治理畿外八州的两个行政长官，每人分领四州，其地位在州牧之上。

⑤千里之内：同注②。甸：出租税供天子开销的地方。

⑥采：不纳租税，只进贡土特产的地方。

⑦流：指九州以外的少数民族地区，进贡与否也不一定。

译文

天子王畿内，距王城百里之地，所交赋税用作官府的文书财用；距王城五百里之地，所交赋税用作王宫内的各种花销。王畿之外的每一州设一长官，称作方伯。一州之中，五个诸侯国为一属，设属长一人；十个诸侯国为一连，设连帅一人；三十个诸侯国为一卒，设卒正一人。二百一十个诸侯国为一州，设方伯一人。畿外八州，计有八个方伯，五十六个卒正，一百六十八个连帅，三百三十六个属长。这八个方伯各自率领本州的诸侯服从天子之老二人。天子之老二人，一人管西方四州，一人管东方四州，叫作“二伯”。距王城五百里以内的地区叫做甸，有义务交纳租税。王畿以外的八州叫做采，有进贡土特的义务。九州以外的地区叫做流，是否进贡也不一定。

天子：三公，九卿，二十七大夫，八十一元士。大国：三卿，皆命于天子，下大夫五人，上士二十七人。次国：三卿，二卿命于天子，一卿命于其君，下大夫五人，上士二十七人。小国：二卿，皆命于其君[1]，下大夫五人，上士二十七人[2]。

注释

①小国：二卿，皆命于其君：郑玄说："小国亦三卿，一卿命于天子，二卿命于其君，此文似脱误耳。"孙希旦则认为这是省文，不言自明。

②上士二十七人：上文的"其有中士下士者，数各居其上之三分"应紧接在此句之下。此二句意为天子、诸侯的中士下士数目分别是他们的上级官员上士的三倍。具体地说，天子的中士、下士数，就是八十一乘以三；诸侯的中士、下士数，就是二十七乘以三。

译文

天子的官属，有三公，九卿，二十七大夫，八十一上士。大诸侯国的官属，有三卿，都由天子直接任命，下大夫五人，上士二十七人。中等诸侯国的官属，有三卿，其中两个是由天子直接任命的，一个是国君任命的，下大夫五人，上士二十七人。小诸侯国的官属也有三卿，其中一个是由天子直接任命的，两个是国君任命的，下大夫五人，上士二十七人。至于天子、诸侯的中士和下士，其数额均为上士的三倍。

天子使其大夫为三监，监于方伯之国，国三人。天子之县内诸侯，禄也；外诸侯，嗣也[①]。制：三公一命卷[②]，若有加，则赐也[③]，不过九命[④]。次国之君不过七命，小国之君不过五命，大国之卿不过三命，下卿再命，小国之卿与下大夫一命。

注释

①天子之县内诸侯四句：当是对上文畿内朌地、畿外封地的进一步解释。禄：禄田。禄田只可在职时享用，不可世袭。嗣：继承。指封地可以世袭。

②三公一命卷（gǔn）：三公八命，再加一命则九命，这时就可穿绘有衮龙的礼服了。命，天子擢升臣下的册命。命数越多，爵位越高，礼服上的图案也越多。衮服是上公的礼服，其上有图案九种：一曰龙，二曰山，三曰华虫，四曰火，五曰宗彝，六曰藻，七曰粉米，八曰黼，九曰黻。这叫做九章。命数和章数是对应的，九命者穿九章的礼服，七命者穿七章的礼服，一命者只穿一章的礼服。这里的上公是九命，所以其礼服上有九种图案。又因为其九种图案是以龙为首，所以称之为衮。其余可以类推。

③赐：恩赐，特赐。恩赐与册命不同。此指恩赐之服，有的书上叫“褒衣”。

④不过九命：因为超过九命则将与天子齐肩。

译文

天子任命他的大夫当三监，代表天子去监察每州的方伯，每一州派三个大夫去。王畿内分配给公卿的土地，那是一种禄田，活着享用，死去归还。王畿外分封给诸侯的土地，那是可以世袭的。命服的规定：天子的三公本已八命，再加一命成九命，就可以穿衮衣了。如果再有增加，只能叫做赐，因为人臣不可能超过九命。中等诸侯国的国君至多七命，其礼服七章（华虫以下）；小国之君最多五命，其礼服五章（宗彝以下）；大国之卿最多三命，其礼服三章（粉米以下）；下卿再命，其礼服二章；小国之卿与下大夫都是一命，其礼服一章。

凡官民材，必先论之[1]。论辨，然后使之。任事，然后爵之。位定，然后禄之。爵人于朝，与士共之。刑人与市，与众弃之。是故公家不畜刑人，大夫弗养，士遇之途弗与言也。屏之四方，唯其所之，不及以政，亦弗故生也[2]。

注释

①论之：考察其德与才。

②亦弗故生也：王念孙认为“故”是“欲”字之误。

译文

凡是选用平民中有才能的人做官，一定要对他的德才先进行考察。考察清楚了，然后试用。如果胜任工作，然后授予一定的爵位。爵位定了，然后授予一定的俸禄。在朝廷上品评某人爵位时，让士也一道参加，以示公正无私。在闹市上处决犯人，让众人都厌弃他，以示大快人心。所以国君不录用判过罪受过刑的人，大夫也不收留这种人，士在路上和这种人相遇也不理他。把他们流放到四方边远地区，不管他们到哪儿去，国家既不向他们征租税派徭役，也不分给他们赖以生存的田地，这就是表示不要他们活在世上的意思。

诸侯之于天子也，比年一小聘①，三年一大聘②，五年一朝③。

注释

①比年：每年。小聘：以大夫为使节叫小聘。

②大聘：以卿为使节叫大聘。

③朝：诸侯亲自朝见天子。

译文

诸侯对于天子，每年要派大夫去聘问一次，每三年要派卿去聘问一次，每五年诸侯亲自朝见一次。

天子五年一巡守①。岁二月东巡守，至于岱宗②，柴而望祀山川③。觐诸侯，问百年者就见之。命大师陈诗④，以观民风。命市纳贾⑤，以观民之所好恶⑥、志淫好辟⑦。命典礼考时月⑧，定日，同律、礼乐、制度、衣服⑨，正之。山川神祇有不举者为不敬，不敬者君削以地。宗庙有不顺者为不孝[⑩]，不孝者君绌以爵[⑪]。变礼易乐者为不从，不从者君流。革制度衣服者为畔[⑫]，畔者君讨。有功德于民者，加地进律[⑬]。五月南巡守，至于南岳[⑭]，如东巡守之礼。八月西巡守，至于西岳[⑮]，如南巡守之礼。十有一月北巡守，至于北岳[⑯]，如西巡守之礼。归假于祖、祢[⑰]，用特[⑱]。

注释

①巡守：视察全国各地。

②岱宗：指东岳泰山。宗者，尊也。岱为五岳之首，最尊，故称岱宗。

③柴：烧柴祭天。其法：加玉帛牛牲于柴堆上焚烧，烟气直达上天，上帝闻到了烟气，就算享用了。望祀山川：面向东方的名山大川遥祭之。

④大（tài）师：各诸侯国掌管音乐的官员。诗：民歌民谣。

⑤市：诸侯国主管市场物价的官员。贾：通“价”，价格。

⑥以观句：民所好者其价贵，民所恶者其价贱。民风淳朴则实用之物贵，民风奢侈则玩好之物贵。

⑦好辟（pì）：喜欢邪僻。

⑧典礼：典礼之官。孔颖达说即《周礼》的大史。

⑨同律：同是阴律，律是阳律。不妨理解为音律。

⑩宗庙有不顺者：指宗庙中神主的昭穆排列乱套。

⑪绌（chù）：通“黜”，降级。

⑫畔：同“叛”。

⑬进律：犹言进爵。陈澔说：“律者，爵命之等。”

⑭南岳：即衡山。

⑮西岳：即华山。

⑯北岳：即恒山。

⑰假：至。祢（nǐ）：父庙。

⑱特：一条牛。

译文

天子每隔五年到全国各地巡视一次。到了应该巡视的那一年的二月，先到东方巡视，来到泰山，在山上烧柴祭天，又遥祭当地的大山大川。接见东方各国诸侯，登门拜访当地年近百岁的老人。命令各诸侯国的太师一一演唱当地的民歌民谣，从而了解民风习俗。命令管理市场的官员呈交物价统计表，从而了解百姓喜欢什么物品，讨厌什么物品。如果民心倾向奢侈，他们就喜欢玩好邪僻之物。命令负责礼的官员，校定当地的季节、月份、日期，并检查当地的音律、礼乐、制度、衣服，发现有不符合规格者，予以纠正。当地的山川及其他神灵，有当祭而未祭者，其罪名是不敬，犯不敬之罪的国君要削减封地。宗庙的祭祀有不按昭穆顺序进行者，就是不孝，对于不孝的国君要降其爵位。任意改变礼乐就是不服从中央，不服从中央的国君要被流放。擅自改革制度、改变衣服就是背叛天子，背叛天子的国君就要受到讨伐。被老百姓歌功颂德的国君，要增加封地晋升爵位。当年的五月到南方巡视，来到南岳衡山，其种种作法，如同巡视东方之礼。八月到西方巡视，来到西岳华山，其种种作法，如同巡视南方之礼。十一月到北方巡视，来到北岳恒山，其种种作法，如同巡视西方之礼。全国巡视完毕归来，到祖庙和父庙举行祭告，每庙各用一牛为牲。

天子将出，类乎上帝，宜乎社，造乎祢[①]。诸侯将出，宜乎社，造乎祢。天子无事[②]，与诸侯相见曰朝。考礼、正刑、一德，以尊于天子。天子赐诸侯乐[③]，则以柷将之[④]；赐伯、子、男乐，则以鼗将之[⑤]。诸侯[⑥]，赐弓矢然后征，赐𫓧钺然后杀[⑦]，赐圭瓒然后为鬯[⑧]；未赐圭瓒，则资鬯于天子。

注释

①天子将出四句：出：谓巡守。类、宜、造：皆祭名，其礼亡，无考。祢：父庙。此处泛指宗庙。

②事：指征伐。

③乐（yuè）：指乐悬。可以悬挂的整套乐器。

④柷（zhù）：古乐器，又名椌（qiāng）。木制，形如四方形木斗，上宽下窄，用木槌敲击其内壁而发声。击柷是开始奏乐的指挥信号。将：表达，传达。古代以多件物品送人，不可能一一亲授，可选择其中一物作代表。

⑤鼗（táo）：长柄的摇鼓，今俗称"拨郎鼓"。摇鼗是终止奏乐的指挥信号。

⑥诸侯：一般指八命以上的诸侯，如上文的二伯、方伯及大的诸侯国。

⑦𫓧（fū）钺（yuè）：皆古代兵器。𫓧是斧，钺是大斧。

⑧圭瓒：天子使用的一种玉杯，用以盛鬯酒。圭是这种杯子的玉柄。鬯（chàng）：用秬黍酿成的香酒。

译文

天子将出外巡守，要先告祭于天，告祭于地，告祭于宗庙。诸侯外出，只告祭于地，告祭于宗庙。天子在正常情况下与诸侯相见，统称为朝。诸侯在朝见天子时，可以考校礼乐，订正刑法，统一道德规范，凡此种种，都要取决于天子。天子赏赐公、侯乐悬，就以柷为代表物；赏赐伯、子、男乐悬，就以鼗为代表物。诸侯被天子赐予弓矢以后，才有权力代表天子征伐其他诸侯；被天子赐予铁钺以后，才有权利代表天子诛杀有罪的诸侯；被天子赐予圭瓒以后，才有权利酿造鬯酒用于祭祀。如果未被赐予圭瓒，诸侯要用鬯酒，必取于天子。

天子命之教，然后为学。小学在公宫南之左，大学在郊。天子曰辟雍[①]，诸侯曰頖宫[②]。

注释

①辟（bì）雍：周代天子为世子及贵族子弟设立的大学。据《诗·鲁颂·泮水》郑注孔疏，辟，通“璧”，此大学四周有水环绕，其形如璧；雍，通“壅”，水之周围又筑堤防水。故称。

②頖（pàn）宫：周代诸侯所立大学。此大学仅东、西两门以南有水，其北无水。换言之，只有南半边有水环绕，故称。

译文

天子命令诸侯办教育，然后诸侯才可以设立学校。小学设在王宫的东南，大学设在郊外。天子的大学叫辟雍，诸侯的大学叫頖宫。

天子将出征，类乎上帝，宜乎社，造乎祢，祃于所征之地[①]；受命于祖，受成于学[②]。出征执有罪，反，释奠于学[③]，以讯馘告[④]。

注释

①祃（mà）：战前祭祀始造军法者，祈求鼓舞士气。所祭之神，或曰蚩尤，或曰黄帝。

②成：指成算，即事先拟好的整个战斗计划。

③释奠：古代的一种祭祀。只设酒馔为祭，无牲牢。

④讯馘（guó）：讯，指活捉的俘虏。馘，指杀死的敌人。古代战争中割取被杀死敌军的左耳以计数献功。

译文

天子将出征，要先告祭于天，告祭于地，告祭于宗庙。到达出征的地方，要举行祃祭，以鼓舞士气。出征之前，在祖庙中接受征伐敌人的命令，在大学里接受事先拟好的战斗计划。出征，捉拿那些有罪者，班师回朝，在大学里设酒馔祭祀先圣先师，报告活捉的俘虏及杀死的敌人的数目。

天子、诸侯无事，则岁三田，一为干豆，二为宾客，三为充君之庖[①]。无事而不田，曰不敬[②]。田不以礼[3]，曰暴天物。天子不合围[4]，诸侯不掩群。天子杀则下大绥[5]，诸侯杀则下小绥[6]，大夫杀则止佐车[7]，佐车止则百姓田猎。獭祭鱼[8]，然后虞人入泽梁[9]。豺祭兽[10]，然后田猎。鸠化为鹰[11]，然后设罻罗[12]。草木零落[13]，然后入山林。昆虫未蛰，不以火田[14]。不麑，不卵，不杀胎，不殀夭[15]，不覆巢。

注释

①天子、诸侯无事五句：此系《公羊传》说，见桓公四年。三田：指春、秋、冬三季打猎，唯夏季不打猎。春猎曰蒐，秋猎曰狝（xiǎn），冬猎曰狩。干豆：盛放风干的肉的豆。用于祭祀。豆是食器，初以木制，形似高脚盘。庖：厨。

②无事二句：因为这导致祭祀简略和宾客慢待，所以说“不敬”。

③田不以礼：下文“天子不合围”以下都是田猎时应遵循的礼。

④不合围：围其三面，一面不围。这和下句的“不掩群”，都表示在田猎时不能斩尽杀绝。

⑤大绥：天子田猎时的指挥旗。

⑥小绥：诸侯田猎时的指挥旗。

⑦佐车：协助驱赶野兽的车。

⑧獭（tǎ）祭鱼：正月解冻后，水獭开始捕食鱼类，古人因以指代正月。

⑨虞人：掌管山林川泽之官。梁：为捕鱼而垒的河中小坝。

⑩豺祭兽：这也是以事指代月份。

⑪鸠化为鹰：孔颖达推测鸠化为鹰在八月。

⑫罻（wèi）罗：捕鸟的网。罻、罗同义，大约罻小罗大。

⑬草木零落：此处指十月。下文“昆虫未蛰”同此。

⑭火田：焚草肥田。

⑮殀（yāo）夭：杀死刚出生之小兽。

译文

天子、诸侯在没有战争和凶丧的情况下，每年田猎三次，其目的在于，第一是为了准备祭祀的供品，第二是为了招待宾客，第三是为了丰富天子、诸侯的膳食品种。在没有战争和凶丧的情况下也不田猎，就叫做不敬。田猎时不守规矩，随意捕杀，就叫做作践天帝所生之物。田猎的规矩是：天子打猎不应四面合围，诸侯打猎不应把成群的野兽全部杀光。射杀野兽之后，天子要放下指挥的大旗，诸侯要放下指挥的小旗。大夫射杀野兽后，就应命令协助驱赶野兽的副车停止驱赶。大夫的副车停止驱赶之后，百姓开始田猎。正月以后，虞人才可以进入川泽垒梁捕鱼。秋冬之交，才可以开始田猎。八月以后，才可以设网捕鸟。到了十月，才可以进入山林砍伐。昆虫尚未蛰居地下之前，不可以纵火焚草肥田。不捕捉小兽，不取鸟卵，不杀怀胎的母兽，不杀刚出生的小兽，不捣毁鸟巢。

冢宰制国用[①]，必于岁之杪[②]。五谷皆入，然后制国用。用地小大，视年之丰耗。以三十年之通制国用[③]，量入以为出。祭用数之仂[④]。丧三年不祭，唯祭天地社稷为越绋而行事[⑤]。丧用三年之仂。丧祭，用不足曰暴，有余曰浩。祭，丰年不奢，凶年不俭。国无九年之畜曰不足，无六年之畜曰急，无三年之畜曰国非其国也。三年耕，必有一年之食。九年耕，必有三年之食。以三十年之通，虽有凶旱水溢，民无菜色[6]，然后天子食，日举以乐[7]。

注释

①冢宰：百官之长，地位相当于后来的宰相。

②杪（miǎo）：末尾。

③以三十年之通：用三十年收入的平均数。这样就把丰年、凶年都考虑进去了。

④仂（lè）：十分之一。

⑤越绋而行事：意为不受丧事的限制。绋，系在辅车上的绳索。在停柩待葬时叫绋，在送葬的路上叫引。这里是以绋指代丧事。

⑥菜色：郑玄说："菜色，食菜之色。民无食菜之饥色。"于鬯说："菜，当读为灾。民无菜色，犹民无灾色。灾色即饥色也。"

⑦举：杀牲盛馔曰举。

译文

冢宰编制下一年度国家经费的预算，必定在年终进行。因为要等五谷入库之后才能编制预算。编制预算，要考虑国土的大小，年成的丰歉，用三十年收入的平均数作依据来编制预算，根据收入的多少来决定如何开支。祭祀的费用，占每年收入的十分之一。遇到父母之丧，虽然在服丧的三年内不祭宗庙，但天地社稷之神却照祭不误，因为天地社稷之神比父母还要尊贵。丧事的开支，用三年收入的平均数的十分之一。丧事和祭祀的开支，超过了预算叫做“暴”，决算有余叫做“浩”。祭祀的开销，丰年不可铺张浪费，荒年不可节俭从简。一个国家如果没有九年的储备叫做储备不足，如果没有六年的储备叫做储备危急，如果没有三年的储备就可以说是国家不成其为国家了。耕种三年，一定要有一年的余粮。耕种九年，一定要有三年的余粮。以三十年收入的平均数来编制预算，即使遇到水旱凶荒的年头，老百姓也不至于饿肚子，然后，天子的膳食才会顿顿有肉，而且吃饭时可以奏乐。

天子七日而殡，七月而葬。诸侯五日而殡，五月而葬。大夫、士、庶人三日而殡，三月而葬①。三年之丧，自天子达。庶人县封②，葬不为雨止，不封不树。丧不贰事③，自天子达于庶人。丧从死者，祭从生者④。支子不祭。

注释

①天子七日而殡六句：郑玄说：“尊者舒，卑者速。”又，《左传》隐公元年：“天子七月而葬，同轨（指众诸侯）毕至；诸侯五月，同盟至；大夫三月，同位至；士逾月，外姻至。”这是从会葬者到齐所需要的时间有长有短上说明这条规定的合理

性。

②县（xuán）封：县，古“悬”字。封，当作“窆”。悬窆，悬绳下棺入圹。庶人卑，不得用碑繂下棺。

③丧不贰事：庶人可以专心一意地在家守丧三年，不作他事。大夫、士则可能因为国家的特殊需要（如战争），居丧未满也得出来为国家作事。

④丧从死者二句：《中庸》：“父为大夫，子为士，葬以大夫，祭以士。父为士，子为大夫，葬以士，祭以大夫。”便是此意。

译文

天子死后七天乃停棺正寝堂西，死后七月乃举行葬礼。诸侯死后五天乃停棺正寝堂西，死后五月乃举行葬礼。大夫、士、平民死后三日即停棺正寝堂西，死后三月即举行葬礼。为父母须守丧三年，上起天子下至平民均不例外。平民下葬，只能用绳子缒棺入穴，即使下雨也照样埋葬，不聚土成坟，也不种树。服丧期间不得做其他事情，从原则上讲，从天子到平民都适用这一规定。办丧事的规格是依据死者的爵位来定，而祭祀的规格是依据主持祭祀者（即孝子）的爵位来定。不是嫡长子就不能主持祭祀。

天子七庙：三昭三穆，与大祖之庙而七[①]。诸侯五庙：二昭二穆，与大祖之庙而五[②]。大夫三庙：一昭一穆，与大祖之庙而三[③]。士一庙。庶人祭于寝[④]。

注释

①天子七庙三句：就周代而言，大祖之庙指后稷之庙。后稷庙下是文王庙、武王庙，再往下是四亲庙：即高祖庙、曾祖庙、祖庙、父庙。昭穆，是宗庙排列的次序。始祖以下，父庙曰昭，子庙曰穆，孙之庙又曰昭，曾孙之庙又曰穆。余可类推。由此可知，祖与孙永远昭穆相同。七庙是个常数，不得超过，也不得减少。如有新死者，并不另建新庙，而是将某一远祖（如高祖）的神位迁入大宗庙内，曾祖以下随之递迁，这样就会空出一庙，即为新死者之庙。每有新死者，即如此递迁一次，所以总是保持七庙不变。

②大祖之庙：诸侯的大祖，指的是始封之君。

③大祖之庙：大夫的大祖，指的是别子始得封爵者。

④庶人祭于寝：因为庶人无庙。寝，指正寝、适寝。

译文

天子设立七庙：左边三个昭庙——文王、高祖、祖，右边三个穆庙——武王、曾祖、父，加上正中一个太祖庙，共七庙。诸侯设立五庙，即高祖、祖二昭庙，曾祖、父二穆庙，加上太祖庙，共五庙。大夫设立二庙，一昭一穆，加上太祖庙，共三庙。士只设一庙。平民无庙，祭祀祖宗在正寝。

天子、诸侯宗庙之祭，春曰礿，夏曰禘，秋曰尝，冬曰烝[①]。天子祭天地，诸侯祭社稷，大夫祭五祀。天子祭天下名山大川：五岳视三公[②]，四渎视诸侯[③]。诸侯祭名山大川之在其地者[④]。天子、诸侯祭因国之在其地而无主后者[⑤]。天子犆礿、祫禘、祫尝、祫烝[⑥]。诸侯礿则不禘，禘则不尝，尝则不烝，烝则不礿[⑦]。诸侯礿犆，禘，一犆一祫，尝祫，烝祫。

注释

①天子诸侯宗庙之祭五句：郑玄说：这可能是夏、殷时祭之名。周代则春祭曰祠，夏祭曰礿（yào），秋、冬之祭与夏、殷同。周代的禘不指时祭，或指五年一次的大祭宗庙，或指南郊祭天。

②五岳视三公：祭祀五岳比照宴享三公时的九献之礼及牲牢礼器之数。

③四渎：指长江、黄河、淮河、济水。此四水在古代皆单独流入大海。　视诸侯：比照天子宴享诸侯之礼，用七献。

④诸侯祭名山大川句：鲁人祭泰山，晋人祭河，是其例。

⑤因国：已经灭亡的古国。因国的始祖如果有功德留世，今在其地之天子诸侯应为之主持祭祀。

⑥犆（tè）：同“特”。特是个别的，单独的。它与下文的“祫”（xiá）相对，“祫”是集体的，总合的。例如天子七庙，如果分别祭祀七庙，那就叫犆祭；如果把三昭三穆的神主都集中到太祖庙里一齐祭祀，那就叫祫祭。

⑦诸侯礿则不禘四句：诸侯每年要朝见天子一次，所以减少一次四时之祭。

译文

天子、诸侯的宗庙之祭，在春季举行的叫礿，在夏季举行的叫禘，在秋季举行的叫尝，在冬季举行的叫烝。天子可以祭天神祭地祇，诸侯可以祭社神祭谷神，大夫可以祭门神、灶神、行神、户神、中霤神。天子祭祀天下的名山大川：祭祀五岳，用宴享三公的九献之礼；祭祀四渎，用宴享诸侯的七献之礼。诸侯可以祭祀在其境内的名山大川。天子、诸侯，还应当祭祀其境内已灭绝之国的祖先。天子的四时之祭，春祭是对群庙分别进行祭祀，夏祭、秋祭、冬祭都是合祭。诸侯的四时之祭一年之中只能进行三次，春祭则夏不祭，夏祭则秋不祭，秋祭则冬不祭，冬祭则春不祭。诸侯的春祭是分祭，夏祭则是一年分祭一年合祭地轮换进行，秋祭和冬祭都是合祭。

天子社稷皆大牢①，诸侯社稷皆少牢②。大夫、士宗庙之祭，有田则祭，无田则荐③。庶人春荐韭，夏荐麦，秋荐黍，冬荐稻；韭以卵，麦以鱼，黍以豚，稻以雁④。祭天地之牛角茧栗，宗庙之牛角握⑤，宾客之牛角尺。诸侯无故不杀牛⑥，大夫无故不杀羊，士无故不杀犬豕，庶人无故不食珍。庶羞不逾牲。燕衣不逾祭服。寝不逾庙。

注释

①大牢：牛、羊、豕三牲具备曰大牢。大，音义同“太”。

②少牢：有羊、豕二牲叫少牢。

③荐：供献。又叫“荐新”，即用新熟的五谷或时新的瓜果祭祀祖先。荐新之礼轻于四时的祭礼。庶人贫贱，有荐而无祭。

④雁：指鹅。

⑤握：谓长度约四指。

⑥故：指祭祀和招待宾客。

译文

天子祭社神、谷神都用牛、羊、豕三牲，诸侯祭社神、谷神都用羊、豕二牲。大夫和士的宗庙之祭，有禄田的用祭礼，无禄田的用荐礼。平民祭祀祖先的荐新之礼是：春天荐韭菜，夏天荐麦子，秋天荐黍子，冬天荐稻子；韭菜配以鸡蛋，麦子配以鱼，黍子配以小猪，稻子配以鹅。祭祀天地所用的牛较小，牛角不过像蚕茧、栗子那般大小；祭祀宗庙所用的牛略大，牛角大约四指来长；招待宾客所用的牛较大，牛角有一尺来长。诸侯没有特殊原因不可杀牛，大夫没有特殊原因不可杀羊，士没有特殊原因不可杀狗与猪，平民没有特殊原因不吃时鲜物品。日常吃的菜肴，再好不能超过祭祀用的牲牢；日常穿的衣服，再好不能超过祭祀用的礼服；日常居住的堂屋，再好不能超过宗庙。

古者公田藉而不税[①]，市廛而不税[②]，关讥而不征[③]，林麓川泽以时入而不禁。夫圭田无征[④]。用民之力，岁不过三日。田里不粥[⑤]，墓地不请。

注释

①公田藉而不税：古代井田制度下，把土地划成“井”字形，分为九区，其中的中间一区为公田，其余八区为私田。公田

的耕种是借助于八家农户的共同劳动，但收获全部归统治者所有，私田就不再纳税。这实际上是以劳役充地租。

②廛：公家建造的店铺，租给商人使用。商人交纳店租后，就不再交纳货物税。

③讥：稽查。

④夫：指余夫。一家一人受田，此人谓之正夫，其余的劳动力叫余夫。圭田：卿大夫禄田以外的田，其收入专供祭祀用。圭田五十亩。

⑤粥：通“鬻”，卖。

译文

在古代，农户帮助耕种公田，私田就不再纳税；在市场上租用了公家的店铺，就不再交纳商品营业税；水陆关口，只稽查是否违禁，并不征收进出关税；在规定的时间里进入山林川泽采伐渔猎，就不加禁止。余夫耕种卿大夫的圭田也不抽税。征用老百姓从事无偿服务，一年不能超过三天。公家分配的农田和宅地不准出卖。公家分配的有族葬墓地，不准额外再要。

司空执度度地[①]，居民，山川沮泽，时四时，量地远近，兴事任力。凡使民，任老者之事，食壮者之食。凡居民材，必因天地寒暖燥湿。广谷大川异制，民生其间者异俗：刚柔、轻重、迟速异齐[②]，五味异和，器械异制，衣服异宜。修其教，不易其俗。齐其政，不易其宜。

注释

①司空：总管百物制造之官。执度（dù）度（duó）地：上一“度”字指测量土地的工具，下一“度”字是动词，测量。

②刚柔、轻重、迟速异齐：情性缓急不同。刚、轻、速总归于急，柔、重、迟总归于缓。

译文

司空负责用工具测量土地，安置人民，观测山川沼泽的不同地势，测定四季气候的变化，测量土地的远近，然后才大兴土木征用民力。凡征用民力，活不能太累，要像给老年人分配任务那样；伙食标准却要按照壮劳力对待。凡安置百姓住处，必须考虑使百姓的生活习惯和当地的气候地势相适应。生在深山谷和长在大河边上的人外表就不一样，他们的风俗习惯也自然两样：有的性情急躁，有的性情迟缓，酸苦甘辛咸，各有偏爱，使用的工具各有不同，穿的衣服也各有所好。政府应当注重对他们进行教育，不必改变其风俗；同时应当注重统一政令，不必改变其习惯。

中国戎夷五方之民，皆有性也，不可推移。东方曰夷，被发文身[①]，有不火食者矣。南方曰蛮，雕题交趾[②]，有不火食者矣。西方曰戎，被发衣皮[③]，有不粒食者矣[④]。北方曰狄，衣羽毛穴居，有不粒食者矣。中国、夷、蛮、戎、狄，皆有安居、和味、宜服、利用、备器。五方之民，言语不通，嗜欲不同。达其志，通其欲，东方曰寄，南方曰象，西方曰狄鞮[5]，北方曰译。

注释

①被（bì）：剪掉。

②题：额头。

③被（pī）：覆盖在肩背上。

④有不粒食者矣：不吃五谷，只吃禽兽。

⑤狄鞮（dī）：西方对翻译人员的称呼。

译文

由中原民族与四方少数民族构成的五方之民，各有不同的生活习性，不可互相转换。住在东方的民族叫夷，他们时兴剃光头，在身上刺花纹，其中有不吃熟食的人。住在南方的少数民族叫蛮，他们额头上刻着花纹，走路时两脚的脚趾相向，其中也有不吃熟食的人。住在西方的少数民族叫戎，他们披头散发，用兽皮作衣服，只吃禽兽的肉，不吃五谷杂粮。住在北方的少数民族叫狄，以禽兽的羽毛为衣，住在洞穴里，也是只吃禽兽的肉，不吃五谷杂粮。中原、夷人、蛮人、戎人、狄人这五方之民尽管生活习性不同，但各自都有自己认为安适的住所，自己认为好吃的口味，自己认为合适的衣服，自己认为便利的工具，自己认为完备的器物。五方的人民，虽然言语不通，嗜好不同，但当他们要表达各自的意思，沟通各自的想法时，有一种懂得双方语言的人可以帮忙。这种人，在东方叫寄，在南方叫象，在西方叫狄鞮，在北方叫译。

凡居民，量地以制邑，度地以居民，地邑民居，必参相得也。无旷土，无游民，食节事时，民咸安其居，乐事劝功，尊君亲上，然后兴学。

译文

凡安置民众，必须根据土地的广狭来确定修建城邑的大小，根据土地的广狭来确定安置民众的多少，要使土地广狭、城邑大小、被安置民众的多少这三者互相配合得当。这样就会做到没有空闲的土地，没有失业的百姓，饮食节俭，各项工作都按部就班地进行，百姓都安居乐业，积极向上，尊敬国君，爱戴官长，然后可以兴办学校。

司徒修六礼以节民性[①]，明七教以兴民德，齐八政以防淫，一道德以同俗，养耆老以致孝，恤孤独以逮不足，上贤以崇德，简不肖以绌恶[②]。命乡简不帅教者以告[③]。耆老皆朝于庠[④]，元日习射上功[⑤]，习乡上齿[⑥]，大司徒帅国之俊士与执事焉[⑦]。不变，命国之右乡简不帅教者移之左，命国之左乡简不帅教者移之右，如初礼[⑧]。不变，移之郊[⑨]，如初礼。不变，移之遂[⑩]，如初礼。不变，屏之远方，终身不齿。命乡论秀士[⑪]，升之司徒，曰选士；司徒论选士之秀者而升之学[⑫]，曰俊士；升于司徒者不征于乡[⑬]，升于学者不征于司徒，曰造士。

注释

①司徒：总管教育的官。六礼：见本篇最后一节。下文的“七教”“八政”同此。

②简：检举，剔除。绌：通“黜”，摈弃，除退。

③乡：周代的行政单位。距国都百里之内的地区设六乡，每乡设乡大夫一人为其行政长官。帅：同“率”，遵循。

④朝：会集。庠（xiáng）：古代乡学的名称。

⑤元日：择定的吉日。习射：演习乡射礼。上功：重视成绩。

⑥习乡：演习乡饮酒礼。上齿：看重年龄。

⑦俊士：在天子的大学中学习的学生。详见下文。

⑧如初礼：即把上文的“耆老皆朝于庠……与执事焉”再演习一遍。

⑨郊：郑玄说：“郊，乡界之外者也，稍出远之。”

⑩遂：周代的行政单位。首都百里外为六遂，六遂的长官叫遂人，每一遂的长官叫遂大夫。遂亦有学校。

⑪论：考核，品评。秀士：德才兼优的乡学学生。

⑫学：大学。

⑬不征：不让他服徭役。

译文

司徒职掌修习六礼以节制人民的性情，明辨七教以提高人民的道德，整齐八政以防止僭越，规范道德以统一风俗，赡养老人以促进孝顺的风气，救济孤独以避免这部分人被社会遗弃，奖励贤者以鼓励人人学好，清除坏人以警戒人们改正错误。司徒命令六乡的长官将不听从教诲的人报告上来。选定一个吉日，把乡里的德高望重的老人们请到乡学，演习乡射礼，射中多者居前，演习乡饮酒礼，年纪大者居前；司徒带领国学的学生也来帮忙。这样做的用意在于感化那些不听从教诲的人。隔了一年，如果他们还不悔改，司徒就命令国都右边三乡的长官将这些不听教诲者检举出来并且转移到左边三乡，命令国都左边三乡的长官将不听教诲者检举出来并且转移到右边三乡，在新的环境中，让他们再接受一次和同样的感化教育。隔了一年还不悔改，就把他们迁移到更远一点的郊，在新的环境中让他们再接受一次感化教育。隔了一年还不悔改，就把他们迁移到更远的遂，在遂学里再对他们进行一次感化教育。几经教育仍不悔改，说明已不可救药，就把他们放逐到遥远的边疆，一辈子都不予录用。司徒命令六乡的长官考察乡学中德才兼优的学生并把他们推荐给司徒，被推荐者被称作选士。司徒亲自考察选士中的出类拔萃者并把他们推荐给大学，这样的被推荐者被称作俊士。获得选士荣誉的就不再承担乡里的徭役，获得俊士荣誉的就不再承担国家的徭役，后者又叫造士。

乐正崇四术[①]，立四教，顺先王《诗》《书》《礼》《乐》以造士[②]。春秋教以《礼》《乐》，冬夏教以《诗》《书》。王大子、王子、群后之大子，卿大夫、元士之嫡子[③]，国之俊选，皆造焉。凡入学以齿。将出学[④]，小胥、大胥、小乐正简不帅教者以告于大乐正[⑤]，大乐正以告于王。王命三公、九卿、大夫、元士皆入学[⑥]。不变，王亲视学。不变，王三日不举，屏之远方，西方曰棘[7]，东方曰寄，终身不齿。

注释

①乐（yuè）正：相当于《周礼》中的大司乐，是乐官之长，兼管大学的教育，近乎大学校长。其副手叫小乐正，即《周礼》的乐师。四术：指下文《诗》《书》《礼》《乐》四门课程。四术和下文“四教”的所指相同，区别仅在于，称之为“术”，是从每个学生必修的意义上讲的；称之为“教”，是从大学必开此四门课的意义上讲的。

②顺：因袭。

③王大子：王之太子。王子：除去太子以外的所有儿子，即庶子。群后：诸侯。

④出学：指大学毕业。上古时，贵族子弟十五入小学，十八入大学，总共在校学习九年。

⑤大胥：学官，掌管大学生学籍。小胥是其副手。

⑥入学：此下省略了入学行礼以感化不帅教者的内容。据上节可知。

⑦棘：郑玄说当作“僰（bó）”，指中国古代西南地区。

译文

乐正特别重视大学生的四门必修课，每门课都设有教师，也就是沿用先王传下来的《诗》《书》《礼》《乐》四种教材来培养人才。春秋二季教授《礼》《乐》，冬夏二季教授《诗》《书》。国王的太子和庶子，诸侯的太子，卿大夫、元士的嫡子，国家的俊士和选士，都被送到大学学习。入学以后，不管是哪个学生，大家都只以年龄大小为序，不论尊卑。大学将要毕业时，小胥将不听教导的大学生汇报给大胥，大胥汇报给小乐正，小乐正汇报给大乐正，大乐正汇报给天子。天子于是择个吉日，下令三公、九卿、大夫、元士齐集大学，演习有关礼仪以感化不听教导者。这样做了还不改，天子就亲自到校视察。这样做了还不改，天子首先自责，三天的饭内不见肉，而且吃饭时也不奏乐，然后将屡教不改者流放到远方，西部远方叫棘，东部远方叫寄，终身不予录用。

大乐正论造士之秀者以告于王①，而升诸司马②，曰进士。司马辨论官材，论进士之贤者以告于王③，而定其论。论定然后官之④，任官然后爵之，位定然后禄之。

注释

①造士：相当于大学毕业生。

②司马：司马为六卿之一，主掌军事。其属官有司士，掌以德定爵，以功定禄，所以这里说“升诸司马”。

③贤者：指每个进士的专长。

④官之：使之试守。

译文

大司乐考察评定优秀的国学毕业生，汇报给天子，并荐举给司马，被荐举的学生就叫进士。司马再逐个考察每个进士的才能堪做何官，考察每个进士的特长，汇报给天子，并拿出结论来。结论确定了然后委派官职试用，表明能胜任职务然后封以爵位，爵位定了然后发给俸禄。

大夫废其事，终身不仕，死以士礼葬之①。有发，则命大司徒教士以车甲②。凡执技，论力。适四方，裸股肱，决射御。凡执技以事上者，祝、史、射、御、医、卜及百工。凡执技以事上者，不贰事③，不移官，出乡不与士齿④。仕于家者，出乡不与士齿。

注释

①大夫废其事三句：疑为错简。当在上文“丧从死者，祭从生者”之后。废其事：指由于不称职而被罢官者，不是指正常退休者。

②有发二句：王闿运说：此句之“士”指俊士，即国学里的大学生。此二句当是上文“不征于司徒”句下的解释语。

③不贰事：不作他事，以便于术有专攻，技艺弥精。

④出乡不与士齿：然则于其乡中尚可与士齿，这是同族相亲的缘故。总之，靠一技之长为官府服务的人，地位卑贱，在士之下。

译文

大夫因不称职而被免官，终身不再录用，死后用士一级的礼葬之。遇到国家的征召，就命令大司徒对国学生加以军事训练。凡靠技艺谋生的人，只考察其技艺精否，不考察其德行。要派他们到各地去执行任务，就让他们卷起衣袖裤管，互相比赛技艺，以决定人选。凡靠技艺为官府服务以谋生的人，计有祝、史、射、御、医、卜及各种工匠七种。此七种人，不得从事其他职业，有了成绩也不迁官，离开本乡，就不能与士人论辈分年龄。在大夫家里服务的这些人，离开本乡后也是如此。

司寇正刑明辟[①]，以听狱讼。必三刺[②]。有旨无简[③]，不听。附从轻[④]，赦从重。凡制五刑[⑤]，必即天论[⑥]，邮罚丽于事[⑦]。凡听五刑之讼，必原父子之亲、立君臣之义以权之，意论轻重之序、慎测浅深之量以别之，悉其聪明、致其忠爱以尽之。疑狱，泛与众共之。众疑，赦之。必察小大之比以成之[⑧]。成狱辞，史以狱成告于正[⑨]，正听之。正以狱成告于大司寇，大司寇听之棘木之下[⑩]。大司寇以狱之成告于王，王命三公参听之。三公以狱之成告于王，王三又[⑪]，然后制刑。凡作刑罚，轻无赦。刑者侀也，侀者成也，一成而不可变，故君子尽心焉。

注释

①司寇：《周礼》六卿之一，主掌刑罚狱讼。辟（pì）：法。

②三刺：向三方面征求意见，以期断案公正。据《周礼·秋官·小司寇》，三刺是“一曰讯群臣，二曰讯群吏，三曰讯万

民”。

③有旨无简：有犯罪动机而无犯罪事实。

④附：施刑，量刑。

⑤五刑：五种轻重不等的刑罚，即墨刑、劓刑、剕刑、宫刑、大辟。

⑥必即天论：郑玄说有的本子作“必则天伦”。

⑦邮罚：罪罚。邮，罪过。丽：依附。

⑧比：先例。

⑨史：司寇的属吏，负责审理记录的人。狱成：即已成之狱辞。正：司寇的高级部属，相当于《周礼》中的士师、乡士等官，皆主管狱讼之事。

⑩棘木之下：从位置上讲，是指天子的外朝，在库门之外。从人员上讲，是表示还有公卿大夫等人的参加。因为《周礼·秋官·朝士》有“左九棘，孤、卿、大夫位焉；右九棘，公侯伯子男位焉”云云。棘木，就是种在外朝两侧的棘树。

⑪三又：即三宥。又，通“宥”，赦免。据《周礼·秋官·司刺》，有三种杀人罪可以得到赦免：一是由于认错人而误杀者，二是由于过失而误杀者，三是由于遗忘而误杀者。

译文

司寇负责正定刑书，明断罪法，以审理案件。审理时，一定要向群臣、群吏、民众三个方面征求意见，以求断案得当。有犯罪的动机而无犯罪的事实，这样的案子不予受理。量刑时，可轻可重者从轻；赦免时，虽重罪亦可获赦免。凡根据五刑条文进行判决时，一定要合乎天理，使刑罚与罪行相当。凡审案断罪，一定要从父子之亲、君臣之义的角度加以衡量；脑子里始终要考虑罪行有轻重，量刑有深浅，个案与个案不同；要竭尽自己的才智，发扬忠恕仁爱之心，使案情真相大白。遇有疑而难决的案子，就与民众共同审理。如果民众也感到疑而难决，那就应该宣布当事人无罪。处理类似的案件，一定要参考一下过去判重判轻的先例再形成判决。判决书拟好之后，史把判决书提交给正。正再审理一遍，然后把判决书提交给大司寇。大司寇在有孤卿大夫等人的陪审下在外朝再审理一遍，然后把判决书提交给天子。天子又命令三公共同审理一遍，三公审理之后把判决书提交给天子。天子再审查一下案件是否适用于三宥，如果没有，然后判刑。既然到了最后判刑的时刻，就是再轻的罪也不会得到赦免。这是因为，所谓刑，就是定型的意思。所谓定型，就是形成的意思。判决一经形成就不可改变，所以君子对审理案件是非常尽心的。

析言破律，乱名改作[①]，执左道以乱政[②]，杀。作淫声、异服、奇技、奇器以疑众，杀。行伪而坚、言伪而辨、学非而博、顺非而泽以疑众[③]，杀。假于鬼神、时日、卜筮以疑众，杀。此四诛者，不以听。凡执禁以齐众，不赦过。有圭璧金璋[④]，不粥于市。命服命车，不粥于市。宗庙之器，不粥于市。牺牲，不粥于市。戎器，不粥于市[⑤]。用器不中度，不粥于市。兵车不中度，不粥于市。布帛精粗不中数[⑥]，幅广狭不中量[⑦]，不粥于市。奸色乱正色[⑧]，不粥于市。锦文珠玉成器[⑨]，不粥于市。衣服饮食，不粥于市。五谷不时，果实未熟，不粥于市。木不中伐，不粥于市。禽兽鱼鳖不中杀，不粥于市。关执禁以讥[10]，禁异服，识异言。

注释

①乱名改作：郑玄说："变易官与物之名，更造法度。"

②左道：邪门歪道。如巫、蛊之类便是。古代尊右卑左，故以邪道为左道。

③顺：通"训"，辞也。泽：漂亮。

④金璋：王引之认为当作"琮璋"。古书中常见"圭璧琮璋"四字连用。按：圭、璧、琮、璋是四种高贵的玉器。

⑤戎器，不粥于市：从"圭璧琮璋"到"戎器"，都是有较高身份的人才能拥有的东西，一旦进入市场，为普通百姓所购买，对这些器物是种亵渎。

⑥精粗：密疏。数：郑玄说："升缕多少。"犹今人言多少支纱、多少根线。

⑦幅：布幅（宽度）是二尺二寸，帛幅是二尺四寸。

⑧奸色：即间色。古以青、赤、白、黑、黄为五方正色，余色为间色。

⑨成：善，精美。

⑩讥：稽查。

译文

凡是断章取义曲解法律，擅自改变事物的既定名称而另搞一套，用邪道扰乱政令的人，杀掉。凡是制作靡靡之音、奇装异服、怪诞之技、奇异之器而蛊惑民心的人，杀掉。行为诈伪而又顽固不化、言辞虚伪而又巧言利舌、所学陷入异端而又自以为博闻、言辞谬戾而讲得冠冕堂皇，以此蛊惑人心者，杀掉。凡是假托鬼神、时辰日子、卜筮招摇撞骗以蛊惑人心者，杀掉。上述的四种被杀者，不再接受他们的申诉。凡是推行禁令，就是要使民众一律遵守，所以即使是过失犯法，也不饶恕。圭、璧、琮、璋是高贵的玉器，不准在市场上出售。表明身份的命服命车，不准在市场上出售。宗庙中的祭器，不准在市场上出售。用于祭祀的牲畜，不准在市场上出售。军器，不准在市场上出售。日常所用的器皿不合规格，不准在市场上出售。兵车不合规格，不准在市场上出售。布帛的丝缕密疏不合规格，其幅宽不合尺寸，不准在市场上出售。将布帛染以间色而与正色相乱的，不准在市场上出售。有纹彩的布帛、珠玉以及制作精美的器物，不准在市场上出售。华美的衣服饮食，不准在市场上出售。没有到成熟期的五谷和瓜果，不准在市场上出售。未成材的树木，不准在市场上出售。禽兽鱼鳖尚未长大，不准在市场上出售。关卡上执行禁令的人要严格稽查，禁止奇装异服，识别各地的方言。

大史典礼，执简记，奉讳恶[①]。天子齐戒受谏。

注释

①讳恶（wù）：讳，指先王之名。恶，指先王的忌日以及各种天灾人祸。

译文

太史主管礼仪，执掌各种典籍，这些典籍中记有先王的名讳、先王的忌日以及各种天灾人祸，太史也负责将这些情况奉告天子。天子要先斋戒然后接受太史的劝告。

司会以岁之成质于天子[①]。冢宰齐戒受质[②]。大乐正、大司寇、市三官以其成从质于天子[③]。大司徒、大司马、大司空齐戒受质。百官各以其成质于三官。大司徒、大司马、大司空以百官之成质于天子。百官齐戒受质，然后休老劳农，成岁事，制国用[④]。

注释

①司会（kuài）：冢宰的属官，负责统计工作。岁之成：年终的成绩总结。质：考核，考正。

②冢宰句：郑玄注："赞王受之。"

③市：司市，管理市场的官。

④制国用：按：王夫之说："此章所记，与《周礼》多不合。皆汉之博士酌三代之制而参互成之，为一王之法。"

译文

司会将年终的成绩总结报请天子考核，冢宰也要斋戒，协同天子考核政绩。大乐正、大司寇、司市三个官员将其部门的成绩总结附于司会之后也报请天子考核。大司徒、大司马、大司空斋戒以后接受考核。百官各将本部门的成绩总结考核于大司徒、大司马、大司空。大司徒、大司马、大司空把百官的成绩总结报请天子考核，然后百官斋戒，听候天子的考核评语。然后举行养老的宴会，举行蜡祭慰劳农夫。到了这时，本年的事情算结束了，可以制定来年的施政纲领和经费预算了。

凡养老[①]，有虞氏以燕礼[②]，夏后氏以飨礼[③]，殷人以食礼[④]。周人修而兼用之[⑤]，五十养于乡[⑥]，六十养于国[⑦]，七十养于学[⑧]，达于诸侯。

注释

①养老：即上节之“休老”，即天子、诸侯设宴款待老人。

②燕礼：与飨礼、食礼相比，礼数最轻。设宴于寝，行一献礼毕，坐而饮酒至醉。

③飨礼：礼数最隆重的宴会，菜肴丰盛，设宴于朝，行九献礼。

④食礼：宴会上有饭有肴，酒虽设而不饮，以食为主。

⑤修：当作“循”，隶书形近致误。

⑥乡：指乡学。

⑦国：指王宫中的小学。

⑧学：指设于郊的大学。

译文

凡招待老人的宴会，有虞氏用燕礼，夏后氏用飨礼，殷人用食礼，周人遵循古制而三礼兼用。五十岁的老人就可以参加在乡学中举行的敬老宴会，六十岁的老人就可以参加在王宫小学中举行的宴会，七十岁的老人就可以参加在大学举行的宴会。诸侯国也是如此。

八十拜君命，一坐再至[①]，瞽亦如之。九十使人受。五十异粻[②]，六十宿肉[③]，七十贰膳[④]，八十常珍[⑤]，九十饮食不离寝，膳饮从于游可也。六十岁制[⑥]，七十时制[⑦]，八十月制，九十日修，唯绞、紟、衾、冒[⑧]，死而后制。五十始衰，六十非肉不饱，七十非帛不暖，八十非人不暖，九十虽得人不暖矣。五十杖于家，六十杖于乡，七十杖于国，八十杖于朝，九十者，天子欲有问焉，则就其室，以珍从。七十不俟朝，八十月告存，九十日有秩[⑨]。五十不从力政，六十不与服戎，七十不与宾客之事，八十齐丧之事弗及也[⑩]。五十而爵，六十不亲学，七十致政，唯衰麻为丧。

注释

①一坐再至：跪下去连叩两次头。古代拜君命，按规矩当行再拜稽首礼，也就是跪两次，拜两次，叩头至地两次。此因年老，特许简化礼节。

②异粻（zhānɡ）：异粮。不与青壮年人吃同样的粮食，吃较精细的粮食。

③宿：预先置备。

④贰膳：副膳。两份膳食，一份在吃饭时吃掉，另一份备少

顷之需。

⑤珍：八珍。

⑥岁制：指需要一年时间进行准备的丧葬用品，如棺木。

⑦时制：需时一个季度才能做好的送终之具，如比较难作的衣服。

⑧绞：小敛、大敛后用以束紧死者的布带。紟：小、大敛时所用之单被。衾：小、大敛时所用之夹被。冒：小敛前套在尸体上的布袋。按：以上四物都是一两天内可以做好的，所以“死而后制”。

⑨七十不俟朝三句：这是指大夫士年老而致仕者所享受的敬老待遇。秩：常。

⑩齐：通“斋”。祭前要斋戒，所以，这里是以斋来代表祭祀。

译文

人到了八十岁时精力已衰，在拜受君命时只要跪下去连叩两次头就可以了。盲人行动不便，也可照此办理。九十岁的老人则可以让他人代替自己拜受君命。五十岁以上的老人可以不吃粗粮而吃细粮；六十岁以上的老人没有肉就吃不饱，所以要常备有肉；七十岁以上的老人饿得快，要每顿多作一份，以备零食；八十岁以上的老人要常吃珍美的食品；九十岁以上的老人住室里食品不断，无论他走到哪儿，随时都有饮食供应。人到了六十岁，做子女的就要为其准备需要一年时间才能做好的丧葬用品；人到了七十岁，子女就要为其准备需要一季时间才能做好的丧葬用品；人到了八十岁，子女就应为其准备需要一月时间才能做好的丧葬用品；人到了九十岁，子女就应为其准备需要一天时间才能做好的丧葬用品；只有绞、紟、衾、冒，死后再做也不迟。人到五十岁就开始衰老，六十岁以后不吃肉就吃不饱，七十岁以后没有丝绵就会感到身上不暖，八十岁以后没有人暖被就感到睡不暖和，九十岁以后虽有人暖被也睡不暖和了。五十岁以后可以拄杖于家，六十岁以后可以拄杖于乡，七十岁以后可以拄杖于国都，八十岁以后可以拄杖上朝，九十岁以后，天子若有事询问，就要派人到他家请教，还要带上好吃的东西。大夫到了七十岁就可以不在朝里侍候，八十岁以后，天子要每月派人来问候安康，九十岁以后，天子要每天派人送食物来。平民到了五十岁就不服劳役，六十岁以后就不服兵役，七十岁以后就不再参与应酬宾客的活动，八十岁以后，就连祭祀丧葬这类重要的事也不参与了。五十岁后得到封爵，六十岁后不亲自向别人请教，七十岁后就告老致仕，遇到丧事只要穿上孝服就行，其他礼数全免。

有虞氏养国老于上庠[①]，养庶老于下庠[②]。夏后氏养国老于东序，养庶老于西序。殷人养国老于右学，养庶老于左学。周人养国老于东胶，养庶老于虞庠，虞庠在国之西郊[③]。有虞氏皇而祭[④]，深衣而养老[⑤]，夏后氏收而祭[⑥]，燕衣而养老[⑦]。殷人冔而祭[⑧]，缟衣而养老[⑨]。周人冕而祭，玄衣而养老[⑩]。凡三王养老皆引年[⑪]。八十者，一子不从政[⑫]。九十者，其家不从政。废疾非人不养者，一人不从政。父母之丧，三年不从政。齐衰、大功之丧，三月不从政。将徙于诸侯，三月不从政。自诸侯来徙家，期不从政。

注释

①国老：告老退休的卿大夫。上庠：有虞氏的大学。按：下文的“东序”“右学”“东胶”也分别指当时的大学。

②庶老：告老退休的士和年老的平民。下庠：有虞氏的小学。按：下文的“西序”“左学”“虞庠”也分别指当代的小学。

③西郊：阮元《校勘记》以为当作“四郊”。

④皇：画有羽饰的冠。

⑤深衣：古代平民家居所穿之衣，上衣与下裳相连，犹如后人之大褂。

⑥收：夏代的祭冠。其制不详。

⑦燕衣：天子燕居所穿之衣，又叫玄端。诸侯用作朝服，衣与裳均为黑色。

⑧冔（xū）：殷人的祭冠。其制不详。

⑨缟衣：天子之朝服，衣与裳均为白色。

⑩玄衣：一种礼服。玄衣而素裳。

⑪引年：引户校年。即根据户籍校对年龄。

⑫政：通“征”，指力役征召。下同。

译文

有虞氏在上庠设宴款待国老，在下庠设宴款待庶老。夏后氏在东序设宴款待国老，在西序设宴款待庶老。殷人在右学设宴款待国老，在左学设宴款待庶老。周人在东胶设宴款待国老，在虞庠设宴款待庶老。虞庠在王城的西郊。有虞氏的时代，人们在祭祀对戴“皇”冠，在养老时穿深衣。夏代，人们在祭祀时戴“收”冠，在养老时穿燕衣。殷人在祭祀时戴

“冔”冠，在养老时穿缟衣。周人在祭祀时戴冕，在养老时穿玄衣。夏、殷、周三代的天子举行养老宴会，都要依据户籍来核实与会老人的年龄。家有八十岁以上老人的，可以有一人被豁免力役之征。家有九十岁老人的，豁免其全家的力役征召。家有残疾人、病人必须有他人侍候的，也可以豁免一人的劳役。父母去世，在三年守丧期间不应力役之征。遇到齐衰、大功亲属去世，可以三个月不应力役之征。将从王畿移居诸侯的家庭，临行之前免役三月；自诸侯移居王畿的家庭，到达后免役一年。

少而无父者谓之孤，老而无子者谓之独，老而无妻者谓之矜[1]，老而无夫者谓之寡。此四者，天民之穷而无告者也，皆有常饩[2]。瘖、聋、跛、躄、断者、侏儒、百工，各以其器食之[3]。

注释

①矜（guān）：同“鳏”。

②饩（xì）：生活补贴，粮食救济。

③器：能也。

译文

年幼即失去父亲的人叫做孤，老了却失去儿子的人叫做独，年老而失去妻子的人叫做矜，年老而失去丈夫的人叫做寡。这四种人，是世界上最可怜而又求告无门的人，国家对他们有经常性的生活补贴。哑吧、聋子、一足瘸者、两足俱废者、肢体残缺者、躯体矮小者以及各种手艺人，这些人都靠着干点力所能及的工作，由国家养活他们。

道路，男子由右，妇人由左，车从中央。父之齿随行，兄之齿雁行[1]，朋友不相逾。轻任并，重任分，班白者不提挈[2]。君子耆老不徒行，庶人耆老不徒食。大夫祭器不假。祭器未成，不造燕器。

注释

①雁行：大雁飞行时的排列，即在其旁而稍后。

②班白：即斑白，头发花白的老人。班，通“斑”。

译文

在道路上，男子靠右走，妇人靠左走，车子走中间。遇到和自己父亲年龄差不多的人，要让人家走在前边；遇到和自己兄长年龄差不多的人，自己可以稍后一点并排而行；和朋友同行，不可争先恐后。老年人与年轻人都挑着轻担子，年轻人应把老人的轻担并到自己肩上。老年人与年轻人都挑着重担子，年轻人应把老人的重担分过来一些。不要让头发花白的老人提着东西走路。士大夫阶级的老者，出门必有车，不至于徒步；平民阶级的老者，吃饭必有肉。有地的大夫都是自备祭器，不向别人借用。祭器没有备齐之前，不考虑制造日常生活用器。

方一里者，为田九百亩。方十里者，为方一里者百，为田九万亩。方百里者，为方十里者百，为田九十亿亩[1]。方千里者，为方百里者百，为田九万亿亩。自恒山至于南河[2]，千里而近[3]。自南河至于江，千里而近。自江至于衡山，千里而遥[4]。自东河至于东海[5]，千里而遥。自东河至于西河[6]，千里而近。自西河至于流沙[7]，千里而遥。西不尽流沙，南不尽衡山，东不尽东海，北不尽恒山，凡四海之内，断长补短，方三千里，为田八十万亿一万亿亩[8]。方百里者，为田九十亿亩。山陵、林麓、川泽、沟渎、城郭、宫室、途巷，三分去一，其余六十亿亩。

注释

①亿：古代计数单位，等于今天的十万。下同。

②南河：指今河南省境内西部黄河段。

③千里而近：犹言不足千里。

④千里而遥：犹言千里有余。

⑤东河：指河南省东部黄河古道向北流经河北的那一段。

⑥西河：指黄河流经陕西与山西交界处的那一段。

⑦流沙：沙漠。沙常因风吹而流动，故称。

⑧八十万亿一万亿亩：上“万亿”是衍文。

译文

一里见方的土地，折合为田地是九百亩。十里见方的土地，有一百个一里见方，折合为田地是九万亩。百里见方的土地，有一百个十里见方，折合为田地是九百万亩。千里见方的土地，有一百个百里见方，折合为田地是九亿亩。从恒山到南边的黄河，这一段南北距离不足千里。再从此段黄河到南边的长江，这一段的距离也不足千里。从长江往南到衡山，这段距离千里有余。从东河向东到东海，这一段东西的距离千里有余。从东河往西到西河，这段距离不足千里。从西河再向西到沙漠，这段距离千里有余。沙漠并非西边的尽头，衡山并非南边的尽头，东海并非东边的尽头，恒山并非北边的尽头，这样，四海之内，截长补短，大约就是三千里见方，折合成田地就是八十一亿亩。百里见方的土地，折合成田地本应是九百万亩，但因其中有山脉、森林、河流湖泊、沟渠水道、城郭、宫室、道路，要占去三分之一，所以只剩下农田六百万亩。

古者以周尺八尺为步[①]，今以周尺六尺四寸为步[②]。古者百亩，当今东田百四十六亩三十步[③]。古者百里，当今百二十一里六十步四尺二寸二分。

注释

①古者：指周代以前。

②今：指汉时。

③东田：孙希旦说：“东方之田也。汉初儒者皆齐、鲁人，自据其地言之，故曰东。”

译文

古时候是以周尺八尺为一步，现在是以周尺六尺四寸为一步。所以古时候的一百亩，等于现在的一百四十六亩零三十平方步。古时候的一百里，相当于现在的一百二十一里零六十步四尺二寸二分。

方千里者[1]，为方百里者百。封方百里者三十国，其余方百里者七十。又封方七十里者六十，为方百里者二十九，方十里者四十。其余方百里者四十，方十里者六十。又封方五十里者百二十，为方百里者三十。其余方百里者十，方十里者六十。名山大泽不以封。其余以为附庸[2]、闲田。诸侯之有功者，取于闲田以禄之；其有削地者，归之闲田。

注释

①方千里者：此节当是上文“凡四海之内九州，州方千里”一段的疏解语。

②其余：指剩下的土地。

译文

所谓千里见方者，实包括一百个百里见方的区域。如果分封出三十个方百里的诸侯国，就余下七个方百里的地方。再分封出六十个七十里见方的诸侯国，折合为二十九个方百里和四十个方十里，剩下四十个方百里和六十个方十里的土地。又分封出一百二十个五十里见方的诸侯国，折合为三十个百里见方之地，还剩下十个方百里和六十个方十里的土地。名山大泽不作封地来用，剩下的土地，或者作为大诸侯国的附庸，或者作为闲田。诸侯有功，就从闲田中拿出土地作为封赏；诸侯有罪，其被削去的土地则并入闲田。

天子之县内方千里者[①]，为方百里者百。封方百里者九，其余方百里者九十一。又封方七十里者二十一，为方百里者十，方十里者二十九。其余方百里者八十，方十里者七十一。又封方五十里者六十三，为方百里者十五，方十里者七十五。其余方百里者六十四，方十里者九十六。

注释

①天子之县内方千里者：自此以下，当是上文“天子之县内”节的疏解语。

译文

所谓天子的王畿方千里者，也就是包括有一百个百里见方。如果分封出九个方百里的诸侯国，就剩下九十一个方百里的土地。如果又分封出二十一个方七十里的诸侯国，折合为十个方百里和二十九个方十里，就剩下八十个方百里和七十一个方十里的土地。如果又分封出六十三个五十里见方的诸侯国，折合为十五个方百里和七十五个方十里，最后剩下六十四个方百里和九十六个方十里的土地。

诸侯之下士禄食九人，中士食十八人，上士食三十六人，下大夫食七十二人，卿食二百八十八人，君食二千八百八十人。次国之卿食二百一十六人，君食二千一百六十人。小国之卿食百四十四人，君食千四百四十人。次国之卿，命于其君者，如小国之卿[①]。天子之大夫为三监，监于诸侯之国者，其禄视诸侯之卿，其爵视次国之君，其禄取之于方伯之地[②]。方伯为朝天子，皆有汤沐之邑于天子之县内[③]，视元士。诸侯世子世国，大夫不世爵，使以德，爵以功。未赐爵，视天子之元士，以君其国。诸侯之大夫，不世爵禄。

注释

①诸侯之下士禄食九人……如小国之卿：此一段当是上文“上农夫食九人，诸侯之下士视上农夫”云云的疏解语。

②天子之大夫为三监……其禄取之于方伯之地：此一段当是上文“天子使其大夫为三监”一节的疏解语。

③汤沐之邑：谓供诸侯斋戒沐浴之地。

译文

诸侯的下士，其俸禄可以养活九人，中士的俸禄可以养活十八人，上士的俸禄可以养活三十六人，下大夫的俸禄可以养活七十二人，卿的俸禄可以养活二百八十八人，国君的俸禄可以养活二千八百八十人。中等诸侯国的卿，其俸禄可以养活二百一十六人，国君的俸禄则可养活二千一百六十人。小诸侯国的卿，其俸禄可以养活一百四十四人，国君的俸禄则可养活一千四百四十人。中等诸侯国的卿，如果是由其国君任命的，其所得俸禄，等于小国诸侯的由天子任命的卿。天子的大夫被派到诸侯国去做监察的，其俸禄比照大诸侯国之卿，其爵位比照中等诸侯国的国君，其俸禄从方伯那里支取。方伯为了朝见天子，在王畿内都有专供其斋戒沐浴的土地。汤沐邑的大小，和天子上士的禄田一般多。诸侯的太子可以继承君位，大夫的儿子则不能世袭爵位，因为大夫的儿子未必贤惠，有德行才委以职务，有功劳才赐以爵位。诸侯的儿子在天子没有赐爵之前，其身份视同天子之上士，并且以这种身份统治他的国家。至于诸侯的大夫，其爵位和俸禄都不能世袭。

六礼[①]：冠、昏、丧、祭、乡、相见。七教：父子、兄弟、夫妇、君臣、长幼、朋友、宾客。八政：饮食、衣服、事为、异别、度、量、数、制。

注释

①六礼：自此以下，当为上文“司徒修六礼以节民性”一节的疏解语。

译文

所谓六礼，是指冠礼、婚礼、丧礼、祭礼、乡饮酒礼和乡射礼、相见礼。所谓七教，是指七种人伦关系，即父子有亲，兄弟有爱，夫妇有别，君臣有义，长幼有序，朋友有信，宾客有礼。所谓八政，是指饮食的方式，衣服的制度，工艺的标准，器具的品类，长度的规定，容量的单位，数码的进位和布帛的宽窄。

礼　运

解题：郑玄说："名曰《礼运》者，以其记五帝三王相变易，阴阳转旋之道。"所谓"五帝三王相变易"，是指社会由五帝时的大同演变为三王时的小康，其分水岭便是由德治变为礼治。此篇作者似乎认为大同社会一去而不复返，便着力赞美小康社会，对于支撑和维护小康社会的礼，自然也赞不绝口，大讲礼的由来，大讲社会需要礼的紧迫性，大讲圣人如何承天道、顺人情而实行礼治。其中含有当时流行的阴阳五行思想。周予同先生认为本篇"至早出于战国末年，甚或出于汉初"。篇中论述大同社会的一节对中国政治思想史影响甚巨，它反映了先民对天下为公的美好社会的憧憬，对致力于改造社会的后人多有启示。

昔者仲尼与于蜡宾[①]，事毕，出游于观之上[②]，喟然而叹。仲尼之叹，盖叹鲁也。言偃在侧[③]，曰："君子何叹？"孔子曰："大道之行也[④]，与三代之英[⑤]，丘未之逮也，而有志焉。大道之行也，天下为公，选贤与能[6]，讲信修睦。故人不独亲其亲，不独子其子，使老有所终，壮有所用，幼有所长。矜寡孤独废疾者[7]，皆有所养。男有分，女有归[8]。货，恶其弃于地也，不必藏于己；力，恶其不出于身也，不必为己。是故谋闭而不兴，盗窃乱贼而不作。故外户而不闭。是谓大同。今大道既隐，天下为家，各亲其亲，各子其子，货力为己。大人世及以为礼[9]，城郭沟池以为固[10]，礼义以为纪，以正君臣，以笃父子，以睦兄弟，以和夫妇，以设制度，以立田里，以贤勇知，以功为己。故谋用是作，而兵由此起。禹、汤、文、武、成王、周公，由此其选也。此六君子者，未有不谨于礼者也，以著其义，以考其信，著有过，刑仁讲让[11]，示民有常。如有不由此者，在执者去[12]，众以为殃。是谓小康。"

注释

①蜡（zhà）：周代十二月合聚万物而索飨之祭。

②观（guàn）：古代王宫门前两侧的高台。也叫"阙""象魏"。因为此处是悬示教令之处，故名观。今北京故宫门前尚有此种建筑。

③言偃：孔子弟子，姓言名偃，字子游，以文学著称，为孔门七十二贤人之一。

④大道：指下文大同社会的道德准则。

⑤三代之英：指夏商周三代的杰出君主，即下文的禹、汤、周文王、武王、成王、周公。

⑥与：通“举”。

⑦废疾：废指伤残，疾指患病。

⑧归：女子出嫁。此指夫家。

⑨世及：父子相传叫“世”，兄死而弟即位叫“及”。

⑩沟池：护城河。

⑪刑：通“型”，典型、法则。

⑫埶（shì）：古“势”字。

译文

从前，孔子曾作为来宾参与蜡祭，祭毕，孔子出来到宫门外的高台上散步，不禁感慨而叹。孔子的感叹，当是感叹鲁君的失礼。言偃在一旁问道：“老师为什么叹气呢？”孔子说：“大道实行的时代，和夏商周三代杰出君主在位的时代，我没有赶得上，而内心深怀向往。大道实行的时代，天下是公共的，大家推选有道德有才能的人为领导，彼此之间讲究信誉，相处和睦。所以人们不只把自己的亲人当作亲人，不只把自己的子女当作子女，使老年人都能安度晚年，壮年人都有工作可做，幼年人都能健康成长，矜寡孤独和残疾有病的人，都能得到社会的照顾。男子都有职业，女子都适时而嫁。对于财物，人们只是不愿让它白白地扔在地上，倒不一定非藏到自己家里不可；对于气力，人们生怕不是出在自己身上，倒不一定是为了自己。所以，勾心斗角的事没有市场，明抢暗偷作乱害人的现象绝迹。所以，门户只须从外面带上而不须用闩上锁。这就叫大同。现在，大同社会的准则已经被破坏了，天下成为一家所有，人们各自亲其双亲，各自爱其子女，财物生怕不归自己所有，气力则唯恐出于己身。天子、诸侯的宝座，时兴父传于子，兄传于弟。内城外城加上护城河，这被当作防御设施。把礼义作为根本大法，用来规范君臣关系，用来使父子关系亲密，用来使兄弟和睦，用来使夫妇和谐，用来设立制度，用来确立田地和住宅，用来表彰有勇有智的人，用来把功劳写到自己的账本上。因此，勾心斗角的事就随之而生，兵戎相见的事也因此而起。夏禹、商汤、周文王、武王、成王、周公，就是在这种情况下产生的佼佼者。这六位君子，没有一个不是把礼当作法宝，用礼来表彰正义，考察诚信，指明过错，效法仁爱，讲究礼让，向百姓展示一切都是有规可循。如有不按礼办事的，当官的要被撤职，民众都把他看作祸害。这就是小康。”

言偃复问曰：“如此乎礼之急也？”孔子曰：“夫礼，先王以承天之道，以治人之情，故失之者死，得之者生。《诗》曰：‘相鼠有体，人而无礼。人而无礼，胡不遄死①!”是故夫礼，必本于天，殽于地②，列于鬼神，达于丧、祭、射、御、冠、昏、朝、聘③。故圣人以礼示之，故天下国家可得而正也。”

注释

①《诗》曰四句：见今《诗经·鄘风·相鼠》。相：视也。遄

（chuán）：迅速。

②殽：通“效”。

③御：邵懿辰说是“乡”字之误，是。乡，指乡饮酒礼。

译文

言偃又问道：“礼果真就是这样的紧要吗？”孔子说：“礼，是先王用来遵循天的旨意，用来治理人间万象的，所以谁失掉了礼谁就会死亡，谁得到了礼谁就能生存。《诗经》上说：‘你看那老鼠还有个形体，做人怎能无礼。如果做人而无礼，还不如早点死掉为好！’因此，礼这个东西，一定是源出于天，效法于地，参验于鬼神，贯彻于丧礼、祭礼、射礼、乡饮酒礼、冠礼、婚礼、觐礼、聘礼之中。所以圣人用礼来昭示天下，而天下国家才有可能步入正轨。”

言偃复问曰：“夫子之极言礼也，可得而闻与？”孔子曰：“我欲观夏道，是故之杞[1]，而不足征也，吾得《夏时》焉[2]。我欲观殷道，是故之宋[3]，而不足征也，吾得《坤乾》焉[4]。《坤乾》之义，《夏时》之等，吾以是观之。夫礼之初，始诸饮食，其燔黍捭豚[5]，汙尊而抔饮[6]，蒉桴而土鼓[7]，犹若可以致其敬于鬼神。及其死也，升屋而号，告曰：‘皋——某复[8]！’然后饭腥而苴孰[9]。故天望而地藏也[10]，体魄则降，知气在上，故死者北首[11]，生者南乡。皆从其初。昔者先王未有宫室，冬则居营窟，夏则居橧巢[12]；未有火化，食草木之实、鸟兽之肉，饮其血，茹其毛；未有麻丝[13]，衣其羽皮。后圣有作，然后修火之利，范金[14]，合土[15]，以为台榭宫室牖户；以炮，以燔，以亨，以炙[16]，以为醴酪。治其麻丝，以为布帛，以养生送死，以事鬼神上帝。皆从其朔。故玄酒在室，醴醆在户，粢醍在堂，澄酒在下[17]，陈其牺牲，备其鼎俎[18]，列其琴瑟管磬钟鼓，修其祝嘏[19]，以降上神与其先祖，以正君臣[20]，以笃父子[21]，以睦兄弟[22]，以齐上下[23]，夫妇有所[24]。是谓承天之祜。作其祝号[25]，玄酒以祭，荐其血毛[26]，腥其俎[27]，孰其殽[28]；与其越席[29]，疏布以幂[30]；衣其浣帛[31]；醴醆以献，荐其燔炙[32]。君与夫人交献[33]，以嘉魂魄，是谓合莫[34]。然后退而合亨[35]，体其犬豕牛羊[36]，实其簠簋笾豆铏羹[37]，祝以孝告，嘏以慈告，是谓大祥。此礼之大成也。”

注释

①杞：周代的诸侯国名。周武王灭商后，封夏禹后裔于杞。公元前445年灭于楚。

②《夏时》：夏代的历书。今存者有《夏小正》一篇，见《大戴礼记》。

③宋：周代诸侯国名。周公平定武庚叛乱后，将殷纣王的庶

兄微子启封于宋。公元前286年为齐所灭。

④《坤乾》：大约是殷代的《易》，因坤卦在乾卦之前，故名。

⑤捭（pí）：通“焷”，烧烤。

⑥汙（wā）尊：在地上挖个小坑当作盛酒之器。抔（póu）：掬，用两手捧。

⑦蒉（kuài）：通“块”，土块。

⑧皋：叹词，疑相当于今天向远处打招呼时喊“喂”的拖长。　某：死者名。

⑨饭腥：以生食含在死者口里。饭，指饭含。腥，指未经做熟的生食。苴（jū）孰：用草苇叶子包着熟食。这是指送葬时。苴，包也。孰，古“熟”字。

⑩天望：谓望天而招魂。

⑪死者北首：死者头向北方。因为北方是阴，南方是阳。

⑫营窟：用土垒成的洞穴。橧（zēng）巢：积聚柴薪而造成的巢形住处。

⑬麻丝：王念孙说当作“丝麻”，因为此节多为韵语。下文的“治其麻丝”句同此。

⑭范：模子。

⑮合土：谓烧制砖瓦壶罐等陶器。

⑯炮（páo）：裹而烧之。燔：在火上烤。亨：通“烹”，煮也。炙：穿成串来用火烤。

⑰故玄酒在下五句：玄酒，指水。水色玄，上古无酒，以水代之，故称。醴醆（zhǎn）：两种未经过滤尚含糟滓的浊酒，旧说以为即《周礼·天官·酒正》中的醴齐（jì）和盎齐。粢（zī）醍（tǐ）：旧说以为即《酒正》中的“缇齐”。澄酒：旧说以为澄酒即《酒正》中的沈齐。旧说以为，玄酒出自上古，醴齐、盎齐、

缇齐、沈齐这四齐是未过滤之酒，出自中古；祭祀时，越是古老的东西，其陈设的位置也越靠上。所以玄酒的位置最靠上，在室内而且近北（以北为上），澄酒的位置则最靠下，陈在堂下。之所以这样的陈设，是因为“皆从其朔”，即神鬼首先认识的东西是出自上古，其次才是中古之物。

⑱鼎俎：凌廷堪《礼经释例》十一：“凡升牲体之器曰鼎，凡载牲体之器曰俎。”

⑲祝嘏（gǔ）：祝，指祝代表主人致飨神之辞，这是表达晚辈的孝顺之意。嘏，指尸代表上神或祖先，通过祝传达给主人的祝福之辞，这是表达祖先对后代的保佑。

⑳以正君臣：祭祀时，在庙门外是君尊于尸，尸是臣；在庙门内是尸尊于君，君是臣。这就是以正君臣。

㉑以笃父子：祭祀时，孙为王父尸，父北面而事之，以此表明子事父之道，这就是以笃父子。

㉒以睦兄弟：正祭之后，主人向长兄弟、众兄弟敬酒，兄弟们也依次回敬，这种作法就是以睦兄弟。

㉓以齐上下：祭毕，与祭者分食祭品，上下人等均有一份，利益均沾。

㉔夫妇有所：祭祀时，国君立于阼阶，而夫人立于东房，如此之类，是夫妇有所。

㉕祝号：祝辞中对神鬼和祭品的美好称呼。例如称天神为“昊天上帝”，称鬼为“皇祖”，称酒曰“清酌”，称牛曰“一元大武”。

㉖荐其血毛：谓杀牲之后，祝取牲血及毛入室禀告于神。

㉗腥其俎：以俎盛生肉进献于尸。

㉘孰其殽：将带骨的肉放在开水中稍煮，半生不熟，然后献于尸。

㉙越（huó）席：蒲席。越，一种蒲属植物。

㉚幂：用以覆盖酒樽。

㉛浣帛：祭服，用练帛染色制成。

㉜燔：指烤熟的肉。炙：指烧熟的肝。

㉝君与夫人交献：指第一君献，第二夫人献，第三君献，第四夫人献。

㉞莫：通“寞”，指冥冥之中。

㉟然后退而合亨：郑玄说，此以下是进献今世之食。

㊱体其犬豕牛羊：谓分别犬豕牛羊身上骨肉的贵贱，以为众俎。牲体，以左右两半而论，周人贵右而贱左；以前后而论，周人贵前而贱后。牲体贵者献尊者，牲体贱者献卑者。

㊲簠：盛稻粱之器。簋：盛黍稷之器。笾：盛脯果之器。豆：盛菹醢之器。铏：如鼎而小，盛菜汤、肉汤之器。

译文

言偃又问道：“老师把礼讲得这般要紧，可以讲得更详细点吗？”孔子曰：“我曾想研究一下夏代的礼，所以特地跑到杞国考察，但因年代久远，留下的文献太少，只得到了一种叫《夏时》的书。我又想研究一下殷代的礼，所以特地跑到宋国去考察，留下的文献也很少，只得到了一种叫《坤乾》的书。我就根据这两种书谈谈吧。上古礼的产生，是从饮食开始的，那时的人们尚未发明陶器，他们把谷物、小猪放在烧热的石头上焙烤，挖个小坑当酒杯，双手捧起来喝，用土抟成的鼓槌，垒个小土台子就当鼓，在他们看来，用自己的这种生活方式来表达对于鬼神的敬意，好像也是可以的。这便有了最原始的祭礼。等到他们死的时候，其家属就上到屋顶向北方高喊：

‘喂——，亲人某某你回来吧!’招魂之后，就把生稻生米含在死者口中，到了送葬的时候，又用草叶包着熟食作为祭品送他上路。就这样向天上招魂，在地下埋葬，肉体入之于地，灵魂升之于天。所以死人头皆朝北，北向是阴；活人都面向南，南方是阳。现在实行的这些礼仪都是古代传下来的。在上古先王之时，没有宫室一类建筑，冬天就住在土垒的洞穴里，夏天就住在棍棒搭成的巢窠里；那时候还不懂得熟食，生吃草木之实和鸟兽之肉，喝鸟兽的血，连肉带毛的生吞；那时候还不知道麻丝可以织布作衣，就披上鸟羽兽皮当衣服。后来有圣人出世，才懂得火的种种作用，于是用模型铸造金属器皿，和合泥土烧制砖瓦，用来建造台榭宫室门窗；又用火来焙、来烧、来煮、来烤，酿造甜酒和醋。又利用丝麻，织成布帛，用来供养活人，料理死者，用来祭祀鬼神和上帝。凡此种种，也都是沿袭上古的作法。因为重视上古老祖宗的习见习闻，所以在祭祀的时候，玄酒摆在室内，醴和醆摆在门旁，粢醍摆在堂上，澄酒摆在堂下，同时要陈列牺牲，备齐鼎俎，安排各种乐器，精心拟制飨神之辞和神佑之辞，用以迎接天神和祖宗的降临。通过祭祀中的种种礼仪，或表示规范君臣的关系，或表示加深父子的感情，或表示和睦兄弟，或表示上下均可得到神惠，或表示夫妇各有自己应处的地位。这样的祭祀就叫承受上天的赐福。拟定祝辞中的种种美称，设置玄酒以祭神，先将牲的血毛献进，再将生肉载于俎上进献，再将半生不熟的排骨肉献上。主人主妇亲践蒲席，用粗布蒙上酒樽，身穿祭服，献过醴酒，又献醆酒，献过烤肉，又献烤肝。国君与夫人向神交替进献，使祖先的灵魂感到快慰，这就叫子孙的精神和祖先的灵魂在冥冥之中相会。祭祀进行到向今人献食时，就把方才献神的生肉、半生不熟的肉放在镬里合煮，直到煮熟，然后区别犬豕牛羊的不同部位，放到该放的容器里，以招待来宾和自家兄弟。祝的祝辞要表达主人对神的孝敬之意，神的保佑之辞也充溢着对子孙的爱护之心，这就叫大吉大利。这就是礼的大致情况。”

孔子曰：“呜乎哀哉！我观周道，幽、厉伤之[①]，吾舍鲁何适矣！鲁之郊禘[②]，非礼也，周公其衰矣！杞之郊也，禹也；宋之郊也，契也。是天子之事守也[③]。故天子祭天地，诸侯祭社稷。

注释

①幽、厉：周幽王、周厉王。西周时的两个昏君。厉王在幽王之前。

②郊：天子祭天之礼。因在国之南郊祭天，故称郊。禘（dì）：天子在太庙祭祀始祖之礼。鲁是诸侯，没有资格郊禘而硬行郊禘，所以说是“非礼也”。

③杞之郊也五句：杞之郊与宋之郊之“郊”指祭天。禹也，指禘禹，因为禹是夏代的始祖。契也，指禘契，因为契是商代的始祖。杞、宋以诸侯国而得行天子郊禘的原因，在于他们都是天子的后裔。

译文

孔子说：“真是可悲啊！我考察周代的礼，发现经过幽、厉之乱，已被破坏得差不多了，就目前来说，只有鲁国还差强人意。但是，鲁国举行的郊天禘祖，也不合乎礼的规定，鲁是周公的封国，竟然也如此数典忘祖，说明周礼真是衰败了。杞国国君郊天禘禹，宋国国君郊天禘契，因为他们是天子的嫡系后裔，所以才可以奉行郊禘。所以只有天子才可以祭天地，诸侯只能祭祀自己国土内的社神与稷神。

“祝嘏莫敢易其常古，是谓大假[①]。祝嘏辞说，藏于宗祝巫史，非礼也，是谓幽国[②]。醆斝及尸君[③]，非礼也，是谓僭君。冕弁兵革[④]，藏于私家，非礼也，是谓胁君。大夫具官[⑤]，祭器不假[⑥]，声乐皆具[⑦]，非礼也，是谓乱国。故仕于公曰臣，仕于家曰仆。三年之丧与新有昏者，期不使。以衰裳入朝[⑧]，与家仆杂居齐齿，非礼也，是谓君与臣同国。故天子有田以处其子孙[⑨]，诸侯有国以处其子孙[⑩]，大夫有采以处其子孙[⑪]，是谓制度。故天子适诸侯，必舍其祖庙，而不以礼籍入[⑫]，是谓天子坏法乱纪。诸侯非问疾吊丧而入诸臣之家，是谓君臣为谑。是故礼者君之大柄也，所以别嫌明微，傧鬼神[⑬]，考制度，别仁义[⑭]，所以治政安君也。故政不正则君位危，君位危则大臣倍、小臣窃[⑮]。刑肃而俗弊[⑯]，则法无常；法无常而礼无列，礼无列则士不事也。刑肃而俗弊，则民弗归也。是谓疵国。

注释

①假：通“嘏”，福也。

②幽国：搞阴谋之国。

③醆（zhǎn）：夏代天子使用的酒器。斝（jià）：殷代天子使用的酒器。这两种酒器，在周代只有鲁国（天子特许）和杞、宋二国（夏、商后裔）可以使用，其他诸侯使用便是僭越。

④冕弁：冕是衮冕，弁是皮弁。冕弁是国君的礼服。

⑤大夫具官：大夫而有一整套官僚制度。按礼，只有天子、诸侯才可以，设置百官，官掌一事，而大夫只能设宰一人，总理各项事务。

⑥祭器不假：这是指的庶子为大夫之家。按礼，只有宗子之家才可以祭器齐备，支子则不可以。支子如有需要，可到宗子之家去借。

⑦声乐皆具：孙希旦说是八音皆备。八音，八种乐器，即金、石、丝、竹、匏、土、革、木。诸侯在大射时尚不得八音皆备，则大夫可想而知。

⑧以衰裳入朝：穿着孝服上班。按礼，遇父母之丧，当归还政事，在家守孝三年。

⑨故天子句：谓天子封其子孙为诸侯。

⑩诸侯句：谓诸侯封其子孙为卿大夫。

⑪采：《考文》引古本、足利本作“采地”，阮元《校勘记》以为是。

⑫礼籍：指太史所执掌的典章制度册子，载有该国忌讳之事。

⑬傧：以礼接待宾客。

⑭仁义：仁主于慈爱，此指赏。义主于断决，此指罚。

⑮倍：通“背”，背叛。

⑯肃：峻急。

译文

“祝辞和嘏辞不敢改变其传统格式，这就叫大福大祥。祝辞和嘏辞，本当藏于宗庙，而今却藏于宗伯太祝和巫官史官之家，这是不合礼的，这说明其中有鬼，这就叫阴谋之国。醆斝是天子用以献尸的酒器，而今竟然一般诸侯也用，这不合礼，这叫作僭越之君。冕弁是国君的礼服，兵器甲胄是国君的武备，而今却藏于大夫之家，这就叫威胁国君。大夫竟然也百官具备，祭器不用外借，八音齐备，这不合礼，这叫混乱之国。在国君那里任职叫做臣，在大夫家里任职叫做仆。臣仆如果遇到父母之丧，或者是刚结过婚，至少应该一年不派差使。在居丧期间带孝上班，或是仍和家仆杂居一起，没上没下，也不合礼，这就叫做君臣共有国家。天子有土地可以封其子孙为诸侯，诸侯有国家可以封其子孙为大夫，大夫有采地可以养活其子孙。这就叫制度。所以天子到诸侯之国去，一定要下榻在诸侯的祖庙，但如果住进时无视礼簿上所载诸侯国的忌讳，那就叫做天子违法乱纪。诸侯如果不是由于探病吊丧而随便进入诸臣之家，那就叫君臣互相戏谑。所以说，礼是国君治理国家的最有力的工具，有了它才好区别嫌疑，明察幽隐，敬事鬼神，订立制度，赏罚得当，总而言之，有了它才好治理国家，维护君权。所以，国政如果不以礼为准绳就会导致君权动摇，君权动摇就会导致大臣背叛，小臣偷窃。这时候尽管用严刑峻罚来挽救，但因风俗凋弊，由此而引起法令无常，法令无常自然又引发礼仪乱套，礼仪乱套就让士人无法做事。刑罚严峻加上风俗败坏，老百姓就不会归心了。这就叫有疵病之国。

“故政者[①]，君之所以藏身也。是故夫政，必本于天，殽以降命[2]。命降于社之谓殽地，降于祖庙之谓仁义[3]，降于山川之谓兴作[4]，降于五祀之谓制度[5]。此圣人所以藏身之固也。故圣人参于天地，并于鬼神[6]，以治政也。处其所存[7]，礼之序也；玩其所乐，民之治也。故天生时而地生财，人，其父生而师教之，四者君以正用之。故君者，立于无过之地也。

注释

①政：即礼。按上文云“是故夫礼，必本于天”，此节改“礼”为“政”，是政即礼也。王夫之、孙希旦也均有此说，可参看。

②殽：通“效”，效法。

③降于祖庙句：祖庙之中，父庙虽亲而不尊，始祖、高祖之庙虽尊而不亲。亲出于仁，尊出于义，故宗庙之礼体现着仁义的差别。

④降于山川句：山川中的自然资源是搞建设资料的基本来源，所以有山川之祭。兴作，指建设。

⑤降于五祀句：五祀之大小形制各有法度，后王据以制定制度。

⑥并：比较，参考。鬼神：指祖庙、山川、五祀。

⑦存：存在的次第。

译文

“所以，礼实在是国君借以安身立命的法宝。所以礼一定源出于天，依据天道而颁降政令。有的礼是源出于地，依据地道而颁降社祭的政令。有的礼是源出于鬼神——列祖列宗、山川之神、五祀之神，因此产生了体现仁义的宗庙之礼，祭祀提供建设资料的山川之祭，祭祀据以建立制度的五祀之祭。所以圣人是上参于天，下验于地，又考察了鬼神，以此来制订政令。圣王能处理好天地鬼神的存在次第，礼的次序也就有了；能玩味天地鬼神的爱好所在，民众的治理也就好办了。天生四时，地生财货，人，父母生他，老师教他，这四条，如果国君能够正确利用，就能够立于不出过错之地。

“故君者，所明也[①]，非明人者也。君者，所养也，非养人者也。君者，所事也，非事人者也。故君明人则有过，养人则不足，事人则失位。故百姓则君以自治也，养君以自安也，事君以自显也。故礼达而分定，故人皆爱其死而患其生。故用人之知去其诈，用人之勇去其怒，用人之仁去其贪。故国有患，君死社稷，谓之义；大夫死宗庙，谓之变[②]。故圣人耐以天下为一家[③]，以中国为一人者，非意之也，必知其情，辟于其义，明于其利，达于其患，然后能为之[④]。

注释

①明：陈澔说本章三“明”字皆当作“则”，“则”是取则、效法之义。译文从之。

②变：通“辩”，正当之义。

③耐（néng）：“能”的古字。

④必知其情四句：情指人情，义指人义，利指人利，患指人患，其具体含义见下节。辟：通“譬”，晓譬。

译文

“所以，作为国君，应是人们效法的榜样，而不是效法他人的；应是人们乐于供养，而不是供养他人的；应是人们服侍的对象，而不是服侍他人的。所以，如果国君效法他人就说明国君犯有过错，国君一身而供养全体国民肯定其力不足，国君如果服侍他人就意味着丢掉了国君的宝座。所以，百姓都是效法国君以达到自我管理，供养国君以达到自我安定，服侍国君以达到抬高自己。举国上下都明白了这个礼，上下名分确定，就会人人都乐于为国牺牲而耻于苟且偷生。国君要重用有智、有勇、有仁的人，但要注意取其长而避其短。对于有智的人要谨防其诈伪，对于有勇的人要避免其感情冲动，对于有仁的人要警惕其贪婪。国家有了外患，国君与国土共存亡，这是理所当然的；大夫为保卫国君宗庙而死，这是职责所在，也是正当的。所以圣人能够使整个天下像是一个家庭，全体国民像是一个人，并不是凭着主观臆想，而是凭着了解人情，洞晓人义，明白人利，熟知人患，然后才能做到。

“何谓人情？喜、怒、哀、惧、爱、恶、欲，七者弗学而能。何谓人义[①]？父慈、子孝、兄良、弟弟、夫义、妇听、长惠、幼顺、君仁、臣忠，十者谓之人义。

讲信修睦，谓之人利[②]。急夺相杀，谓之人患[③]。故圣人之所以治人七情，修十义，讲信修睦，尚辞让，去争夺，舍礼何以治之？饮食男女[④]，人之大欲存焉。死亡贫苦，人之大恶存焉。故欲、恶者，心之大端也。人藏其心，不可测度也。美恶皆在其心，不见其色也，欲一以穷之，舍礼何以哉？

注释

①人义：人际关系的准则。

②人利：人际关系的改善。

③人患：人际关系的破坏。

④饮食男女：吃喝与求偶。

译文

“什么叫做人情？喜、怒、哀、惧、爱、恶、欲，这七种不学就会的感情就是人情。什么叫做人义？父亲慈爱，儿子孝敬，兄长友爱，幼弟恭顺，丈夫守义，妻子听从，长者惠下，幼者顺上，君主仁慈，臣子忠诚，这十种人际关系准则就叫人义。讲究信用，维持和睦，这叫做人利。你争我夺，互相残杀，这叫做人患。圣人要想疏导人的七情，维护十种人际关系准则，崇尚谦让，避免争夺，除了礼以外，没有更好的办法。饮食男女，是人的最大欲望所在。死亡贫苦，是人的最大厌恶所在。这最大欲望和最大厌恶，构成了人心日夜思虑的两件大事。每人都把心思藏在肚子里，深不可测。美好或丑恶的念头都深藏在心，从外表来看谁也看不出来，要想彻底搞清楚，除了礼之外恐怕也没有别的办法。

“故人者，其天地之德、阴阳之交、鬼神之会、五行之秀气也[①]。故天秉阳，垂日星；地秉阴，窍于山川。播五行于四时[②]，和而后月生也。是以三五而盈，三五而阙。五行之动，迭相竭也。五行四时十二月，还相为本也。五声六律十二管[③]，还相为宫也。五味六和十二食[④]，还相为质也。五色六章十二衣[⑤]，还相为质也。故人者，天地之心也，五行之端也，食味、别声、被色而生者也。

注释

①鬼神：鬼指形体，神指精灵。五行：金、木、水、火、土。

②播五行于四时：把五行与四季相配，木配春，火配夏，金配秋，水配冬，土配于季夏与孟秋之间。一说土无定位，分寄四时。

③五声：宫商角徵羽。十二管：即十二律。六律加六吕，即得十二律。还（xuán）相为宫：意谓十二管依次更迭，皆可充当宫声。不言而喻，由于“五行之动，迭相竭也”的影响，十二管依次更迭，也皆可充当徵声等四声。

④五味：酸苦辛咸甘。六和：春多酸，夏多苦，秋多辛，冬多咸，四季皆有滑、甘，合起来叫做六和。十二食：十二月之所

食。质：阮元《校勘记》引戴震说以为质当作“滑”。滑为六和之一，犹如上文宫为五音之一。而且作“质”与下文重复。

⑤五色：青赤黄白黑五方之色。六章：五色加上天玄。十二衣：十二月所穿之衣。

译文

“人是感于天覆地载之德、阴阳二气交合、形体和精灵结合、吸收五行的精华而生。所以天持阳气，垂示日月星辰的光芒；地持阴气，借山河为孔穴而吞吐呼吸。分布五行于四季，四季顺序分明，日行循轨，月亮才会按时出现。所以每月的前十五天，月亮由月牙变成满月，后十五天，又由满月变成月牙。五行的运转，此去彼来，轮流作主。五行四季十二月，依次交替为本始。五声六律十二管，依次交替为宫声。五味六和十二食，依次交替为主味。五色六章十二衣，依次交替为主色。所以说，人是天地的心灵，是由五行构成的万物之首，是懂得何时应吃何味为好、何时应听何声为好、何时应穿何种颜色之衣为好的一种精灵。

“故圣人作则，必以天地为本，以阴阳为端[①]，以四时为柄[②]，以日星为纪[③]，月以为量[④]，鬼神以为徒[⑤]，五行以为质[⑥]，礼义以为器，人情以为田，四灵以为畜[⑦]。以天地为本，故物可举也；以阴阳为端，故情可睹也；以四时为柄，故事可劝也；以日星为纪，故事可列也；月以为量，故功有艺也[⑧]；鬼神以为徒，故事有守也；五行以为质，故事可复也；礼义以为器，故事行有考也；人情以为田，故人以为奥也[⑨]；四灵以为畜，故饮食有由也。

注释

①端：首也。例如赏以春夏，法阳也；刑以秋冬，法阴也。

②柄：关键。例如春生夏长秋收冬藏，即取法四时。

③纪：纲纪。日之运行，星之分布，皆有规矩，是纲纪也。

④量：区分。

⑤鬼神：指山川。山川助地通气，像是地的徒属。

⑥质：主干，主体。

⑦四灵：见下文。

⑧艺：作事的分限、准则。

⑨奥：主也。室中西南角叫奥，为室中最尊之处，祭祀时神主在此，平时也为尊长之位。

译文

“所以圣人制作法则，一定要取法天地以为根本，取法阴阳以为大端，取法四时以为关键，取法日星以为纲纪，取法月之圆缺以为区分，取法大地以山川为徒属，取法五行以为主体，把礼义当作耕地的工具，把人情当作田地，连‘四灵’也成了家畜。因为以天地为根本，所以万物都能包罗；以阴阳为大端，所以人情可以察觉；以四时为关键，所以农时不失，事功易成；以日星为纲纪，所以做事的顺序便于安排；以月之圆缺为区限，所以每月干啥都有条不紊；以山川为徒属，所以人人皆有职守；以五行为主体，所以事事皆可终而复始；把礼义作为耕具，所以事事才能办得成功；把人情当作田地，所以圣人就是田地的主人；把'四灵'作为家畜，所以饮食有所取材。

"何谓四灵？麟、凤、龟、龙[①]，谓之四灵。故龙以为畜，故鱼鲔不淰[②]；凤以为畜，故鸟不獝[③]；麟以为畜，故兽不狘[④]；龟以为畜，故人情不失。故先王秉蓍龟，列祭祀，瘗缯[⑤]，宣祝嘏辞说，设制度[⑥]。故国有礼，官有御，事有职，礼有序。

注释

①麟：麒麟，毛虫之长。凤：凤凰，羽虫之长。龟：甲虫之长。龙：鳞虫之长。

②鲔（wěi）：鲟鱼。此处泛指鱼类。淰（shěn）：鱼类惊骇逃散的样子。

③獝（xù）：鸟类惊骇逃散的样子。

④狘（xuè）：兽类惊骇逃散的样子。

⑤瘗（yì）缯：把帛埋在地下以降神，这是祭地的礼仪。

⑥制度：指宫室、城郭、车旗之类的制度。

译文

"什么叫做四灵？麟、凤、龟、龙，它们是四类动物之王，被叫做四灵。所以，如果龙已成为家畜，那么它的鳞族部下也就尾随而来；如果凤已成为家畜，那么它的羽族部下也就纷然而至；如果麟已成为家畜，那么它的毛族部下也就乖乖归顺；如果龟已成为家畜，那就可用以占卜，预先察知人情。所以先王秉持蓍草和龟甲，安排祭祀，瘗缯降神，宣读祝辞和嘏辞，设立种种制度。于是国人皆彬彬有礼，百官各治其事，百事都有规章，凡所行礼，皆有次序。

“故先王患礼之不达于下也，故祭帝于郊，所以定天位也；祀社于国，所以列地利也；祖庙，所以本仁也；山川，所以傧鬼神也；五祀，所以本事也。故宗祝在庙[①]，三公在朝[②]，三老在学[③]，王前巫而后史，卜筮瞽侑[④]，皆在左右，王中，心无为也，以守至正。故礼行于郊，而百神受职焉；礼行于社，而百货可极焉；礼行于祖庙，而孝慈服焉；礼行于五祀，而正法则焉。故自郊社、祖庙、山川、五祀，义之修而礼之藏也。

注释

①宗祝：宗伯和太祝。天子祭祖庙，宗祝是其助手。

②三公：太师、太傅、太保。

③三老在学：在太学中，天子向三老乞求善言（建设性意见）。

④瞽：乐官。乐官以音乐陶冶天子性情。侑：掌规谏之臣。

译文

“先王担心礼教不能普及于下民，所以在南郊祭上帝，借以昭示天的地位是至高无上的；又祭土神于国内，借以昭示大地为人类生存提供的种种便利；又祭祖于庙，借以昭示凡我族人均应相爱；又祭祀山川，借以昭示要礼敬冥冥之中的鬼神；又举行五祀之祭，借以昭示各种制度来源于此。所以，天子在宗庙中，有宗祝相助；在朝中，有三公辅佐；在太学中，有三老给提建议；在天子的身边，前有掌理神事的巫，后有负责记录言行的史，负责占卜的官员，负责奏乐、规谏的官员，都在天子的左右，天子居中，心里没有任何杂念，只须恪守至正之道就行了。所以，祭天于南郊，天上的众神就会各司其职；祭地于国，地上的种种资源就都可利用；祭祖于庙，孝慈之道就会得到推行；举行五祀之祭，各种法则制度就会得到遵守。由此看来，祭天、祭地、祭祖、祭山川、祭五祀，都是借助于礼而昭示其含义的。

“是故夫礼，必本于大一[①]，分而为天地，转而为阴阳，变而为四时，列而为鬼神。其降曰命，其官于天也。夫礼必本于天，动而之地，列而之事，变而从时，协于分艺。其居人也曰养[②]，其行之以货力、辞让、饮食、冠昏、丧祭、射御、朝聘[③]。故礼义也者，人之大端也。所以讲信修睦，而固人之肌肤之会、筋骸之束也；所以养生、送死、事鬼神之大端也，所以达天道、顺人情之大窦也。故唯圣人为知礼之不可以已也，故坏国、丧家、亡人，必先去其礼。

注释

①大一：即太一，指天地未分之前混沌之元气。

②养：郑玄说是“义”字之误。

③射御：当作“射乡”，指射礼、乡饮酒礼。

译文

“因此，礼必定源出于太一，太一一分为二，在上者为天，在下者为地，天又转变为阳，地又转变为阴，阳气变为春夏，阴气变为秋冬，于是有了四季，于是有了鬼神。圣人制礼，皆据此而颁降政令，这是取法于天的。礼一定是源出于太一和天，其次效法于地，其次效法五祀，其次效法四时，而且合乎每月行令的准则。礼在人事上也叫做义，具体表现为财货、精力、辞让、饮食、冠婚、丧祭、射乡、朝聘等项礼仪。所以说，礼义这个东西，是做人的头等大事。人们用礼来讲究信用，维持和睦，使彼此团结得就像肌肤相接、筋骨相连一样。人们把礼作为养生送死和敬事鬼神的头等大事，把礼作为贯彻天理、理顺人情的重要渠道。所以只有圣人才知道礼是须臾不可或缺的，因此，凡是国亡家破身败的人，一定是由于他先抛开了礼，才落得如此下场。

“故礼之于人也，犹酒之有蘖也[1]，君子以厚，小人以薄。故圣王修义之柄、礼之序，以治人情。故人情者，圣王之田也，修礼以耕之，陈义以种之，讲学以耨之，本仁以聚之，播乐以安之。故礼也者，义之实也。协诸义而协，则礼虽先王未之有，可以义起也。义者，艺之分、仁之节也。协于艺，讲于仁，得之者强。仁者，义之本也，顺之体也，得之者尊。故治国不以礼，犹无耜而耕也；为礼不本于义，犹耕而弗种也；为义而不讲之以学，犹种而弗耨也；讲之以学而不合之以仁，犹耨而弗获也；合之以仁而不安之以乐，犹获而弗食也；安之以乐而不达于顺，犹食而弗肥也。四体既正，肤革充盈，人之肥也。父子笃，兄弟睦，夫妇和，家之肥也。大臣法，小臣廉，官职相序，君臣相正，国之肥也。天子以德为车，以乐为御，诸侯以礼相与，大夫以法相序，士以信相考，百姓以睦相守，天下之肥也。是谓大顺。大顺者，所以养生、送死、事鬼神之常也。故事大积焉而不苑[②]，并行而不缪[③]，细行而不失，深而通，茂而有间，连而不相及也，动而不相害也，此顺之至也。故明于顺，然后能守危也。故礼之不同也，不丰也，不杀也[④]，所以持情而合危也。

注释

①蘖（niè）：酿酒不可缺少的曲。

②苑（yǔn）：郁结。

③缪：通“谬”，乖错。

④杀（shài）：减省。

译文

“所以，礼对于人来说，好比是酿酒要用的曲，君子德厚，酿成的酒也便醇厚，小人德薄，酿成的酒也便寡味。所以圣王牢持礼、义这两件工具，用来治理人情。打比方来讲，人情好比田地，圣王好比田主，圣王用礼来耕耘，用陈说义理当作下种，用讲解教导当作除草，用施行仁爱当作收获，用备乐置酒当作农夫的犒劳。可以这样说，礼是义的制度化。有些礼的条文，拿义的标准去衡量无一不合，但先王并无明文规定，这也不妨因时制宜而自我作古。义是区分是非的标准，衡量仁爱的尺度。符合标准，符合仁爱，谁做到这两条谁就强大。仁是义的基础，又是贯通天理人情的具体表现，谁能做到仁谁就会被人尊敬。所以，治国而不用礼，就好比耕田而不用农具；制礼而不源于义，就好比耕地而不下种；有了义而不进行讲解教育，就好比下种而不除草；有了讲解教育而不和仁爱结合，就好比虽然除草而不去收获；和仁爱结合了而不备乐置酒犒劳农夫，就好比虽然颗粒归仓而不让食用；备乐置酒犒劳农夫了而没有达到自然而然的境界，就好比饭也吃了但身体却不强健。四肢健全，肌肤丰满，这是一个人的身体强健。父子情笃，兄弟和睦，夫妇和谐，这是一个家庭的身体强健。大臣守法，小臣廉洁，百官各守其职而同心协力，君臣互相勉励匡正，这可以看作是一个国家的身体强健。天子把道德当作车辆，把音乐当作驾车者，诸侯礼尚往来，大夫按照法度排列次序，士人根据信用互相考察，百姓根据睦邻的原则维持关系，这可以看作是整个天下的身体强健。一个人的身体强健，一个家庭的身体强健，一个国家的身体强健，整个天下的身体强健，这些合在一起就叫做大顺。大顺，它是用来养生、送死、敬事鬼神的永恒法则。达到了大顺，即令是日理万机也不会有一事耽搁，两件事一齐进行也不会互相妨碍，行为虽然细小也不至于有什么闪失，尽管深奥却可以理解，尽管严密却不乏通道，既互相关连而又彼此独立，循规运动而不互相排斥，这便是顺的最高境界。由此看来，明白了顺的重要性，才能时时警惕，守住高位。礼的最大特点就是讲究区别，礼数该少的就不能增加，礼数该多的也不能减少，只有这样，才能维系人情，和合上下而各安其位。

“故圣王所以顺，山者不使居川，不使渚者居中原，而弗敝也。用水、火、金、木、饮食必时[①]。合男女，颁爵位，必当年德。用民必顺，故无水旱昆虫之灾，民无凶饥妖孽之疾[②]。故天不爱其道，地不爱其宝，人不爱其情[③]。故天降膏露，地出醴泉，山出器车[④]，河出马图[⑤]，凤皇麒麟皆在郊棷[⑥]，龟龙在宫沼，其余鸟兽之卵胎，皆可俯而窥也。则是无故，先王能修礼以达义，体信以达顺故。此顺之实也。”

注释

①用水、火、金、木、饮食必时：按照阴阳家的说法，水火

金木等自然资源的利用和饮食之物，不同的季节和月份有不同的规定。例如，向阳的树木宜于仲冬砍伐，背阴的树木宜于仲夏砍伐。饮食方面，春天宜多用酸味，夏天多用苦味，秋天多用辣味，冬天多用咸味。

②妖孽：衣服、歌谣、草木之怪谓之妖，禽兽、虫蝗之怪谓之孽。

③故天不爱其道三句：这三句是讲嘉瑞并至，政通人和。下文则是其具体表现。

④器车：旧说谓现成之用器和车辆。

⑤河出马图：传说伏牺氏王天下，有龙马负图出于大河，伏牺氏仿照其文以画八卦。《易·系辞上》：“河出图，洛出书，圣人则之。”

⑥棷（sǒu）：通“薮”，泽也。按：“凤皇麒麟”以下四句，有申说上文四灵皆至之意。

译文

“所以圣王顺着天时、地利、人情而制礼，不使惯于山居者徙居水旁，不使惯于居住河洲者迁居平原，这样，人们就会安居乐业。使用水、火、金、木和饮食，都要因时制宜。男婚女嫁，应当及时；颁爵晋级，应当依据德行。使用百姓要趁农闲，不夺农时，所以就没有水旱蝗螟之灾，也没有凶荒妖孽作祟。这就造成天不吝惜其道，地不吝惜其宝，人不吝惜其情的太平盛世。于是天降甘露，地涌甘泉，山中出现现成的器皿和车辆，大河中出现龙马负图，凤凰、麒麟、神龟、蛟龙四灵毕至，或栖息在郊外的草泽，或畜养在宫中的水池，至于尾随四灵而来的其他鸟兽更是遍地作巢，与人类友好相处，它们产的卵，人们低头就可以看到，它们怀的胎，人们伸手就可以摸到。这没有别的原因，只是由于先王能够通过制礼而把种种天理人情加以制度化，又通过诚信以达到顺应天理人情的缘故。而太平盛世也不过是顺应天理人情的结果罢了。”

玉　藻

解题：郑玄说：“名曰《玉藻》者，以其记天子服冕之事也。”这个解释不够全面。孙希旦修正说：“此篇首记天子、诸侯衣服、饮食、居处之法；中间自‘始冠缁布冠’至‘其他则皆从男子’，专记服饰之制：始冠，次衣服，次笏，次带，次及后、夫人、命妇之服，其前后又杂记礼节、容貌、称谓之法。《礼记》中可以考见古人之名物制度者，此篇为最详。”按玉藻即旒，它是天子礼帽前沿下垂的玉串。藻是五彩丝绳。以藻贯玉，以玉饰藻，故曰玉藻。篇中杂记礼节、容貌、称谓的部分，其文体与内容，极似《曲礼》。篇内有错简现象，今皆据郑玄注和孔颖达疏移正。

天子玉藻①，十有二旒②，前后邃延③，龙卷以祭④。玄端而朝日于东门之外⑤，听朔于南门之外⑥，闰月则阖门左扉，立于其中⑦。皮弁以日视朝⑧，遂以食⑨。日中而馂⑩，奏而食。日少牢，朔月大牢。五饮：上水、浆、酒、醴、酏⑪。卒食，玄端而居。动则左史书之⑫，言则右史书之⑬。御瞽几声之上下⑭。年不顺成，则天子素服⑮，乘素车⑯，食无乐。

注释

①玉藻：天子冕上的装饰品。详“题解”。

②旒：《说文》作“瑬”。用五彩丝绳穿成的玉串。按郑玄注，以为天子冕的前部、后部各有十二旒，则共有二十四旒；每旒穿玉十二块，二十四旒共穿玉二百八十八块。江永《乡党图考》云：“按《大戴礼》及东方朔《答客难》皆云‘冕而前旒，所以蔽明’，则无后旒可知。后旒何所取义乎？郑所计用玉，每冕皆当去其半。”今按江说是也。只有冕的前部有旒，后部无旒。在江永之前，王应电即持此说；在江永之后，金榜、戴震等亦持此说。

③延：通“綖”。这是冕的上面覆盖的一块长方形木板，外包麻布，表是黑色，里是浅红色。所谓十二旒，即悬垂于延的前缘。延下有一冠圈叫武。相对于武来说，延是前后突出的，所以说“前后邃延”。

④龙卷（gǔn）：即龙衮。俗称龙袍，天子的礼服。

⑤玄端：郑玄注：“端当作冕字之误也。”玄冕，指玄衣而冕。这是天子冕服中最低下的一种，即头上戴冕，身穿玄衣纁裳；衣上没有图案，裳上有一种图案，即黻。朝日：春分之日，天子迎日于东方而祭之。东门：指国都的东门。

⑥听朔：谓每月初一，以特牲告于明堂而颁布一月之政令。南门：指国都的南门。明堂位于国都之南。

⑦闰月二句：旧说，天子每月听朔分别于明堂的十二室举行，闰月在十二月之外，无室可居，故在明堂的门中举行。

⑧皮弁：一种武冠，用白鹿皮制成，形似今天的瓜皮帽。这里是指皮弁服，即配合皮弁所穿的全套服装。

⑨食：指朝食。古人每日的正食有两顿，日出而朝食，日落而夕食。

⑩馂：此指吃朝食剩下的食品。馂非正食，故不另做，仅吃剩饭而已。

⑪酏（yí）：稀粥。

⑫左史：相当于《周礼》的太史。

⑬右史：相当于《周礼》的内史。

⑭瞽：乐工。古代乐工多以瞽人充任。几：犹考察、辨别。

⑮素服：衣冠皆以素缯为之，其上无任何装饰。

⑯素车：用白土粉刷的车。

译文

天子所戴的冕，其前端悬垂着十二条玉串，冕顶有一块前后突出的延板。天子在祭天地和宗庙时，就要头戴这种冕，身穿衮龙之袍。在春分的那天，天子则头上戴冕，身穿玄衣纁裳，在国都的东门之外举行迎日之祭。每月的初一，天子要穿戴同样的服装，以特牲告于明堂，而颁布一月的政令于南门之外；如果是闰月的初一，则要阖上明堂门的左边一扇，只打开其右边一扇，天子站在门中行听朔之礼。天子平日视朝，只穿皮弁之服。退朝以后的朝食，也是穿此皮弁之服。到了正午，只是吃点早上的剩饭充饥。无论是朝食、夕食或者正午的加餐，都要奏乐侑食。平常的日子，天子的伙食标准是只有羊豕二牲；每月的初一，则有牛羊豕三牲。天子有五种饮料，其中以水为最上等，其次是浆、酒、醴、酏。食毕，将朝服更换为玄端，就进入内寝休息。天子的一举一动，由左史负责记录；天子的每一句话，由右史负责记录；在天子身边侍候的乐工，负责察辨乐声是否异常。这样做是为了使天子谨言慎行，及时了解政令的得失。如果年成不好，则天子也要率先节俭，穿素服，乘素车，吃饭时也不奏乐。

诸侯玄端以祭[①]，裨冕以朝[②]，皮弁以听朔于大庙[③]，朝服以日视朝于内朝[④]。朝，辨色始入[⑤]。君日出而视之，退适路寝听政，使人视大夫，大夫退，然后适小寝[⑥]，释服[⑦]。又朝服以食[⑧]，特牲三俎[⑨]，祭肺。夕深衣，祭牢肉。朔月少牢，五俎四簋。子卯[⑩]，稷食菜羹。夫人与君同庖。

注释

①玄端："端"，亦当作"冕"。玄冕，已见上注。

②裨冕：副冕，次于上服的冕服。天子的冕服有六种，即大裘而冕、衮冕、鷩冕、毳冕、絺冕、玄冕。对于天子来说，大裘而冕是上服，其余五种皆为裨冕。对于五等诸侯的上公来说，衮冕是上服，其余四种则为裨冕；对于侯、伯来说，衮冕是上服，其余三种则为裨冕；对于子、男来说，毳冕是上服，其余二种则为裨冕。对于五等诸侯来说，祭祖时都要服其上服，而在朝见天子时则要服裨冕。之所以朝见天子时要服裨冕，是由于进入天子之国，宜自降下，故不敢服其上服而服其次服。

③听朔于大庙：孙希旦说："天子听朔于明堂，明受之天与祖也；诸侯听朔于大庙，明受之王与祖也。"

④朝服：头戴玄冠，上穿缁衣，下著素裳，就是朝服。内朝：指路门外的治朝。天子、诸侯皆有三朝：由内向外，一为燕朝，在路门之内；二为治朝，在路门之外；三为外朝，在大门之

外。此处是以治朝为内朝，因为治朝在大门之内。

⑤入：指进入雉门。雉门内即治朝，故雉门又叫朝门。诸侯三门，最外边的大门叫库门，中门叫雉门，最里边的门叫路门。

⑥小寝：谓燕寝。诸侯路寝一，燕寝三。路寝是办公之所，在前；燕寝是休息之所，在后。

⑦释服：脱去朝服，换上玄端。

⑧又朝服以食：郑玄说："食必复朝服者，所以敬养身也。"

⑨三俎：犹言三盘菜：豕、鱼、腊（xī）。腊是干肉。

⑩子卯：纣以甲子日死，桀于乙卯日亡，后世君主遂以子日卯日为忌日。

译文

诸侯在祭先君的时候，要穿戴玄冕之服；在朝见天子的时候，要穿戴裨冕之服；在太庙颁布一月政令的时候，要穿戴皮弁之服；每日在内朝视朝的时候，要穿戴朝服。群臣上朝较早，在天色刚亮时就开始进入雉门；国君上朝稍后，在日出以后才上朝与群臣相见。相见礼毕，国君就退到路寝听政，众大夫也在治朝各理其事。国君派人去看大夫，如果大夫无事奏议，事毕退朝，这时国君才可回到内寝休息，脱下朝服，换上玄端。进早餐时，还要穿上朝服。早餐的品种是猪肉、鱼肉、干肉三种；将食，先要祭肺。中午，也要以早餐的剩饭作为加餐。进晚餐时，要穿上深衣；将食，先要把猪肉切为小段而祭之。每月的初一，膳用羊、豕二牲，五个菜，即羊肉、猪肉、鱼肉、干肉和猪肉皮，主食是黍、稷各二簋。遇到子卯忌日，国君要降低膳食标准，不得杀牲，只可以稷为饭，以菜为羹而已。国君夫人与国君同牢进餐，不再单独为夫人杀牲。

君无故不杀牛[①]，大夫无故不杀羊，士无故不杀犬、豕。君子远庖厨[②]，凡有血气之类，弗身践也[③]。至于八月不雨，君不举[④]。年不顺成，君衣布搢本[⑤]，关梁不租，山泽列而不赋[⑥]，土功不兴，大夫不得造车马。

注释

①故：指祭祀、宴享宾客之事。

②庖厨：宰杀烹割禽兽之处。

③践：“翦”字之误。翦，犹杀也。

④举：本义为举肺脊而祭。国君每日杀牲以食，食前要举肺脊而祭。引申为杀牲。

⑤本：指士所用的竹笏。国君应用象笏。详本篇下文。

⑥列：通“迾”，遮拦。

译文

没有特殊的原因，诸侯不得杀牛，大夫不得杀羊，士不得杀狗和猪。凡有仁爱之心的君子，都离庖厨远远的，以免耳闻目睹禽兽之被宰杀。对于一切有生命的动物，君子是不会亲自动手宰杀的。如果连续八个月不下雨，形成旱灾，国君的膳食就不得杀牲。如果年成不好，国君要自我贬损，穿麻布之衣，插竹制之笏，在关口和过桥之处不收租税；不到节令不准进入山泽采伐渔猎，到了节令则不加禁止任其采伐渔猎也不征税，不兴土木工程。大夫也不许造新车。

卜人定龟①，史定墨②，君定体③。

注释

①卜人定龟：孙诒让以为就是《周礼·春官·占人》的“卜人占坼（chè）”。卜人，即卜师。占，视察。坼，孙希旦说：“凡卜，以火灼龟，视其裂纹，以占吉凶。其巨纹谓之墨，其细纹旁出者谓之坼。”

②墨：见注①。

③体：指兆象，也就是龟甲上巨大裂纹的走向所表示的五行之象。贾公彦说：“兆直上向背者为木兆，直下向足者为水兆，斜向背者为火兆，斜向下者为金兆，横者为土兆。”

译文

占卜时，由卜人审视龟甲上旁出的细小裂纹，由太史审视龟甲上显示龟兆的粗大裂纹，由国君审视这些粗大的裂纹意味着什么。

君羔幦虎犆①；大夫齐车，鹿幦豹植，朝车②；士齐车，鹿幦豹犆。

注释

①幦（mì）：车轼上的覆盖物。犆（zhí）：缘边，镶边。

按：郑玄认为“羔幦虎犆”是国君斋车上的装饰。

②朝车：郑玄注：“臣之朝车与斋车同饰。”孔颖达进一步说：“据此注言之，则君之朝车与斋车异饰，但无文以言之。”

译文

国君的斋车，用羔皮覆盖车轼，又用虎皮镶边。大夫的斋车，用鹿皮覆盖车轼，又用豹皮镶边。大夫的朝车，士的斋车，都与大夫的斋车同饰，即用鹿皮覆轼，用豹皮镶边。

君子之居恒当户①，寝恒东首②。若有疾风、迅雷、甚雨，则必变③，虽夜必兴，衣服冠而坐。日五盥④，沐稷而靧粱⑤，栉用椫栉⑥，发晞用象栉。进机进羞⑦，工乃升歌。浴用二巾，上絺下绤。出杅⑧，履蒯席⑨，连用汤⑩，履蒲席，衣布晞身，乃屦，进饮⑪。将适公所，宿齐戒，居外寝，沐浴。史进象笏⑫，书思对命。既服，习容观玉声，乃出。揖私朝⑬，辉如也，登车则有光矣。

注释

①君子：有德者之称。居：燕坐。当户：对着门。据古人宫室结构，只有坐在室的东北角而南向，才能与户相对。

②东首：东方有生气，所以东首。

③变：仪容变得端重，心情变得敬惧。

④日五盥：王夫之说："五盥者，朝夕视朝及三食，已皆濯手也。"

⑤䪷（huì）：洗脸。

⑥栉（shàn）：白理木。

⑦机（jì）：通"饥"，濯发后所饮之酒。羞：指笾豆之实，属于粮食制品，并非肉食类的庶羞。

⑧杅（yú）：浴盆。

⑨蒯席：蒯草编织的席。蒯席粗涩，便于刮去足垢。

⑩连：浇淋、冲洗。

⑪进饮：即上文"进机"。同时也要"进羞"和"升歌"，不言者，蒙上文可知也。"进饮"等，是为了补气，恢复疲劳。

⑫史：大夫自家执掌文书的史官。象笏："象"字疑衍，因为大夫不得用象笏。详下。

⑬私朝：大夫自家治事之朝。

译文

君子的燕坐之处总是对着门户，睡眠的时候总是头朝东方。若有大风、电闪雷鸣、暴雨，这是上天发怒，君子就要改变常态，心怀悚惧，即令是已经就寝也要起床，穿戴整齐，肃然端坐。每天要洗五次手。用淘稷的水洗发，用淘粱的水洗脸。梳理刚洗过头的湿发，要用白理木作的梳子；头发干了以后容易发涩，这时要用象牙梳子。洗过之后，要喝点酒，吃点东西，同时命乐工升堂唱歌，这对恢复疲劳有好处。洗澡的时候，要用两种浴巾擦身：擦上体用细葛巾，擦下体用粗葛巾。从浴盆中出来，要先立在蒯席上面，用热水冲洗双脚，然后再脚踏蒲席，穿上布衣以吸干身上水滴，最后穿上鞋子，接着再喝点酒，吃点东西，听听音乐，以恢复疲劳。做臣子的将去朝见国君，就要在前一天斋戒，沐浴，在外寝将息。史呈上记事用的笏，大夫就将面君时想要告诉国君的话、君有所问则自己将如何回答、执行君命的情况等都简要地写在上面，以防临事有所遗忘。朝服穿戴整齐之后，要先练习一下自己的仪容举止，使佩玉之声和行步的节拍相合，然后才出发。由于做了上述准备，所以在私朝和家臣揖别时，就显得神采飞扬；到了登车时，就更是容光焕发了。

天子搢珽[①]，方正于天下也；诸侯荼[②]，前诎后直[③]，让于天子也；大夫前诎后诎，无所不让也。

注释

①珽（tǐng）：玉笏。《考工记·玉人》又叫大圭。长三尺，上端六寸为首，方如椎头。广三寸，自中间至首下则削窄半寸，下端仍广三寸。从四角来看，都是直角，所以说“方正于天下”。之所以叫做珽，郑玄说：“珽之言挺然无所屈也。”天子的地位至高无上，所以挺然无所屈。

②荼（shū）：通“舒”。上端两角是圆形、下端两角是直角的玉笏。因为诸侯要屈服于天子，所以上端两角呈圆形。

③诎（qū）：通“屈”。

译文

天子插于绅带之间的笏叫挺，其形状四角皆方，这是要向天下显示天子的方正无私；诸侯插的笏叫荼，其形状是上端两角呈圆形，下端两角呈方形，这是表示诸侯降于天子；大夫所插的笏，其上下四角都是圆的，这表示大夫既要降于天子，又要降于国君。

侍坐则必退席；不退，则必引而去君之党[①]，登席不由前[②]，为躐席[③]。徒坐不尽席尺[④]，读书、食则齐。豆去席尺。若赐之食，而君客之，则命之祭，然后祭[⑤]。先饭辩尝羞[⑥]，饮而俟。若有尝羞者，则俟君之食，然后食，饭饮而俟。君命之羞，羞近者[⑦]。命之品尝之[⑧]，然后唯所欲。凡尝远食，必顺近食。君未覆手[⑨]，不敢飧[⑩]。君既食，又饭飧。饭飧者，三饭也。君既彻，执饭与酱，乃出授从者。

注释

①党：王念孙说："党，所也，谓君所坐之处。"孙希旦说同。

②登席句：孙希旦说："此谓数人同坐之席也。数人同坐之席，以前为上，以后为下，升必由下，于坐乃便也。"

③躐（liè）：超越。

④徒坐：空坐，无事而坐，指非饮食及讲问时之坐。

⑤若赐之食四句：孙希旦说：凡主客共食，皆主人先祭而后客祭。臣侍君食则不祭，如果国君以客礼待臣而赐食，则臣当祭；虽当祭，也须等待君命而后祭。

⑥先饭辩尝羞：国君进食，臣子应先尝，这是忠君之礼。平

时由膳宰遍尝各种食品，在国君以客礼赐食臣子时，则由被赐食的臣子代尝。

⑦羞近者：犹今日宴席上夹菜先夹靠近自己的菜，所以郑玄注说："避贪味也。"

⑧品尝：遍尝。品，遍也。

⑨覆手：吃饱以后用手擦拭嘴边，恐有肴粒粘在口边不雅相。

⑩飧（sūn）：用汤浇饭于食器里。礼，国君覆手表示已经吃好，臣子为了让国君吃饱，就吃三口汤浇饭，以劝君食。按："君未覆手，不敢飧"的实际意思是，国君尚未吃饱之前，臣子不敢先饱。

译文

臣子陪侍国君坐，一定要把自己的坐席向侧后退一点。如果国君不让后退，也一定要向后坐，离开国君所坐之处。登席入坐，要按顺序，由下而升，否则就是躐席。空坐的时候，身子要与席的前缘保持一尺的距离。读书时为了使尊者听到读书声，吃饭时为了避免弄脏席子，所以在这两种情况下，身子要坐得与席缘齐。盛食物的豆离席有一尺远。如果国君赐臣子吃饭，而且是以客礼对待臣子，那么臣子在进食之前要祭食，但也要先奉君命，然后再祭。祭过之后，臣子要先遍尝各种食品，然后慢慢地喝汤，以等候国君先吃。如果有膳宰尝食，则臣子既不须祭，也不须尝，而是等候国君吃过之后再吃；在等候国君吃饭时，自己可以喝点汤。国君命令臣子吃菜，臣子应该先吃就近的菜。国君命令臣子遍尝各种菜，然后臣子才可以想吃什么菜就吃什么菜。不论国君是否以客礼相待，凡是想取用远处的菜肴，一定要从近处开始，按着顺序，由近而远。臣子陪侍国君吃饭，在国君没有表示吃饱之前，臣子不敢先饱。在国君表示吃饱以后，臣子还要向国君劝食。劝食的礼数是臣子用汤浇饭吃，但以吃三口为限。国君吃完退席之后，侍食的臣子就可以携带吃剩的饭与酱，出门授给自己的随从以带回家，因为这是国君恩赐的呀。

凡侑食，不尽食。食于人不饱。唯水、浆不祭，若祭，为已偞卑[①]。

注释

①已：太，甚。偞（xiè）：厌降，损抑。字本作“𠎝”，省作“偞”，唐人避唐太宗讳改作“偞”。

译文

凡是陪侍尊者吃饭，不可自己尽兴地吃。凡是作客吃饭，不可吃饱。在地位相等的人家吃饭，所有食品都应先祭，只有水和浆不祭，因为水、浆并非盛馔，如果也祭，就显得太降低自己身份了。

君若赐之爵，则越席再拜稽首受[①]，登席，祭之，饮卒爵[②]，而俟君卒爵，然后授虚爵。君子之饮酒也，受一爵而色洒如也[③]，二爵而言言斯[④]，礼已三爵[⑤]，而油油以退。退则坐取屦，隐辟而后屦，坐左纳右，坐右纳左。凡尊，必上玄酒[⑥]。唯君面尊。唯飨野人皆酒。大夫侧尊用棜[⑦]，士侧尊用禁[⑧]。

注释

①再拜稽首：臣对君之礼。

②饮卒爵：如果国君是以客礼招待臣子，则臣子应待君干杯而后干杯。此处是侍饮于君，则有劝饮之义，所以先君而干杯。

③洒（xiǎn）如：肃敬貌。

④言言（yínyín）：即“訚訚”。言，通“訚”。和敬貌。斯：语助词。

⑤礼已三爵：已，止也。《左传·宣公二年》：“臣侍君宴，过三爵，非礼也。”如果是正式的燕礼，可以有无算爵，不止三爵而已。

⑥凡尊二句：凡陈设酒尊，必以玄酒配酒而设，而以玄酒为上，意在表示尊古。玄酒即水，上古无酒，以水代酒。

⑦棜：承放酒尊的托盘。

⑧禁：承放酒尊的高脚托盘。

译文

臣子侍饮于君，君若赐之饮酒，臣子就应离开坐席，向国君行再拜稽首之礼，恭恭敬敬接过酒杯，然后回到自己的坐席，先祭酒，然后干杯。干杯之后，等待国君干杯，然后将空杯交给赞者。君子饮酒，饮第一杯时神色庄重，饮第二杯时神色和气恭敬；臣侍君饮，按礼是三杯为止，所以喝罢第三杯后，就应高高兴兴恭恭敬敬地退下。退下以后要跪着取鞋，而且到堂下隐蔽处去穿。穿右脚时要左腿跪下，穿左脚时要右腿跪下。凡陈设酒尊，盛放玄酒的酒尊要放在上位，这是表示重古。国君宴其臣子，只有国君正对着酒尊，这表示此酒乃国君所赐。只有在款待乡下人时全部用一般酒，不用玄酒的礼数。大夫在宴请客人时，酒尊不能正对着主人，而要设于旁侧，放在棜上，以表示主客共有此酒。士在宴请客人时，酒尊的设置与大夫同，不同的只是改棜为禁罢了。

始冠，缁布冠，自诸侯下达，冠而敝之可也。玄冠朱组缨①，天子之冠也；缁布冠缋緌②，诸侯之冠也。玄冠丹组缨，诸侯之齐冠也。玄冠綦组缨③，士之齐冠也。缟冠玄武④，子姓之冠也⑤。缟冠素纰，既祥之冠也。垂緌五寸⑥，惰游之士也⑦。玄冠缟武，不齿之服也⑧。居冠属武，自天子下达，有事然后緌。五十不散送⑨，亲没不髦⑩。大帛不緌⑪。玄冠紫緌⑫，自鲁桓公始也。

注释

①玄冠：玄色缯制成的冠。冠的形制：有一冠圈套在发髻上，叫做武，也叫冠卷。武上有一道冠梁，从前到后，覆于头顶。武的两侧各有一根系冠的丝绳结于颔下以固冠，叫做缨，今云帽带。帽带绾好以后的下垂部分叫做緌（ruí）。

②缋（huì）緌：即缋缨，即彩色的帽带。因为没有缨就不可

能有緌。缁布冠本来是无缨的。

③綦（qí）：青黑色。

④武：见注①。

⑤子姓：孙。姓，生也。孙是子之所生，故称。

⑥垂緌五寸：孙希旦说："緌之长短未闻。以'居冠属武'推之，则緌之长可自颔下而上结于武，盖吉冠尺有二寸，而祥冠一尺欤？罢民又减其緌，以别于既祥之服。"

⑦惰游之士：即《周礼·秋官》中的罢（pí）民。即虽然为非作歹但还不够判刑的人。

⑧不齿：不能以年龄大小与乡人排长幼顺序。据《周礼·大司寇》，对于罢民要进行强制性劳教，解除劳教之后可以回到本乡本土，但三年之内不能以年龄大小与乡人排长幼顺序。

⑨散送：散指散带垂，即腰绖缠腰后多余的部分任其散开而下垂。送，送葬。

⑩髦：用假发做的刘海。按：孔颖达说："五十不散送，亲没不髦"二句与冠义无关，是记者杂厕于此。

⑪大帛：孙希旦以为是用白色缯所做的冠，即所谓"素冠"，国君遇到凶荒或丧师，及士大夫出奔他国，皆戴此冠。

⑫紫緌：孙希旦认为紫是间色，不正，不当用为冠緌，时人尚紫，故鲁桓公用之。王夫之说"鲁桓公"当作"齐桓公"，理由是"传称'齐桓公好紫'，而凡《记》言鲁君，类不称国，知此当为齐君矣"。

译文

行冠礼时，第一次加的冠是缁布冠，上自诸侯下至士，都是如此。这种缁布冠在行过冠礼之后就不再戴，可以任其破败。天子行冠礼时，第一次加的冠是玄冠，而以朱红色的丝带作帽带；诸侯行冠礼时，第一次加的冠虽然是缁布冠，但配有彩色的帽带。玄冠而配以红色的丝质帽带，这是诸侯斋戒时所戴的冠。玄冠而配以青黑色的丝质帽带，这是士斋戒时所戴的冠。用白色生绢制冠而冠卷染作玄色，这种以白表凶以玄表吉的凶吉参半之冠，是孙子在祖父去世后父亲丧服未除而自己丧服已除时所戴之冠。用白色的生绢制冠，又用白绫为冠缘镶边，这是孝子在大祥以后戴的冠。正在劳教当中的惰游之民，其所戴冠与孝子大祥以后所戴之冠相同，但冠緌只许有五寸长。玄冠而配以白色生绢作的冠卷，这是解除劳教后的惰游者在一段时期内所戴的冠。闲居时所戴的冠，其冠緌不下垂，而要分别绾到冠卷两侧。这种作法，自天子以下都通用，只有有事时才垂緌。五十岁的人已进入老年，在送葬时可以不让腰绖散垂；父母去世以后，做子女的就不须再戴髦了。用白缯制的素冠不兴垂緌作饰，因为这是一种凶冠。玄冠而配以紫色帽带，这是从鲁桓公开始的。

朝玄端[①]，夕深衣[②]。深衣三袪[③]，缝齐倍要[④]，衽当旁，袂可以回肘。长、中继揜尺[⑤]。袷二寸[⑥]，袪尺二寸，缘广寸半。以帛里布[⑦]，非礼也。士不衣织[⑧]，无君者不贰采[⑨]。衣正色[⑩]，裳间色[⑪]。非列采不入公门[⑫]，振絺绤不入公门[⑬]，表裘不入公门[⑭]，袭裘不入公门。纩为茧，缊为袍，禅为絅，帛为褶[⑮]。朝服之以缟也[⑯]，自季康子始也。孔子曰："朝服而朝，卒朔然后服之[17]。”曰：“国家未道，则不充其服焉。”唯君有黼裘以誓省[18]，大裘非古也[19]。

注释

①玄端：见本篇上文注。

②深衣：其他衣服都是上衣与下裳不相连接，而深衣则衣裳相连，被体深邃，故曰深衣。深衣略似晚近之长袍。它是诸侯大夫、士燕居之服，又为平民的吉服。深衣的形制，可参本节下文。

③深衣三袪：深衣的腰围是袖口的三倍。袪，袖口。袖口的周长是二尺四寸，则腰围是七尺二寸。

④缝：通“丰”。丰，大也。这里是使动用法。齐（zī）：通“齋”，衣的下摆。要：古“腰”字。按：腰围是七尺二寸，则下摆的周长是一丈四尺四寸。

⑤长、中：长衣和中衣。胡培翚说：深衣、长衣和中衣，三者皆用十五升布制成，而且衣与裳相连，这是其共同处。长衣之所以异于中衣者，长衣恒衣在外，而中衣恒衣在里。长衣之所以异于深衣者，在于镶边不同，深衣镶的是彩边，长衣镶的是素边，所以深衣是燕居之服，而长衣是丧服。继揜尺：袖比深衣袖长一尺。揜，同“掩”，超过，盖过。深衣之袖长二尺二寸，则长、中衣袖长三尺二寸。

⑥袷（jié）：衣之曲领。

⑦以帛里布：这句是讲外衣和中衣的质地要相称。外边穿的如果是冕服，冕服是丝衣，中衣就用素；外边穿的如果是皮弁服、朝服、玄端，因为此三者是布衣，所以中衣就用布。

⑧织：指先经过染色而后织成的衣料。士穿的衣料应该是先

织成而后染色，因为士贱。大夫以上才可衣织。

⑨无君者：指离开本国的大夫士。不贰采：衣与裳同一颜色。据孔《疏》，大夫士去国，三月之内穿素衣素裳，三月之后穿玄端玄裳。

⑩ 正色：谓青、赤、黄、白、黑五方（东南中西北）之色。衣在上，为阳，故用正色。

⑪间色：间犹杂也，谓兼杂二色。裳在下，为阴，故用间色，所以法阴之偶。

⑫列采：谓衣与裳异色，即贰采。列采才是正服。

⑬振（zhěn）絺绤：夏天单穿细葛布、粗葛布衣为外衣。振，通“袗”，单也。古人著衣之制，先穿贴身之衣，这是第一层；其次是亵衣，即在家穿的便服，这种便服在夏天是絺、绤，在冬天是裘，在春秋两季是袍、褶之类，这是第二层；其次是中衣，中衣又叫裼衣，这是第三层；其次是礼服，这是第四层，即最外一层。在家可以穿亵衣，出门去正式场合，就要加上中衣与礼服。

⑭表裘：以裘为外衣。参注⑬。

⑮纩为茧四句：孙希旦说：“茧、袍、絅、褶，此四者，春秋之亵衣也。四者之外，则有中衣，中衣之外，则有上服。”参注⑬。纩（kuàng）：新丝绵。缊（yùn）：旧絮，旧丝绵。今人称作套子。絅（jiǒng）：见译文。

⑯朝服句：朝服应该用十五升的麻布制成，不当用缟来制。此缟指熟绢。

⑰卒朔：听朔礼毕。听朔时应穿皮弁服。参本篇上文。

⑱黼裘：以黑羊皮与狐白相杂而制成黼形花纹的裘。省：孙希旦说当作“社”。

⑲大裘：黑羔裘，天子祀天之服。

译文

诸侯的大夫士，早晨在家服玄端，晚上在家服深衣。深衣的大小尺寸是：袖围是二尺四寸，腰围是袖围的三倍；深衣的下摆是一丈四尺四寸，是腰围的加倍。衣襟开在旁边，左襟掩住右襟。袖子的宽度是二尺二寸左右，不妨碍肘部的自由活动。长衣、中衣和深衣的形制大体相同，只是长衣、中衣的袖子要比深衣长出一尺。曲领宽二寸，袖口宽一尺二寸，衣裳的镶边宽一寸半。如果外边的礼服是用布制成，而中衣却用帛制成，形成里与外不相称，就不合礼。士的阶层低贱，不能用先染丝而后织成的帛做衣料。离开本国的大夫士，上衣与下裳应该颜色一致。凡是衣的颜色，要用正色；凡是裳的颜色，要用杂色。穿着衣裳同色的服装是不可进入公门的，夏天光穿着葛布亵衣也是不可进入公门的，冬天光穿着皮裘这层亵衣也是不可进入公门的，掩住礼服上襟，不使裼衣的领缘露出，这是对国君不够恭敬的装束，所以也不可进入公门。用新丝绵套到夹衣里制成的衣叫茧，用陈旧丝绵套到夹衣里制成的衣叫袍，有面无里的单衣叫䌹，用帛做面和里但中间任何东西也不套的衣叫褶。朝服本是用麻布做的，改为用缟来做，是从鲁国的季康子开始的。孔子说："上朝时都应穿朝服。国君在听朔时要穿皮弁服，听朔礼毕又换上朝服。"又说："在国家多灾多难的时候，国君的礼服就不必求其全备了。"只有国君才可以穿着黼裘去参加为祭社而举行田猎的仪式，而有的人竟然穿着天子祭天的大裘去参加，这不符合古制。

君衣狐白裘[①]，锦衣以裼之[②]。君子之右虎裘，厥左狼裘[③]。士不衣狐白。君子狐青裘豹袖[④]，玄绡衣以裼之[5]；麑裘青豻袖[6]，绞衣以裼之[7]，羔裘豹饰[8]，缁衣以裼之；狐裘，黄衣以裼之。锦衣狐裘，诸侯之服也。

注释

①狐白裘：以狐腋下面的白毛皮制成的裘。简称狐白。狐白少而名贵，唯大夫以上可服。

②锦衣：孙希旦说："此'锦衣'及下'玄绡衣'之属，皆中衣也。"换言之，此锦衣是罩在狐白裘上面的一层中衣，又叫裼衣。郑玄说："凡裼衣，象裘色也。"即裼衣的颜色要与裘色一致。这里的裘是白色，裼衣则也是白色，以素锦为之，只不过领缘的镶边是朱色而已。"裼衣象裘色"这一原则也是理解本节下文的关键。

③君之右虎裘二句：作为国君的卫士，穿虎皮、狼皮之裘有显示威猛之义。

④君子：指大夫、士。

⑤绡（xiāo）：生丝织成的薄纱。

⑥豻（án）：北方的一种野狗。

⑦绞：于鬯说"绞"是借字，本字是"缟"，缟，素也。麑裘是小鹿皮作的裘，其毛白色，和素衣作裼衣正相配。

⑧羔裘：刘宝楠说："经传凡言'羔裘'，皆谓黑裘"。豹饰：犹言豹袖。

译文

国君穿狐白裘的时候，外面要配以锦衣作罩衣。国君右边的卫士穿虎裘，其左边的卫士穿狼裘。士贱，没有资格穿狐白裘。大夫士如果里边穿的是狐青裘，用豹皮给袖口镶边，外面就要配上玄绡衣作罩衣；如果穿的是麑裘，用青犴皮给袖口镶边，外面就要配上缟素色的罩衣；如果穿的是黑色羔裘，用豹皮给袖口镶边，外面就要配上黑色的罩衣。如果穿的是狐裘，外面就要配上黄色的罩衣。用锦衣作罩衣来配狐裘，这是只有诸侯才能穿的衣服。

犬羊之裘不裼[①]，不文饰也不裼。裘之裼也，见美也[②]。吊则袭，不尽饰也。君在则裼，尽饰也。服之袭也[③]，充美也[④]。是故尸袭，执玉龟袭。无事则裼，弗敢充也。

注释

①犬羊之裘：平民所穿的下等皮裘。不裼：即下文的“袭”。裼与袭相对。凡解开礼服前襟，露出中衣华丽的领缘，叫做裼。反之，凡掩好正服前襟，不露出中衣华丽的领缘，叫做袭。平常行礼，以裼为敬；在特殊情况下，又以袭为敬。例见下。

②见：古“现”字，表现。

③服之袭也：孙希旦说：“上文言‘裘之裼’，此变言‘服之袭’者，以明裼、袭四时皆有，不专属于裘也。”此语极是。

④充：掩盖。

译文

犬羊之裘是平民穿的，用不着裼。在不需要文饰的场合，也用不着裼。裼裘是为了显露内服之美。吊丧时要有悲痛的表情，所以要袭，不可显露文饰。在国君面前要有恭敬的表情，所以要裼，显露文饰。袭服是为了掩盖内服之美。尸是象征鬼神的，要显示尊严，所以要袭；玉和龟甲是宝瑞，所以手执玉和龟甲时要袭。但在行礼完毕后要裼，不敢掩盖内服之美。

笏：天子以球玉①，诸侯以象，大夫以鱼须文竹②，士竹本象可也。见于天子，与射，无说笏③。入大庙说笏，非古也。小功不脱笏④，当事免则说之⑤。既搢必盥，虽有执于朝，弗有盥矣。凡有指画于君前，用笏；造受命于君前，则书于笏。笏，毕用也⑥，因饰焉。笏度二尺有六寸⑦，其中博三寸，其杀六分而去一⑧。

注释

①球：美玉。玉：臧琳《经义杂记》以为衍字。

②鱼须：王念孙说“须”当作“颁”，“颁”又通“斑”。鱼斑，有斑文的鲨鱼皮。

③说（tuō）笏：平时，笏或执于手，或插于大带；如果既不手执又不插带，就叫脱笏。说，通“脱”。

④小功不说笏：办丧事要脱笏，因为捶胸顿足地哭，不脱则不便。但如果是小功以下的轻丧，哀轻，可以不脱笏。

⑤免（wèn）：古代的一种孝帽。

⑥毕：竹简。《尔雅·释器》："简谓之毕。"

⑦笏度句：这是指诸侯以下的笏长。天子的笏则长三尺。

⑧杀（shài）：削减。诸侯的笏，其上端削减六分之一，宽为二尺五寸，实际上是两边各杀去二分五厘。大夫、士的笏则上下两端都要削去六分之一。参本篇上文。

译文

笏的制作，天子是用美玉；诸侯是用象牙；大夫是用竹，但要用有斑纹的鲨鱼皮来纹饰；士也是用竹，但其下端可以用象牙。总而言之，大夫、士的笏不敢和天子、诸侯的笏那样，使用纯一的材料。诸侯、大夫和士朝见天子、参加射礼，因为这些都是吉事，用不着脱笏。在太庙中行祭礼时也不应脱笏，现在有的大夫进入太庙脱笏，并不符合古礼。办丧事是要脱笏的，否则就不便于捶胸顿足地号哭。但小功以下的丧事哀浅，可以不脱笏。当殡殓时要捶胸顿足地哭，应该脱笏。将要插笏于带而入朝见君，一定要先洗手，洗过以后，在朝中需要执笏时就不必再洗手了。凡是在国君面前需要指指画画以说明问题时，要用笏；凡是进到国君面前接受命令时，要写在笏上。笏是作为记事的竹简来用的，所以要纹饰。笏的长度是二尺六寸，其中间一段宽三寸，诸侯的笏上端要削减六分之一，大夫、士的笏上下两端都要削减六分之一。

天子素带朱里[①]，终辟[②]。而诸侯素带[③]，终辟。大夫素带，辟垂[④]。士练带，率下辟[⑤]。居士锦带，弟子缟带。并纽约[⑥]，用组三寸，长齐于带[⑦]。绅长制[⑧]：士三尺，有司二尺有五寸[9]。子游曰："参分带下，绅居二焉[10]。"绅、韠、结三齐[11]。大夫大带四寸[12]。杂带[13]：君朱绿[14]，大夫玄华[15]，士缁；辟二寸，再缭四寸[16]。凡带有率无箴功。肆束及带[17]，勤者有事则收之，走则拥之。韠[18]：君朱，大夫素，士爵韦[19]；圜、杀、直[20]：天子直，公侯前后方[21]，大夫前方后挫角，士前后正。韠下广二尺，上广一尺，长三尺，其颈五寸[22]，肩、革带博二寸。一命缊韨幽衡，再命赤韨幽衡，三命赤韨葱衡[23]。王后袆衣[24]，夫人揄狄[25]，君命屈狄[26]。再命袆衣，一命襢衣，士褖衣[27]。唯世妇命于奠茧[28]，其他则皆从男子。

注释

①天子素带朱里：从此句起，至"其他则皆从男子"止，此节错简严重，今据郑注、孔疏移正，不再一一出校。孙诒让说："盖人服有二带，大带谓之绅，革带谓之鞶。"见《周礼正义·巾车》。大带以生帛制成，用以束腰；革带以熟革制成，用以系挂玉佩、蔽膝等物。此所谓"带"，谓大带也。

②辟（pí）：通"纰"，镶边，缘饰。

③而诸侯：各本无"诸侯"二字，兴国于氏改正本有"诸侯"二字，但在"而"字之前，今移置"而"字之后。

④垂：此指绅。绅的形制见下文。

⑤率：通"繂"，缉边。

⑥并：谓自天子达于弟子。纽约：把大带两端的纽结到一起，犹如今日之用皮带扣。

⑦带：此指带束好后下垂的绅。

⑧绅：大带束好以后，垂其剩余部分为饰，叫绅。

⑨有司：指府史一类的办事员。为便于其做事，故其绅略短。

⑩子游曰三句：王夫之说："子游之言，谓绅长之制，以人为率。人率七尺，带以上二尺五寸，带以下四尺五寸，故三分四尺五寸而得其二，以三尺为绅。"

⑪铧（bì）：皮革做的蔽膝，有似于今日炊事员所系之前裙。详后。 结：即上文的："组"。

⑫大夫句：孙希旦说："大夫大带四寸，则天子、诸侯可知皆四寸也。"

⑬杂：谓缘饰、镶边。

⑭君朱绿：王夫之说："君，兼天子、诸侯而言。朱绿，带朱缘，绅绿缘也。"

⑮华：郑玄说是黄色。俞樾《平议》说："晋羊舌赤字伯华，孔子弟子公西赤字子华。古人名字相配，然则华非黄色，乃赤色也。"按俞说是也。

⑯再缭四寸：带宽四寸，带的表里上下镶边各一寸，加起来就是四寸。

⑰肆束：即余束，即上文纽约之余组。肆（yì），通"肄"，多余。

⑱铧：古代系于裳外的上窄下宽的蔽膝。王夫之说："铧，蔽膝也。其制以熟皮为之，著于裳之外，大带之下，垂当前中，上分三裂，中为颈，两旁为肩，肩通革带以系佩，佩两旁垂而铧当中也。太古未有衣服，但以皮革蔽其前后，后王示不忘古，去其

后而留其前，以为饰焉。”韠色一般与裳色一致。这里讲的是著玄端服时的韠。

⑲爵（què）：色赤而微黑，如雀头之色。

⑳圜：即下文的“挫角”，裁其棱角，使成圆形。杀（shài）：削减尺寸。

㉑公侯：兼伯子男，不言者，省文。

㉒其颈五寸：韠的上端宽一尺，其中间五寸叫颈，两旁叫肩，每肩宽二寸；裂处空各五分，两空共一寸。参注⑱。

㉓一命三句：此一命、再命、三命，是据公、侯、伯之国而言，士一命，大夫再命，卿三命。韨（fú）：也就是韠。著于祭服叫韨，著于他服叫韠。幽：通“黝”，黑色。衡：即珩，系在佩上的玉。

㉔袆（huī）衣：王后六服之一。袆者，翚也，即野鸡。刻缯为野鸡之形而加以彩色，缀于衣上以为饰。

㉕揄（yáo）狄：王后六服之一。又为侯伯夫人之命服。揄读为“摇”，也是野鸡之名，但与翚小异。狄，通“翟”。

㉖屈（quē）狄：王后六服之一。又为子男夫人之命服。屈者，阙也。此服仅刻缯为野鸡之形，不加彩色即缀于衣上为饰，故名屈狄。

㉗再命三句：据《周礼·春官·典命》，国君爵位为公、侯、伯者，其卿三命，其大夫再命，其士一命；爵位为子、男者，其卿再命，其大夫一命，其士不命。这里说的是后一种情况。袆衣：郑玄说当作“鞠衣”。鞠衣既是王后六服之一，也是内外命妇之服。其色浅黄，像桑叶初生之色，故名。襢（zhǎn）衣：王后六服之一，同时也是内外命妇之服。白色。褖（tuàn）衣：王后六服之一，也是内外命妇之服，其色黑。

㉘世妇：诸侯之妾，其待遇视同大夫，服襢衣。奠：献。

译文

天子的大带用生帛制成，衬里是朱红色，整个大带的两则都镶边。诸侯的大带也是用生帛制成，也全部镶边，但没有朱红色的衬里。大夫的大带也是用生帛制成，只有下垂的绅镶边。士的大带用熟帛制成，带的两边密缉，只在绅的下端镶边。有道艺的人服用锦制的大带，在校读书的学生服用生绢制的大带。以上的大带，在将其束腰的两端结到一块时，使用的都是三寸宽的丝带，丝带下垂部分的长度与绅相齐。绅的长度规定是：士三尺，有司则二尺五寸。子游说："绅的长度是，把从带到脚的长度分成三份，绅占三分之二。"绅、蔽膝、丝带的下垂部分都是三尺长，三者的下端相齐。大带的宽度是四寸。说到大带的镶边，天子和国君一样，都是带侧镶朱，绅侧镶绿；大夫则带的外面用玄色，里面用红色；士的大带里外都是缁色。带的上下各镶一寸宽的边，合起来就是二寸，如果里外都算，就是四寸。所有的大带，都是两边密缉，不露针脚。丝带的下垂部分和下垂的绅，遇有勤劳之事要收在手里握住，需要跑步的时候更要抱在怀里。韠的颜色与裳一致，国君是朱红色，大夫是素色，士是赤中带黑之色。韠的外形在圆、杀、直三方面的规定是，天子的韠四角都是直的，不圆不杀；诸侯的韠上下是方的；大夫的韠下端是方的，上端则裁其棱角，成为圆形；士的韠上下都是直的，同于天子。韠的尺寸是，下端二尺宽，上端一尺宽，长三尺；上端有五寸宽的颈，二寸宽的肩。革带的宽度同肩，也是二寸。用在祭服上的韠叫韨。士用赤黄色的韨，黑色的珩；大夫用赤色的韨，黑色的珩；卿用赤色的韨，青色的珩。妇人穿衣的规定是，王后穿袆衣，侯、伯的夫人穿揄狄，子、男的夫人得到王后的准许可以穿屈狄。子、男之国，卿的妻子穿鞠衣，大夫的妻子穿襢衣，士的妻子穿襐衣。只有诸侯之妾在受命给国君献茧时，可穿禮衣；其他妇女穿衣的原则是夫尊于朝，妻荣于室，根据丈夫地位的高低穿其相应的命服。

凡侍于君，绅垂，足如履齐[①]，颐霤垂拱[②]，视下而听上，视带以及袷，听乡任左。凡君召以三节[③]，二节以走，一节以趋，在官不俟屦，在外不俟车。士于大夫，不敢拜迎而拜送。士于尊者，先拜，进面，答之拜则走。士于君所言，大夫没矣则称谥若字，名士。与大夫言，名士，字大夫。于大夫所，有公讳[④]，无私讳[⑤]。凡祭不讳，庙中不讳[⑥]，教学临文不讳[⑦]。

注释

①齐（zī）：通“齋”，裳之下摆。

②颐霤：双颊如房檐般的斜垂。

③节：符节，有如宋代之金牌。

④公讳：也叫国讳，指避忌国君及国君父祖之名。

⑤私讳：也叫家讳，指避忌自家父祖之名。

⑥庙中不讳：庙祭时的祝嘏之辞，不避讳。庙中上不讳下，假设是祭祖，则不讳父；假若是祭父，则当讳祖。

⑦临文：指撰写文件、宣读法律之类。

译文

凡在国君身边侍立，身子应稍微前倾，使绅带不倚身而下垂，裳的前摆委地，好像让脚踩上一般，头要微低，使双颊如屋檐般斜垂，两手重合而下垂。视线虽然向下，而全神却贯注于国君。视线下不低于国君的腰带，上不高于国君衣服的交领。听国君讲话，要用左耳来听，因为左耳比右耳听得仔细。凡国君派使者召唤臣子，用的符节共有三个。用两个符节来召，表示事情紧急，臣子要跑着前往。用一个符节来召，表示事情较缓，臣子快步前往也就行了。凡是国君召唤，臣子如果是当班，就要不等穿上鞋子就去；如果不当班，就要不等备好车子就去。士对于大夫的光临，不敢出门拜迎，因为那是双方身份相等才有的礼节，但可以在大夫告别时拜送。士去拜访卿大夫，应在门外先拜，然后进门见面，如果卿大夫在门内答拜，士要赶快跑开，表示不敢当。士在国君处讲话，如果涉及已故的大夫，就要称其谥号，或者称其字，不可称名；如果涉及的是士，则可以称名。士与大夫讲话，提到活着的大夫、士，对士可以称名，对大夫则要称字。士在大夫的跟前，谈话中只避公讳，不避私讳。凡祭祀群神，不须避讳。庙祭的祝嘏之辞，也不避先人之讳。老师教学生功课，不须避讳，否则会误导后生。书写文告、宣读法律也不须避讳，否则会误了事情。

古之君子必佩玉[①]，右徵角，左宫羽。趋以《采齐》[②]，行以《肆夏》[③]。周还中规，折还中矩[④]。进则揖之，退则扬之[⑤]，然后玉锵鸣也。故君子在车则闻鸾和之声[⑥]，行则鸣佩玉，是以非辟之心无自入也。君在不佩玉，左结佩[⑦]，右设佩。居则设佩，朝则结配。齐则绣结佩而爵韠[⑧]。凡带必有佩玉[⑨]，唯丧否。佩玉有冲牙[⑩]。君子无故[⑪]，玉不去身。君子于玉比德焉。天子佩白玉而玄组绶[⑫]，公侯佩山玄玉而朱组绶[⑬]，大夫佩水苍玉而纯组绶[⑭]，世子佩瑜玉而綦组绶，士佩瓀玟而缊组授[⑮]。孔子佩象环五寸而綦组授[⑯]。

注释

①佩玉：古人佩玉之法：上端的横梁叫珩，也写作“衡”；珩下悬垂三条丝带，每条丝带上都穿满蚌珠。两头的两条丝带的下端各悬一玉，其名曰璜，形如半璧而内向；中间的一条丝带的下端悬挂一玉，其两端皆锐，叫做冲牙。行走时，冲牙碰击两旁的璜而发出响声。

②采齐（cí）：即“采荠”，乐章名。《周礼·乐师》注引郑司农云：“人君行步，以《肆夏》为节；趋疾于步，则以《采齐》为节。”

③肆夏：乐章名。参注②。

④周还（xuán）二句：周还谓返身而行，要转一百八十度的弯，所以说“中规”；折还谓拐弯而行，要转九十度的弯，所以说“中矩”。

⑤退：指逆退，即面向前的后退。

⑥鸾和：二者皆铃。鸾在车衡，和在车轼。

⑦结佩：用丝带结其两璜，使其不能相击发声。孙希旦说：

"君子于玉比德，结其左者，示其德之不敢拟于君也。"

⑧绡（zhēng）：通"绛"，屈折。

⑨带：指革带。佩玉是系在革带上的。

⑩冲牙：见本节注①。

⑪故：指丧事和灾异。

⑫绶：指穿蚌珠和佩玉的丝带。参见注①。

⑬山玄玉：玉色似山之玄而杂有纹理。

⑭水苍玉：玉色似水之苍而杂有纹理。纯：郑玄说当为"缁"。

⑮瓀（ruǎn）玟（mín）：都是次于玉的美石。

⑯象环：以象牙为环。环是璧的一种，边和孔的宽度相等。陈澔说这是孔子闲居时所佩的玉。

译文

古代的君子，身上一定要佩玉。右边佩玉的铿锵鸣声应合于五声中的徵角，左边佩玉的铿锵鸣声应合于五声中的宫羽。趋走时的节拍应与《采齐》相应，行走时的节拍应与《肆夏》相应。向后转时，走的路线应是圆形；向左右拐弯时，走的路线应呈直角。前进的时候身体应略向前俯，倒退的时候身体应略向后仰。如此这般地行走，然后才能使佩玉发出铿锵的鸣声。正因为君子在乘车时能够听到鸾和的铃声，在步行时又能够听到佩玉的鸣声，所以一切邪僻的念头也就无从进入君子的心灵了。臣下在国君面前不佩玉，所谓"不佩玉"，是说把左边的佩玉用丝带绾结起来，右边还照常佩玉。在家闲居时，腰的左右都佩玉；上朝面君时，就要绾起左佩。斋戒时须要绝对肃静，所以要把左右佩都屈折向上掖到革带上，以免发出任何声响，同时要服玄端，用赤而微黑的蔽膝。从天子到士，他们的革带上一定有佩玉，只有在办丧事时例外。佩玉上有个部件叫冲牙。君子如果没有特殊原因，玉不离身，因为君子是以玉来象征德行的。天子佩白玉，用玄色的丝带；诸侯佩山玄色的玉，用朱红色的丝带；大夫佩水苍色的玉，用缁色的丝带；太子佩美玉，用苍白色的丝带；士佩瓀玟，用赤黄色的丝带。孔子闲居，佩的玉是直径五寸的象环，用赤黄色的丝带。

童子之节也[①]：缁布衣，锦缘，锦绅并纽，锦束发，皆朱锦也。童子不裘不帛，不屦絇[②]。无缌服[③]，听事不麻。无事则立主人之南，北面[④]。见先生，从人而入。

注释

①童子：未行冠礼的男孩。

②絇（qú）：鞋头上的装饰，有孔，可以穿系鞋带。

③无缌服：王夫之说："童子幼小不懂事，哀不能及疏远，故不必服缌。"

④无事则立主人之南，北面："之南"，原作"之北"；"北面"，原作"南面"。皆据王引之《经义述闻》改正。

译文

童子的礼节与成人不同。童子穿的是缁布深衣，用锦镶边，绅带和带纽也用锦镶边，束发也用锦。以上所用的锦，都是朱红色的锦。童子不穿裘衣，不穿丝帛，因为裘帛温热，担心伤其壮气。童子的鞋头没有絇。童子幼小不懂事，有缌麻亲属死了，也不必硬叫他穿丧服。到有丧事的人家去帮忙，身上也不加麻绖。没有事的时候要站在家长之南，面向北。去拜见老师的时候，要跟着成人进去。

侍食于先生、异爵者，后祭先饭[①]。客祭，主人辞曰："不足祭也。"客飧[②]，主人辞以疏。主人自置其酱，则客自彻之。一室之人，非宾客，一人彻。壹食之人[③]，一人彻。凡燕食，妇人不彻。食枣、桃、李，弗致于核。瓜祭上环[④]，食中，弃所操。凡食果实者，后君子；火孰者，先君子。有庆，非君赐，不贺。有忧者[⑤]……勤者有事则收之，走则拥之[⑥]。孔子食于季氏，不辞[⑦]，不食肉而飧[⑧]。

注释

①后祭先饭：后祭，表示此馔不是为己而设；先饭，表示为先生和异爵者尝食。

②飧：吃饱以后又多吃几口。这里指饭后赞美主人之食。另详本篇上文注。

③壹：犹聚也。

④上环：指连着瓜蒂的那半个瓜，也就是上半个瓜。把瓜拦腰切断，其断截面呈环形，故曰环。据说上环比下环甜。

⑤有忧者：郑玄说："此下绝亡，非其句也。"

⑥勤者二句：此二句上文已见，此处不当重见。

⑦不辞：王夫之认为，“不辞”的主语是季氏。也就是说，季氏作为主人没有讲主人应该讲的客气话，是失礼行为。参考本节上文。

⑧不食句：按礼，凡食，先食肉，既饱乃飧。

译文

陪侍先生或者地位高于自己的人吃饭，要后祭，先尝食。客人祭的时候，主人要谦让说：“不值得祭。”客人吃好以后赞美主人做的饭菜可口，主人要谦让地说：粗茶淡饭，承蒙过奖。主人敬客，亲自设酱于席，客人作为回敬，就要在吃过以后自己动手撤掉。同事们在一块吃饭，其间没有宾主之分，吃过以后，由年龄最小的一人撤下馔具。大家为了办事而聚食，吃过以后，也由年龄最小的一人撤下馔具。凡平常的朝食、夕食，不用妇人撤除馔具，因为妇人质朴，不能备礼。吃枣子、桃子、李子，不要把核随地乱扔。吃瓜的时候要先祭，祭时要用连着瓜蒂的那半个，然后吃瓜瓤，至于手拿着的瓜皮部分就抛掉了。凡吃果实，要让君子先吃，因为果实是大地所生，好坏容易分辨，用不着自己先尝；凡吃熟食，要先为君子尝食，因为熟食是人所加工，味道如何，必尝而后知，家里有了喜庆之事，但如果没有国君的赏赐，就不敢接受亲友的道贺。孔子在季氏那里吃饭，季氏作为主人，应该讲的客气话一句也没有，孔子也以非礼相答，尚未食肉就说已经吃饱了。

君赐车马，乘以拜；赐衣服，服以拜。赐，君未有命，弗敢即乘、服也。君赐，稽首，据掌，致诸地。

酒肉之赐弗再拜[1]。凡赐，君子与小人不同日。凡献于君，大夫使宰[2]，士亲，皆再拜稽首送之[3]。膳于君，有荤、桃、茢[4]，于大夫去茢，于士去荤，皆造于膳宰。大夫不亲拜，为君之答己也。大夫拜赐而退。士待诺而退，又拜，弗答拜。大夫亲赐士，士拜受[5]，又拜于其室。衣服，弗服以拜。敌者不在，拜于其室。凡于尊者有献，而弗敢以闻[6]。士于大夫不承贺，下大夫于上大夫承贺。亲在，行礼于人称父；人或赐之，则称父拜之。礼不盛，服不充[7]，故大裘不裼[8]，乘路车不式[9]。

注释

①再拜：受赐时拜，次日又拜于赐者之家，是谓再拜。

②宰：大夫家的总管。

③再拜稽首：臣对君之礼。

④荤：谓姜及五辛之类，可以除去秽气。桃：古人迷信，以为桃木可以驱鬼辟邪。茢：苕帚，可以扫除不祥。

⑤拜受：在接受赐物之前先行拜礼。

⑥凡于尊者二句：译文参考了郑注。

⑦充：掩盖。

⑧不裼：即袭。凡袭皆为掩盖内服之美，盛礼尚质，故袭以掩之。此处谓大裘之外加衮服，但衮服的前襟不解开。另参本篇上文注。

⑨路车：天子祭天所乘的玉辂。

译文

国君赐给臣下车马，臣下除了当时拜受外，第二天还要乘着所赐车马再去拜谢；国君赐给臣下衣服，臣下除了当时拜受外，第二天还要穿上所赐的衣服再去拜谢。对于国君所赐的车马和衣服，在行过再拜礼之后，如果国君没有再下可以乘、服的命令，臣下就不敢乘、服，只能收藏起来。对于国君的赏赐，臣下要行再拜稽首之礼。此礼的行法是，把左手按在右手之上，手着地，头也着地。对于国君的酒肉之赐，由于赐物较轻，只要当时拜受就行，不须要次日登门再拜。凡国君赐物，不能在同一天里既赐君子又赐小人，以致贤与不肖无别。凡向国君进献物品，大夫要派自己的总管去送，士要亲自去送，送到国君门外，交与国君的小臣，然后行再拜稽首之礼。向国君进献美食，要同时附上荤、桃、茢；如果是向大夫进献美食，只附上荤、桃，去掉茢；如果是向士进献美食，只附上桃，去掉荤、茢。所有进献的美食，都由主管膳食的官员负责接受。大夫之所以不亲自去向国君进献物品，是担心劳动国君答拜自己。大夫拜谢国君的赏赐，只要在国君门口请君之小臣入内通报己意，行了拜谢之礼，不必等待小臣回报国君的意思，就可以退下了；士拜谢国君的赏赐，就必须等待小臣回报国君的意思，才能退下，临走时还要对国君的这个诺报进行拜谢，而国君则不须答拜。大夫亲自赏赐东西给士，士不仅当时拜受，而且第二天还要到大夫家中表示再次拜谢。如果赏赐的是衣服，不用像对待国君那样穿到身上去拜谢。身份相等的人前来馈赠东西，如果自己在家，则在家拜受；如果自己不在家，则于次日往赠者家中拜谢。凡对于尊者有什么东西进献，一定要避开"进献"的字眼，只能婉转地说是赠给尊者的随从等。士有喜庆之事，不敢接受大夫亲自光临祝贺，由于二者地位悬殊。下大夫有喜庆之事，可以接受上大夫的亲临祝贺，因为二者地位相近。父亲健在，向别人赠送礼品要以父亲的名义；同理，如果别人赠送自己什么东西，也要以父亲的名义拜受。这表示父亲是一家之长。如果典礼不够隆重，则礼服的前襟不须掩盖，而祭天之礼十分隆重，所以天子穿大裘不裼，天子乘玉辂沿途也不凭轼致敬。

父命呼，“唯”而不“诺”，手执业则投之，食在口则吐之，走而不趋。亲老，出不易方，复不过时。亲瘠[①]，色容不盛，此孝子之疏节也。父没而不能读父之书，手泽存焉尔。母没而杯圈不能饮焉[②]，口泽之气存焉尔。

注释

①瘠（jì）：病。

②圈：同“棬”，盘子。

译文

父亲呼喊儿子的时候，儿子要答应“唯”而不可答应“诺”，因为“唯”敬于“诺”，手中拿有东西要赶快放下，嘴里含有食物要立即吐出，要跑着前往而不可稍有磨蹭。双亲年老了，做儿子的出门不可随意改变去处，说什么时候回来就要按时回来，以免双亲悬念。如果双亲病了，或者气色不好，这就是做儿子的有疏忽之处了。父亲去世以后，做儿子的不忍翻阅父亲读过的书，那是因为上面有他手汗沾润的痕迹。母亲去世以后，做儿子的不忍心使用母亲用过的杯盘，那是因为上面有她口液沾润的痕迹。

君入门，介拂闑，大夫中枨与闑之间，士介拂枨[①]。宾入不中门，不履阈[②]。公事自闑西[③]，私事自闑东[④]。君与尸行接武[⑤]，大夫继武，士中武，徐趋皆用是[⑥]。疾趋则欲发，而手足毋移。圈豚行[⑦]，不举足，齐如流[⑧]，席上亦然。端行[⑨]，颐霤如矢；弁行[⑩]，剡剡起屦[⑪]；执龟玉，举前曳踵，蹜蹜如也[⑫]。

注释

①君入门四句：郑玄说："此谓两君相见也。"此"君"指来访的国君。国君出访要带随从，古人称之为介。由卿担任的介是上介，由大夫担任的介是次介，由士担任的介是末介。闑（niè）：门橛，竖在门中央的短木。枨（chéng）：门楔，即门槛两端靠门框竖立的木柱。

②阈（yù）：门槛。

③公事：指奉国君之命对他国行聘享之礼。

④私事：指聘享礼毕以私人名义晋见国君。

⑤武：足迹，脚印。

⑥徐趋：孙希旦说："行步疾徐之节有三：徐曰行，疾曰趋，甚疾曰走。此云'徐趋'，即行也，下文所谓'圈豚行'也。"

⑦圈（juǎn）豚行：圈，转也。豚，循也。谓双足循地而行，俗称小碎步。

⑧齐（zī）：通“齋”，裳的下摆。

⑨端行：谓趋，即疾行。

⑩弁行：谓走，即跑。弁，急也。

⑪剡剡：急速抬脚的样子。

⑫蹜蹜（sùsù）：举步促狭的样子。

译文

两国国君相见，来访的国君从大门中央进入，而由卿担任的上介挨着门橛走进，由大夫担任的次介走在门楔与门橛之间，由士担任的末介挨着门楔走，国君在前，上介等依次在后，形成雁行之势。来访的如果是卿、大夫，那就不能由门的中央进入，也不能脚踩门槛，以避尊者。在执行国君交给的聘享任务时，属于公事，就从门橛的西边进入，这是用的宾见主人之礼；聘享礼毕，来访的卿、大夫又以私人名义拜见主国国君，属于私事，就从门橛的东边进入，这是用的臣见君之礼。在宗庙中走路，尊卑的步法也不相同。天子、诸侯和尸最尊，行走步子小，速度慢，后脚的脚印要压住前脚脚印的一半，这叫“接武”。大夫次尊，行走步子稍大，后脚的脚印要紧接着前脚的脚印，这叫“继武”。士卑，行走的步子最大，后脚脚印与前脚脚印之间要保持一足的距离，这叫“中武”。不管在什么地方，只要是徐趋，都适用这种步伐。疾趋时要脚跟迅速离地，但手足切勿摇摆。走小碎步时好像脚未离地，衣裳的下摆擦着地面像流水一般，在就席或离席时也是用这种小碎步。疾行时头要略低，双颊斜垂如屋檐一般。跑步时双脚要频频举起。手执龟甲、玉圭等宝器时，步子要格外留神：脚尖抬起，而脚跟拖地，一副小心翼翼的模样。

凡行容惕惕[①]，庙中齐齐[②]，朝廷济济翔翔。君子之容舒迟，见所尊者齐遬[③]。足容重，手容恭，目容端，口容止，声容静，头容直，气容肃，立容德，色容庄。坐如尸。燕居告温温。凡祭，容貌颜色，如见所祭者[④]。丧容累累，色容颠颠[⑤]，视容瞿瞿梅梅[⑥]，言容茧茧。戎容暨暨，言容詻詻[⑦]，色容厉肃，视容清明。立容辨卑[⑧]，毋谄。头颈必中，山立，时行，盛气颠实[⑨]，扬休，玉色。

注释

①惕惕（shāngshāng）：形容行路身正而步快。

②齐齐（zhāizhāi）：恭悫貌。

③齐遬（zhāisù）：恭肃貌。段玉裁说，遬通“肃”。

④凡祭三句：《论语·八佾》：“祭如在，祭神如神在。”与此同义。

⑤颠颠（tiántián）：忧思貌。

⑥瞿瞿（jùjù）：惊愕貌。梅梅：犹言昧昧，茫然貌。

⑦詻詻（èè）：教令严厉貌。

⑧辨：通“贬”。

⑨颠（tián）：通“阗”，填塞。

译文

凡在道路上行走，身体要直，步子要快；在宗庙中行走，神态要恭敬诚恳；在朝廷上行走，神态要庄重严肃。君子在平常时神态闲雅，从容不迫，见到了所尊敬的人就要显得恭敬收敛。抬脚要稳重，手不乱指画，目不邪视，口不妄动，不乱咳嗽，不乱倾顾，在庄重的场合要屏气敛息，站立时应是俨然有德的气象，面色要庄重。坐要如尸一般的端正。闲居时教导别人，态度要温和可亲。凡参加祭祀者，其容貌颜色要像是真正看到了所祭的鬼神，切不可有虚应故事的神态。孝子在居丧期间，总要显出一副疲惫不堪的样子，满脸愁容，眼神是惊愕而又茫然，说话的声音也有气无力。身着戎装时就要神态果毅，发号施令，表情严厉，虎虎生威，眼神明察秋毫。在尊者面前，虽然站立时应有自我贬卑的姿态，但也不能过火，以致近乎谄媚。平常站立时头颈必保持正直，如山一般地屹立，当行则行，显得浑身是劲，扬美于外，脸色温润如玉。

凡自称：天子曰“予一人”，伯曰“天子之力臣[①]”。诸侯之于天子，曰“某土之守臣某”；其在边邑，曰“某屏之臣某”；其于敌以下，曰“寡人”。小国之君曰“孤”，摈者亦曰“孤”[②]。上大夫曰“下臣”，摈者曰“寡君之老”。下大夫自名，摈者曰“寡大夫”。世子自名，摈者曰“寡君之适”。公子曰“臣孽”[③]。士曰“传遽之臣”[④]，于大夫曰“外私”[⑤]。大夫私事使，私人摈则称名；公士摈[⑥]，则曰“寡大夫”“寡君之老”。大夫有所往，必与公士为宾也[7]。

注释

①力臣：效力之臣。

②摈者：本指主人一方的接待员，主要负责传话，如本句就是。但有时又指客人一方所带的随从，即介，下文就有这样的例子。

③公子：诸侯的庶子。孽：通“蘖”，树的旁生枝芽。

④传（zhuàn）遽：谓急递信息的驿卒，犹如后世之言“下走”。

⑤外私：国外的家臣。士于同国大夫自称“贱私”，于他国大夫则自称“外私”。

⑥公士：诸侯之士。奉君命出使，则由公士作随从。

⑦宾：指介，即随从。

译文

凡自称：天子自称为“予一人”，州长自称为“天子之力臣”。诸侯去朝见天子时，自称为“某地之守臣某”；如果是封在边陲的诸侯，自称为“某方的屏卫之臣某”。诸侯对于和自己身份相等或低于己者，自称为“寡人”。小国的国君自称“孤”，摈者为他传话也称“孤”。上大夫对于自己的国君自称“下臣”，如果出使他国晋见主国之君，其介在传话时称他为“寡君之老”。下大夫在自己的国君面前自称己名，如果出使他国，其介在传话时称他为“寡大夫”。太子在国君面前自称己名，如果出使他国，其介在通报时称之为“寡君之嫡子”。公子在国君面前自称“臣孽某”。士在国君面前自称为供驱使的“传遽之臣”，在他国大夫面前自称“外私”。大夫因自己的私事派人出使他国，使家臣通报则称大夫之名；倘奉国君之命出聘，则由公士通报，称之为“寡大夫”或者“寡君之老”。大夫如果出聘，一定要以公士为介。

学　记

解题：郑玄说：“名曰《学记》者，以其记人学教之义。”也就是学者如何学、教者如何教之义。宋儒很推崇本篇，程颐说：“《礼记》除《中庸》《大学》，唯《学记》《乐记》最近道。”当代学者认为，《学记》是战国后期思孟学派的作品，它对我国先秦时期的教育和教学第一次从理论上作了比较全面、系统的总结。它不仅明确提出教育的目的在于培养人才，化民成俗，而且明确提出了“王者建国君民，教学为先”的观点。从教与学这两条线索出发，《学记》论述了教学的原则、方法、为师的条件、尊师的必要性、学习的方法、教与学的关系以及教学相长的基本规律，可资借鉴之处甚多。

发虑宪[①]，求善良，足以谀闻[②]，不足以动众。就贤体远，足以动众，未足以化民。君子如欲化民成俗，其必由学乎！

注释

①虑宪：俞樾《古书疑义举例》认为虑与宪是同义词，都是

思虑之义。虑之思义习知，而宪之思义难晓。但孔子弟子原宪，字子思，其名与字相应，可证宪亦思也。

②谀（xiǎo）：小。

译文

开动脑筋，招致善良之人，这样做虽然能够使自己小有声誉，但还不足以感动群众。礼贤下士，体恤远人，这样做虽然能够感动群众，但还不足以改造民心。统治者如果要想改造民心，移风易俗，恐怕一定要从教育入手吧！

玉不琢，不成器；人不学，不知道。是故古之王者建国君民，教学为先。《兑命》曰："念终始典于学[1]。"其此之谓乎！

注释

①《兑（yuè）命》：即《说命》，《尚书》篇名。典：经常。

译文

玉不经过雕琢，就不会成为有用之器；人不经过学习，就不明白道理。因此，古代帝王建立国家，统治人民，都把办学校放在第一位。《尚书·说命》篇上讲："要自始至终经常地考虑学习问题。"说的就是这个意思吧！

虽有嘉肴，弗食，不知其旨也。虽有至道，弗学，不知其善也。是故学然后知不足，教然后知困。知不足，然后能自反也。知困，然后能自强也。故曰“教学相长”也。《兑命》曰：“学学半[1]。”其此之谓乎！

注释

①学学：今《尚书·说命下》作“斅学”。斅（xiào），教也。

译文

虽有美味佳肴，不吃，也就不会知道它的滋味。虽有再好不过的道理，不学，也就不会知道它的好处。所以，只有通过学习，然后才能发现自己的不足；只有通过教别人，然后才能发现自己还有哪些地方尚未弄懂。知道了自己的不足，然后才能努力上进。知道了自己还有哪些地方尚未弄懂，然后才能发愤自强。所以有句话说：教和学是互相促进的。《说命》上说：“教别人，其中有一半等于是自己学习。”说的就是这个意思吧！

古之教者，家有塾[1]，党有庠[2]，术有序[3]，国有学。比年入学，中年考校。一年，视离经辨志。三年，视敬业乐群。五年，视博习亲师。七年，视论学取友，谓之小成。九年，知类通达，强立而不反，谓之大成。

夫然后足以化民易俗，近者说服而远者怀之。此大学之道也。《记》曰："蛾子时术之[4]。"其此之谓乎！

注释

①塾：学校名。孔颖达说："《周礼》百里之内，二十五家为闾，同共一巷，巷首有门，门边有塾。"同闾之民，就学于塾。

②党：五百家为一党。党的学校叫庠。

③术（suì）：通"遂"。一万二千五百家为遂。遂的学校叫序。

④蛾：同"蚁"。术：学习。

译文

古时教学的地方，二十五家有一塾，一党有一庠，一遂有一序，国都则有学。每年都有新生入学，每隔一年进行一次考较。第一学年结束，考核学生的经文句读能力，辨别其志向所趋。第三学年考核学生是否专心学业和能否向优秀学生看齐。第五学年考核学生是否广博学习，亲近师长。第七学年考核学生能否在学术上有自己的见解，以及能否选择好人与之为友；如果考核通过，就叫做"小成"。第九学年考核学生能否触类旁通，临事不惑，不违背师训；如果考核通过，就叫做"大成"。到了这个时候，才能够改造民心，移风易俗，使近处的人心悦诚服而远处的人愿意归服。这就是大学教育的步骤。古书上说："小蚂蚁时时向大蚂蚁学习衔泥，时间长了，也能积成土堆。"大概说的就是这个意思吧！

大学始教，皮弁祭菜[①]，示敬道也。《宵雅》肄三[②]，官其始也。入学鼓箧，孙其业也[③]。夏、楚二物[④]，收其威也。未卜禘[⑤]，不视学[⑥]，游其志也。时观而弗语，存其心也。幼者听而弗问，学不躐等也[⑦]。此七者，教之大伦也。《记》曰："凡学，官先事，士先志。"其此之谓乎！

注释

①皮弁：谓穿皮弁服。皮弁是一种武冠，用白鹿皮制成，略似今日之瓜皮帽。皮弁服，是指配合皮弁穿的整套服装，即上身穿素衣，下身穿素积（白色而腰间有皱褶的裙子）。皮弁服是士的祭服。

②《宵雅》：即《小雅》。宵，通"小"。三：指《诗经·小雅》中的《鹿鸣》《四牡》《皇皇者华》三篇。孙希旦说："此三篇皆君之所以燕乐其臣，而臣之所以服事于君者，故示之于入学之始，使知学之当为用于国家也。"

③孙（xùn）：通"逊"，恭顺。

④夏（jiǎ）：通"榎"，木名，即楸树。可制教鞭，用以体罚学生。楚：荆条。

⑤禘：夏季祭宗庙之名。禘前要占卜，故连言之。

⑥视学：即上节的所谓"考校"。

⑦学（xiào）：教也。

译文

大学开学之时，学生们要穿上皮弁服，用蘋藻等物祭祀先圣先师，以表示对先圣先师的崇敬。当祭祀时，让学生们习唱《小雅》中的《鹿鸣》《四牡》和《皇皇者华》三篇，以使他们从一开始就明白读书要为国家服务的道理。入学以后，由有关官员击鼓把学生召集在一起，然后才打开书箱发放书籍，这是为了让学生恭顺地对待学业。用榎、楚制作的两种教鞭，是为了让偷懒和违纪的学生知所畏惧。在没有举行禘祭之前，领导者不考校学生的学业，以便学生能安下心来，从容地读其爱读之书。教师要对学生经常辅导，但不要动辄叮咛告语，以培养学生独立思考的能力。年幼的学生应该只管听讲不要乱问，因为老师知道因年龄而施教的道理。以上七条，就是教学的大道理。古书上说："凡学习，若学为官，则先教以居官之事；若学为士，则先教以士应有的志尚。"大概说的就是这个意思吧！

大学之教也，时[①]。教必有正业，退息必有居[②]。学，不学操缦[③]，不能安弦[④]；不学博依[⑤]，不能安《诗》；不学杂服[⑥]，不能安礼；不兴其艺，不能乐学。故君子之于学也，藏焉修焉，息焉游焉。夫然，故安其学而亲其师，乐其友而信其道，是以虽离师辅而不反也[⑦]。《兑命》曰："敬孙务时敏[⑧]，厥修乃来。"其此之谓乎！

注释

①时：谓按时序安排课程。《王制》："春秋教以《礼》《乐》，冬夏教以《诗》《书》。"

②居：王夫之说："居，恒守也。不自谓已喻而置之也。"

③操缦：郑注云："杂弄。"盖谓以一些非正统的小调作指法练习。

④安：善也。

⑤依：譬喻。《诗》有六义：风、雅、颂、赋、比、兴。其中的比、兴创作手法都和譬喻有关。

⑥杂服：杂事。指洒扫、应对、投壶、沃盥等细碎之事。

⑦辅：谓朋友。

⑧敬孙：今《尚书·说命下》作"惟学逊志"四字。孙，同"逊"。

译文

大学的教学，是按照时序来安排课程的。教授的内容都是先王遗留的经典，学生在课后休息时一定要常常温习。学习的方法：如果不先拿一些小调来练习指法，也就不能学好弹奏琴瑟；如果不广泛地学习譬喻，也就不能学好《诗经》。如果不从洒扫应对这类琐碎小事学起，也就不能学好礼仪；如果对所学课程缺乏兴趣，也就不会高高兴兴地去学。所以，君子在对待学习这个问题上，到学校来就认真学习，放学以后也不丢到脑后。做到了这一步，就能够学好功课，尊敬老师，团结同学，信奉真理。因此，即令是离开了师友而一人独处，也不会有任何违背师训的行为。《尚书·说命》上讲："恭敬谦逊，敏疾从事，其所修学业就一定能成功。"大概说的就是这个意思吧！

今之教者，呻其占毕[①]，多其讯言[②]，及于数进[③]，而不顾其安，使人不由其诚，教人不尽其材。其施之也悖，其求之也佛[④]。夫然，故隐其学而疾其师[⑤]，苦其难而不知其益也。虽终其业，其去之必速。教之不刑[⑥]，其此之由乎！

注释

①占（shān）：通“笘”，竹简。毕：竹简。

②讯：通“谇”，告诉。

③及：通“汲”，追求。

④佛：通“拂”，违戾，违背。

⑤隐：厌恶。

⑥刑：成也。

译文

今天的教师，只知拉长声调地照本宣科，不等学生发问，一味填鸭式地灌输，贪求进度，而不管学生是否能够接受，教人时也缺乏诚意，不能考虑因材施教。教师的教法既然违反科学，学生的求学也就难于达到目的。这样的结果，就造成了学生厌恶学习，怨恨老师，只感到学习的困难枯燥，而不知究竟能从中得到什么好处，虽然勉勉强强地毕了业，但所学的知识容易忘得一干二净。教育之所以不成功，大概就是由于这个原因吧！

大学之法：禁于未发之谓豫[①]，当其可之谓时，不陵节而施之谓孙[②]，相观而善之谓摩。此四者，教之所由兴也。发然后禁，则扞格而不胜[③]。时过然后学，则勤苦而难成。杂施而不孙，则坏乱而不修。独学而无友，则孤陋而寡闻。燕朋逆其师。燕辟废其学[④]。此六者，教之所由废也。

注释

①豫：预防。

②孙：通“逊”，顺也。

③扞（hàn）格：互相抵触。

④辟：通“僻”，僻好。

译文

大学的教育方法：在学生的错误想法还没有露出苗头时就能够加以禁止，这叫防患于未然。当学生正好处于可以教导的年龄而给予教导，这叫合乎时宜。按部就班地施教，这叫循序渐进。使学生互相观摩取长补短，这叫切磋琢磨。这四条，是使教育成功的方法。错误想法已经露出苗头才想法禁止，就会很被动，作用也不大。适于教导的年龄已经错过这才加以教导，就会导致工夫虽然下得很大但也难以见效。杂乱无章地施教而不循序渐进，就会破坏教学而无法收拾。单独学习而没有朋友来切磋，就会孤陋寡闻。结交不好的朋友就会蔑弃师训。染上不良的嗜好就会荒废学业。这六条，是使教育失败的原因。

君子既知教之所由兴，又知教之所由废，然后可以为人师也。故君子之教喻也，道而弗牵[①]，强而弗抑[②]，开而弗达[③]。道而弗牵则和，强而弗抑则易，开而弗达则思。和易以思，可谓善喻矣。

注释

①道：通“导”，引导。

②强（qiǎng）：劝勉。

③达：尽也。

译文

君子既知道教育所以成功的方法，又知道教育所以失败的原因，然后才可以作他人的老师。所以，君子对学生的教育和诱导，引导而不强迫，鼓励而不压抑，启发而不说透。引导而不强迫，就能使师生关系和谐；鼓励而不压抑，学生在学习时就感到比较容易；启发而不说透，学生就能用心思考。能做到师生关系和谐、使学生感到易学以及学生能用心思考，可以称得上是善于教育诱导了。

学者有四失，教者必知之。人之学也，或失则多，或失则寡，或失则易[①]，或失则止[②]。此四者，心之莫同也。知其心，然后能救其失也。教也者，长善而救其失者也。善歌者使人继其声，善教者使人继其志。其言也约而达，微而臧，罕譬而喻，可谓继志矣。

注释

①易：孔颖达说是“学而不思则罔”。

②止：郑玄注云：“止，谓好思不问者。”

译文

学生有四种过失，当老师的不可不知。他们在学习的时候，有的失于才识浅少而一味贪多，有的失于才识宏大而浅尝辄止，有的失于学而不思，有的失于思而不学。之所以有此四种过失，是由于人的个性不同的缘故。了解了每个人的个性，然后才能对症下药帮助其改正。作为老师，其责任本来就是培养学生身上的优点而帮助其改正缺点。打个比方来说，善于唱歌的人，能使人听了他唱后深受感动，以至于情不自禁地跟着他唱。同样道理，善于教学的人，能使人深受启发，以至于使人自然而然地接受其观点。他的讲解，辞简而意明，道理深奥而解释精妙，比喻虽少而使人易懂，做到这一地步，可以说是善于引导学生接受其观点了。

君子知至学之难易[①]，而知其美恶[②]，然后能博喻；能博喻然后能为师，能为师然后能为长，能为长然后能为君。故师也者，所以学为君也。是故择师不可不慎也。《记》曰：“三王四代唯其师[③]。”此之谓乎！

注释

①至学之难易：孙希旦说："谓学者入道之深浅次第。"

②美恶：孙希旦说："谓人之材质不同，无失者为美，有失者为恶。"

③三王四代：夏、商、周为三王，再加上虞就是四代。

译文

君子知道学生求学的深浅次第，又知道学生资质的高低，然后才能多方设法晓喻。能多方设法晓喻然后才能做老师，能做老师然后才能做官，能做官然后才能做国君。由此看来，所谓老师，就是跟着他学做国君的人。因此，选择老师不可不慎。古书上说："虞、夏、商、周四代无不慎重择师。"说的就是这个意思吧！

凡学之道，严师为难①。师严然后道尊，道尊然后民知敬学。是故君之所不臣于其臣者二：当其为尸②，则弗臣也；当其为师，则弗臣也。大学之礼，虽诏于天子③，无北面④，所以尊师也。

注释

①严：尊敬。

②尸：古代祭祖时代替死者受祭的人。

③诏：告也。

④北面：君面向南，臣面向北，这是臣见君之礼。但天子入

大学向老师求教，则东面，师则西面，待以宾主之礼。

译文

人们在学习的过程中，尊师这一条最难做到。只有师尊，然后才能重道。只有重道，然后人民才会恭敬地学习。所以，国君不以对待臣下的礼节来对待其臣下的情况有两种：一种是当其为尸之时，国君不以臣礼对待；一种是当其为师之时，国君不以臣礼对待。大学中的礼节，即令是给天子讲课，也不面北而立，就是为了表示尊敬老师。

善学者，师逸而功倍，又从而庸之[①]。不善学者，师勤而功半，又从而怨之。善问者如攻坚木，先其易者，后其节目[②]，及其久也，相说以解[③]。不善问者反此。善待问者如撞钟，叩之以小者则小鸣，叩之以大者则大鸣，待其从容，然后尽其声。不善答问者反此。此皆进学之道也。

注释

①庸：功劳。

②节目：树木枝干交接处的疙疙瘩瘩部分。

③说：通“脱”。

译文

善于学习的人，老师虽然安闲而学生学到的东西却是加倍，学生还把功劳归于老师。不善于学习的人，老师尽管勤苦而学生学到的东西还不及所教的一半，学生还都怨恨老师。善于提出问题的人就好比砍劈坚硬的木头，先砍劈容易砍劈的地方，而把难于砍劈的疙疙瘩瘩部分放在后面砍，时间长了，那些疙疙瘩瘩也就砍开了。不善于提出问题的人则与此相反。善于回答问题的人就好比撞钟一样，你轻轻地撞，我就小声地鸣；你用劲地撞，我就大声的鸣；你从容不迫地撞，我的回答娓娓道来也就像钟声的余韵悠扬。不善于回答问题的人则与此相反。这些都是增进学问的方法。

记问之学①，不足以为人师。必也其听语乎②!力不能问，然后语之。语之而不知，虽舍之可也。

注释

①记问之学：郑玄注："记问，谓预诵杂难杂说，至讲时为学者论之。此或时师不心解，或学者所未能问。"

②听语：孙希旦说："谓听学者之问，而因而语之，所谓'小叩小鸣，大叩大鸣'是也。"

译文

东拼西凑地记住一些连自己也没有弄懂的学问，这样的人是不配作教师的。作教师的一定要能根据学生提出的疑问随宜作出回答。如果学生的才力还提不出疑问，这时候老师应该讲给他听。讲给他听他还不懂，那就只好暂时把他丢开，以待将来。

良冶之子，必学为裘[①]。良弓之子，必学为箕[②]。始驾马者反之，车在马前。君子察于此三者[③]，可以有志于学矣。

注释

①良冶之子二句：因为锢露金属器皿与缀皮为裘有相似之处。

②良弓之子二句：作弓时，其部件要弯曲；编制畚箕时，要使柳条弯曲。二者也有相似处。

③此三者：指以上三事。孔颖达说：“三事皆须积习，非一日所成。”

译文

世世代代以铁匠为业之家，其子弟一定会学好缀皮为裘的本领。世世代代制弓之家，其子弟一定会学好编畚箕的本领。刚开始学驾车的小马，一定要先把它系在车的后面，让它跟在老马后面观察学习一段时间。君子如果能够认真观察这三件事，就可以树立起学习的信心。

古之学者，比物丑类[①]。鼓无当于五声[②]，五声弗得不和。水无当于五色[③]，五色弗得不章。学无当于五官[4]，五官弗得不治。师无当于五服[5]，五服弗得不亲。

注释

①丑：通“俦”，齐也。

②五声：宫、商、角、徵、羽。

③五色：青、赤、黄、白、黑。

④五官：《曲礼下》：“天子之五官，曰司徒、司马、司空、司士、司寇。”此为泛指。

⑤五服：斩衰、齐衰、大功、小功、缌麻。此处泛指人伦关系。

译文

古代的学者，通过对事物的比较而将其归并为一类。例如，鼓声不属于五声中的任何一种，但是没有鼓声的调节五声就不会和谐；水不属于五色之中的任何一色，但是没有水的调和五色就不会鲜明；有学问并不等于当了什么官，但无论做什么官没有学问就办不好事；老师不属于五服亲属中的任何一种，但是如果没有老师讲明道理，恐怕人们还不知道谁与谁亲。

君子曰：“大德不官，大道不器，大信不约，大时不齐[1]。察于此四者，可以有志于本矣。”三王之祭川也，皆先河而后海；或源也，或委也。此之谓务本。

注释

①大时：即天时。

译文

古代的君子说："具有最高的道德的人，不局限于只胜任某一具体官职。放之四海而皆准的道理，不局限于只说明某一具体问题。最大的诚信，不须要用任何发誓赌咒来约束。天时运行，四季交替，并非说冷都冷，说热都热。考察了这四种情况，也就可以坚定以学为本的志向了。"夏、商、周三代的天子在祭川的时候，都是先祭河而后祭海。河是海水之源，海是河的末尾。这就叫做务本。

乐　记

解题：郑玄说："名曰《乐（yuè）记》者，以其记乐之义。"这里的"乐"，包括诗歌、音乐、舞蹈在内。据孔颖达说，《乐记》由十一篇组成。这十一篇的名称和次序是：《乐本》《乐论》《乐礼》《乐施》《乐言》《乐象》《乐情》《魏文侯》《宾牟贾》《乐化》《师乙》。《乐记》的作者，沈约和张守节都认为是七十子之弟子公孙尼子，未知所据。《荀子》《吕氏春秋》二书中的论乐之言，多与本篇相同，足见其来有自。《史记》中的《乐书》乃褚少孙所补，内容基本上与《乐记》同，但十一篇的名称、次序有异。当代学者认为，《乐记》可能是荀子学派的著作，成书当在荀子之后。《乐记》是反映我国古代音乐理论的代表作，它系统地阐发了儒家关于乐的一系列思想：乐的产生原因，乐的社会功能，乐与礼的相辅相成关系，乐与和的关系，等等。凡此，都具有重要的理论意义，并产生了深远的影响。

凡音之起[1]，由人心生也。人心之动，物使之然也。感于物而动，故形于声。声相应，故生变。变成方[2]，谓之音。比音而乐之，及干戚羽旄[3]，谓之乐。

注释

①音：郑玄说："宫、商、角、徵、羽，杂比曰音，单出曰声。"下文又说："声成文，谓之音。"孔颖达说："音，即今之歌曲也。"可知音与声乃是两个不同的概念。

②方：谓规律、规则。

③干戚：盾和斧。跳武舞时所执道具。羽旄：雉羽和旄牛尾。跳文舞时所执道具。

译文

大凡音的产生，都是出于人类有能够产生思想感情的心。人类思想感情的变动，是外界事物影响的结果。受外界事物的影响，人的思想感情产生了变动，就会用"声"表现出来。声非一种，其中有同有异。同声相应，异声相杂，于是产生错综变化。把这种错综变化的声按照一定的规律表现出来，就叫作歌曲。把这些歌曲按照顺序加以演奏，再加上武舞和文舞，这就叫做乐。

乐者，音之所由生也，其本在人心之感于物也。是故其哀心感者，其声噍以杀[①]；其乐心感者，其声啴以缓[②]；其喜心感者，其声发以散；其怒心感者，其声粗以厉；其敬心感者，其声直以廉；其爱心感者，其声和以柔。六者非性也，感于物而后动，是故先王慎所以感之者。故礼以道其志，乐以和其声[③]，政以一其行，刑以防其奸。礼乐刑政，其极一也，所以同民心而出治道也。

注释

①噍（jiāo）以杀（shaì）：焦急而短促。杀，衰减。

②啴（chǎn）：宽裕。

③声：《说苑·修文》作“性”，今译从之。

译文

从以上可知，所谓“乐”，是由音所构成的，而其本源乃在于人心对于外界事物的感受。所以，人心有了悲哀的感受，发出的声音就焦急而短促；人心有了快乐的感受，发出的声音就宽裕而舒缓；人心有了喜悦的感受，发出的声音就开朗而轻快；人心有了愤怒的感受，发出的声音就粗犷而严厉；人心有了崇敬的感受，发出的声音就正直而端方；人心有了爱慕的感受，发出的声音就温和而柔顺。这六种声音并非人们的内心原来就有，而是人们的内心受到外界事物影响才造成的。所以古代圣王十分注意能够影响人心的外界事物：用礼来引导人们的意志，用乐来调和人们的性情，用政令来统一人们的行动，用刑罚来防止人们做坏事。用礼、用乐、用政令、用刑罚，手段虽然不同，但其目的是一样的，就是要统一民心而实现天下大治。

凡音者，生人心者也。情动于中，故形于声。声成文，谓之音。是故治世之音安以乐，其政和；乱世之音怨以怒，其政乖；亡国之音哀以思，其民困。声音之道，与政通矣。

译文

凡音，皆出于人心。感情激动于心，所以就表现为声。把声组成动听的曲调，就叫做音。所以太平盛世的音，其曲调安详而欢乐，反映了当时政治的和谐；混乱世道的音，其曲调怨恨而愤怒，反映了当时政治的紊乱；亡国之音，其曲调哀伤而深沉，反映了当时人民的困苦。由此看来，声音和政治是相通的：有什么样的政治就有什么样的声音。

宫为君，商为臣，角为民，徵为事，羽为物[①]。五者不乱，则无怗懘之音矣[②]。宫乱则荒，其君骄。商乱则陂[③]，其官坏。角乱则忧，其民怨。徵乱则哀，其事勤。羽乱则危，其材匮。五者皆乱，迭相陵，谓之慢[4]。如此，则国之灭亡无日矣。郑、卫之音[5]，乱世之音也，比于慢矣。桑间濮上之音[6]，亡国之音也，其政散，其民流，诬上行私而不可止也。

注释

①官为君五句：郑玄注云："凡声，浊者尊，清者卑。"宫声最浊，故为君；商声次浊，故为臣；角声半清半浊，故为民；徵声次清，故为事；羽声最清，故为物。

②怗懘（zhānzhì）：败坏，不和谐。

③陂（bì）：倾斜。

④慢：混乱到无以复加。

⑤郑、卫之音：春秋战国时郑、卫两国的民间音乐。由于不同于正统的雅乐，所以被斥为乱世之音。本篇后文还要谈到。

⑥桑间濮上之音：桑间是地名，在濮水之旁。传说殷纣王令师延制了一套靡靡之乐，不久国亡，师延也在桑间的濮水上投河自杀。后来卫灵公和师涓经过桑间，深夜里听到濮水上飘着的音乐，就把它默记于心。到了晋国，师涓为晋平公演奏这一套曲子，师旷不等他奏完，就说："这是亡国之音呀！你一定是从桑间濮上听来的吧。"今多用为靡靡之音的代称。

译文

宫声代表君，商声代表臣，角声代表民，徵声代表事，羽声代表物。如果这五声不乱，就不会出现不和谐的曲调。如果宫声混乱则其音散漫，象征着国君的骄恣；商声混乱则其音不正，象征着官员的腐败；角声混乱则其音忧伤，象征着百姓的不满；徵声混乱则其音悲哀，象征着百姓的徭役太重；羽声混乱则其音危急，象征着物资匮乏。如果五声皆乱，秩序荡然，那就会奏出所谓的慢音。到了这一地步，国家的灭亡也就不剩几天了。郑、卫之音，属于乱世之音，接近于慢音了。桑间濮上之音，属于亡国之音，它反映了国家政治的极端混乱，老百姓的流离失所，统治者的欺上瞒下自私自利而不可救药。

凡音者，生于人心者也。乐者，通伦理者也。是故知声而不知音者，禽兽是也。知音而不知乐者，众庶是也。唯君子为能知乐。是故审声以知音，审音以知乐，审乐以知政，而治道备矣。是故不知声者，不可与言音；不知音者，不可与言乐；知乐则几于礼矣。礼乐皆得，谓之有德，德者得也。是故乐之隆，非极音也；食飨之礼[①]，非致味也[②]。《清庙》之瑟[③]，朱弦而疏越[④]，壹倡而三叹，有遗音者矣。大飨之礼[⑤]，尚玄酒而俎腥鱼[⑥]，大羹不和[⑦]，有遗味者矣。是故先王之制礼乐也，非以极口腹耳目之娱也，将以教民平好恶而反人道之正也。

注释

①食（sì）飨：也就是下文的“大飨”，统指宗庙祫祭。

②致：极也。

③《清庙》：《诗经·周颂》篇名，是周人祭祀文王时的乐

歌。

④朱弦：用煮过的朱丝做的弦。煮过以后，弦声就浊。疏越：越是瑟底小孔。小孔稀疏则发声迟钝。

⑤大飨：见注①。

⑥玄酒：即水。

⑦大（tài）羹：祭祀用的肉汁。

译文

凡音，都是出于人心。而比音高级的乐，则是与社会伦理相通的。所以懂得声而不懂得音为何物的，那是禽兽；懂得音而不懂得乐为何物的，那是普通百姓。只有君子才懂得乐。所以君子才能从辨别声进而懂得音，从辨别音进而懂得乐，从辨别乐进而懂得政事，于是就有了一整套的治国方法。所以，对于不懂得声的人，就没法和他再进一步谈音；对于不懂得音的人，就没法和他再进一步谈乐。懂得乐的人也就近乎懂得礼了。礼乐都能够懂得，那就叫做有德。德，就是得到的意思。所以，无论多么隆重的乐，并不是为了极尽听觉上的享受；无论多么盛大的食飨之礼，并不是为了极尽味觉上的享受。举例来说，演奏《清庙》乐章所用的瑟，上面是朱色丝弦，下边是稀疏的孔，奏出的声音并不是多么悦耳，一个人领头唱，只有三个人应和，其目的显然不在于追求动听。又如大飨之礼，以水代酒而且放在前列，盘子里放的是生肉生鱼，肉汁也不加任何调料，其目的显然也不在于追求好吃。由此看来，古先圣王制礼作乐，其目的并不是要满足人们口腹耳目的享受，而是要教育人民辨别好坏，回到做人的正道上来。

人生而静，天之性也。感于物而动，性之欲也[①]。物至知知[②]，然后好恶形焉。好恶无节于内，知诱于外，不能反躬，天理灭矣[③]。夫物之感人无穷，而人之好恶无节，则是物至而人化物也。人化物也者，灭天理而穷人欲者也。于是有悖逆诈伪之心，有淫泆作乱之事[④]，是故强者胁弱，众者暴寡，知者诈愚，勇者苦怯，疾病不养，老幼孤独不得其所，此大乱之道也。是故先王之制礼乐，人为之节：衰麻哭泣，所以节丧纪也；钟鼓干戚，所以和安乐也；昏姻冠笄，所以别男女也；射乡食飨[⑤]，所以正交接也。礼节民心，乐和民声，政以行之，刑以防之。礼乐刑政，四达而不悖，则王道备矣[⑥]。

注释

①欲：《史记·乐书》作“颂”。俞樾说“颂”是“容”的借字，作“动”解。

②知知：前“知”同“智”，作心智讲。后“知”作交接讲。

③天理：天性。

④淫泆（yì）：纵欲放荡。

⑤射：谓乡射礼。乡：谓乡饮酒礼。食飨：谓设宴招待宾客。

⑥则王道备矣：从“凡音之起”至此句，是《乐本》篇。孔颖达说：“此章备论音声起于人心，故名《乐本》。”

译文

人生下来是好静的，这是先天赋于的本性。受到外界的影响而变为好动，这是本性受到了引诱。人的认识和外界事物相交接，就会表现为两种态度：喜好或厌恶。喜好或厌恶的态度如果从人的自身得不到节制，再加上对于外界事物的引诱不能自我反省和正确对待，那么人的天性就会完全丧失。本来外界事物就在不断地影响着人，如果再加上人在主观上对自己的好恶反应不加限制，那就等于外界事物和人一接触就把人完全征服了。人被外界事物完全征服，就等于人的天性完全丧失，放纵人欲。人到了这一地步，就会产生犯上作乱欺诈虚伪之心，就会干出纵欲放荡胡作非为之事。以致于强者压迫弱者，人多的欺负人少的，聪明人欺骗老实人，勇猛者折磨怯懦者，有病的人得不到照顾，老幼孤独者也得不到关怀。这是天下大乱的办法，行不通的。有鉴于此，古代圣王就制礼作乐，为人们制定出节制的办法：有关丧服、哭泣的规定，这是用来节制丧事的；钟鼓干戚等乐器舞具，这是用来调节安乐的；男大当婚，女大当嫁，这是用来区别男女的；射乡食飨，这是用来规范人们交往的。用礼来节制民心，用乐来调和民性，用政令加以推行，用刑罚加以防范。礼、乐、刑、政，如果这四个方面都得到贯彻而不发生梗阻，也就具备王道政治了。

乐者为同，礼者为异。同则相亲，异则相敬。乐胜则流，礼胜则离。合情饰貌者，礼乐之事也。礼义立，则贵贱等矣。乐文同，则上下和矣。好恶著，则贤不肖别矣。刑禁暴，爵举贤，则政均矣。仁以爱之，义以正之。如此则民治行矣。

译文

乐的作用在于协调上下，礼的作用在于区别贵贱。上下协调就会互相亲近，贵贱区别就会互相尊重。过分强调乐会使人际关系随便，过分强调礼会使人际关系疏远。要使人际关系内心感情融洽外表互相尊重，这就是礼乐应尽的职能了。礼的制度建立了，贵贱的等级才有区别。乐的文采协调了，上下的关系才能和睦。善恶的标准明确了，好人与坏人也就容易区别了。用刑罚来禁止强暴，用爵位来推举贤能，政治也就公平了。用仁来爱护人民，用义来纠正邪恶。这样一来，老百姓就能治理得好了。

乐由中出，礼自外作。乐由中出，故静①。礼自外作，故文。大乐必易②，大礼必简③。乐至则无怨，礼至则不争。揖让而治天下者，礼乐之谓也。暴民不作，诸侯宾服，兵革不试，五刑不用④，百姓无患，天子不怒，如此则乐达矣。合父子之亲，明长幼之序，以敬四海之内⑤，天子如此，则礼行矣。

注释

①静：通“情”，诚实。

②大乐必易：例如上文所说的“《清庙》之瑟”数句。

③大礼必简：例如上文所说的“大飨之礼”数句。

④五刑：指墨、劓、剕、宫、大辟五种刑罚。

⑤以敬四海之内：卫湜《礼记集说》引应镛云："'四海之内'一句恐在'合'字上。"今按：应说是，译文从之。据应说，则"以敬天子"四字为一句。

译文

乐是从内心发出，礼是从外部表现。因为乐从内心发出，所以诚实无伪；因为礼从外部表现，所以文质彬彬。最高级的乐一定是平缓的，最隆重的礼一定是简朴的。乐深入民心，就会消除怨恨；礼得到贯彻，就会消除争斗。古代圣王之所以能以谦恭礼让就把天下治理得井井有条，正是由于礼乐在起作用。没有乱民闹事，诸侯归服，兵革不用，刑罚不用，百姓无所忧虑，天子无所不满，做到了这一步，就表明乐已经深入民心了。四海之内，使父子关系密切，长幼之序分明，大家都敬爱天子，做到了这一步，就表明礼得到贯彻了。

大乐与天地同和，大礼与天地同节。和，故百物不失；节，故祀天祭地。明则有礼乐，幽则有鬼神。如此，则四海之内合敬同爱矣。礼者，殊事合敬者也；乐者，异文合爱者也。礼乐之情同，故明王以相沿也。故事与时并①，名与功偕②。

注释

①事与时并：意为礼数要与时代合拍。例如，尧舜之时，行

禅让之礼；而武王伐纣，乃行革命之礼。

②名：指乐的名称。如，舜的乐叫《大韶》，周武王的乐叫《大武》。

译文

最高尚的乐像天地那样的和谐，最隆重的礼又像天地那样的有别。由于和谐，所以万物各得其所；由于有别，所以要祭天祀地。人世间有礼乐，幽冥中有鬼神。这样，四海之内就能互敬互爱了。礼，是通过不同的仪式而教人互敬；乐，是通过不同的声律而教人互爱。礼乐的社会功能相同，所以历代明王在继承之外也有所损益。所以，礼应具有时代特色，而乐的名称也要与天子的功劳一致。

故钟鼓管磬[①]，羽龠干戚[②]，乐之器也；屈伸俯仰，缀兆舒疾[③]，乐之文也。簠簋俎豆，制度文章，礼之器也；升降上下，周还裼袭[④]，礼之文也。故知礼乐之情者能作，识礼乐之文者能述。作者之谓圣，述者之谓明。明圣者，述作之谓也。

注释

①钟鼓管磬：指各种乐器。

②羽龠干戚：指舞具。这说明下文的“乐”是音乐加上舞蹈。

③缀兆：据郑玄注，缀是舞位的标志，兆是舞者活动的范

围。于鬯则认为缀是聚，兆即佾字之误，其义为分；总而言之，缀兆就是一开一合。

④裼袭：行礼时，敞开正服前襟叫裼，掩好正服前襟叫袭。

译文

所以说，钟鼓管磬，羽籥干戚，是乐的器具；而屈伸俯仰的动作，一开一合忽慢忽快的变化，是乐的表现形式。簠簋俎豆，制度文章，是行礼所用的器具；升降上下，周旋裼袭，是礼的表现形式。所以，凡是懂得礼乐社会功能的人就能创作新的礼乐，而只是记住礼乐表现形式的人却只能复述旧的礼乐。能创作的人叫做圣，能复述的人叫做明。所谓“明”和“圣”，指的就是复述和创作。

乐者，天地之和也。礼者，天地之序也。和，故百物皆化。序，故群物皆别。乐由天作，礼以地制[①]。过制则乱，过作则暴。明于天地，然后能兴礼乐也。论伦无患[②]，乐之情也。欣喜欢爱，乐之官也。中正无邪，礼之质也。庄敬恭顺，礼之制也。若夫礼乐之施于金石，越于声音，用于宗庙社稷，事乎山川鬼神，则此所与民同也[③]。

注释

①乐由天作二句：郑注：“言法天地也。”孔疏：“乐主于

阳，是法天而作也。礼主于阴，是法地而作也。”

②论伦：王夫之说：“论，歌曲之辞也。伦，八音之节也。”

③则此所与民同也：从“乐者为同”至此为《乐论》。

译文

乐，体现了天地间的和谐；礼，体现了天地间的秩序。因其和谐，所以万物都能融洽共处；因其秩序，所以万物都又有其差别。乐是法天而作，礼是仿地而制。礼的制作破坏了秩序就会引起混乱，乐的制作破坏了和谐就会导致偏激。弄清楚礼乐与天地的关系，然后才能制礼作乐。歌辞与歌曲配合得体，是乐的实情。使人高兴喜欢，是乐的功能。中正无邪，是礼的本质。使人庄敬恭顺，是礼的功能。至于使礼乐借助钟磬等乐器发出声音，用于祭祀宗庙社稷，用于祭祀山川鬼神，在这方面，从天子到人民都是一样的。

王者功成作乐，治定制礼。其功大者其乐备，其治辩者其礼具[1]。干戚之舞[2]，非备乐也。孰亨而祀[3]，非达礼也。五帝殊时，不相沿乐。三王异世，不相袭礼。乐极则忧，礼粗则偏矣。及夫敦乐而无忧，礼备而不偏者，其唯大圣乎！

注释

①辩：通“遍”。

②干戚之舞：即武舞。有武舞而无文舞，当然不能说“备”。

③孰亨：即熟烹。即用熟肉作供品。最隆重的祭礼是不用熟肉作供品的，而是用生肉。

译文

一个朝代的开创者，在大功告成以后才制定乐，在社会安定以后才制定礼。他的功劳越大，他所制的乐也就越完备；他的政治越安定，他所制的礼也就越完善。只有手执干戚的武舞，不能算完备之乐；用熟肉来祭祀，不能算至敬之礼。五帝不同时，因而不互相照搬前代之乐；三王不同代，因而不互相抄袭前代之礼。极意于乐，则有沉迷忘返之忧；粗制之礼，或失中正无邪之质。至于能够做到爱好乐但没有沉迷忘返之忧，礼数完善但不失中正无邪之质的，大概只有伟大的圣人吧。

天高地下，万物散殊，而礼制行矣。流而不息，合同而化，而乐兴焉。春作夏长，仁也。秋敛冬藏，义也。仁近于乐，义近于礼。乐者敦和，率神而从天[①]。礼者别宜，居鬼而从地[②]。故圣人作乐以应天，制礼以配地。礼乐明备，天地官矣。

注释

① 神：阳之灵。

② 居：循也。与上文“率”为互文。鬼：阴之灵。

译文

从现象看来，天在上，地在下，万物散处而各不相同，于是讲究差别的礼就应运而生了。从性质看来，这天地万物又都处于流动不止的状态，互相联系而又互相影响，于是讲究和同的乐就应运而生了。春生夏长，体现着仁的精神；秋收冬藏，体现着义的精神。仁的精神接近于乐，义的精神接近于礼。乐强调的是和同，循神而法天；礼强调的是差别，循鬼而效地。所以圣人制乐以顺天，制礼以配地。礼乐如此显明完备，也就可以说天地各尽其应尽的职分了。

天尊地卑，君臣定矣。卑高已陈，贵贱位矣。动静有常[①]，小大殊矣。方以类聚[②]，物以群分[③]，则性命不同矣。在天成象，在地成形。如此，则礼者天地之别也。地气上齐[④]，天气下降，阴阳相摩，天地相荡，鼓之以雷霆，奋之以风雨，动之以四时，暖之以日月[⑤]，而百化兴焉。如此，则乐者天地之和也。化不时则不生，男女无辨则乱升，天地之情也。

注释

①动静：古人认为天绕地转，故称天动地静。

②方：指禽兽之属。

③物：指草木之属。

④齐：通“跻”，登。

⑤暖（xuān）：照耀。

译文

天尊在上，地卑在下，君臣的关系也就依此确定了。高的是山，低的是泽，贵贱的位置也就依此确立了。天动地静，有其常规，或大或小也就区别开了。方以类聚，物以群分，各自的禀性就不会相同。在天上有日月星辰风雷等不同现象，在地上有山川草木鸟兽等不同的形态。圣人依此制礼，可知礼是体现天地之差别的。地气上升，天气下降，阴阳相互摩擦，天地互相激荡，雷霆来鼓动，风雨来滋润，四季交替循环，日月昼夜照耀，于是万物化生。圣人依此制乐，可知乐是体现天地之和同的。乐贵和同，但如果化不依时，物亦不生；礼贵区别，所以男女无别就会出乱子。这是天地的本性。

及夫礼乐之极乎天而蟠乎地[①]，行乎阴阳而通乎鬼神，穷高极远而测深厚。乐著太始[②]，而礼居成物[③]。著不息者天也，著不动者地也。一动一静者，天地之间也[④]。故圣人曰礼乐云[⑤]。

注释

①蟠：环绕，分布。

②太始：初始。指创始万物的天。

③成物：指形成万物的地。

④间：郑玄说是“百物”。

⑤曰礼乐云：从“王者功成作乐”至此，为《乐礼》篇。

译文

说到礼乐的功能，上达于天，下至于地，可以行乎阴阳，可以通于鬼神，无远弗届，无微不至。乐显示创始万物的天，礼体现形成万物的地。显示着不停运动的是天，显示着静止不动的是地。一动一静，就生成了天地间的一切。所以圣人治理天下，言必称礼乐。

昔者舜作五弦之琴以歌《南风》[①]，夔始制乐以赏诸侯[②]。故天子之为乐也，以赏诸侯之有德者也。德盛而教尊，五谷时孰，然后赏之以乐。故其治民劳者，其舞行缀远[③]；其治民逸者，其舞行缀短。故观其舞，知其德；闻其谥，知其行也。《大章》[④]，章之也。《咸池》[⑤]，备矣。《韶》[⑥]，继也。《夏》[⑦]，大也。殷周之乐[⑧]，尽矣[⑨]。

注释

①五弦之琴：传说神农作琴，舜只是去掉琴上的文武二弦，留下宫商角徵羽五根弦。《南风》：歌曲名。郑玄说“其辞未闻”。王肃引《尸子》及《孔子家语》，云其辞为：“南风之薰兮，可以解吾民之愠兮！南风之时兮，可以阜吾民之财兮！”

②夔（kuí）：人名，舜的乐官。

③舞行（háng）：舞的行列。缀：舞位的标志。舞位标志间隔远，表示舞者稀少。

④《大章》：尧之乐名。

⑤《咸池》：黄帝所作乐名。咸，皆也。池之言施也。

⑥《韶》：舜之乐名。韶之言绍也。

⑦《夏》：禹所制乐名。

⑧殷周之乐：殷之乐名叫《大濩》，周之乐名叫《大武》。

⑨尽矣：夏代以前，其乐以文德命名；殷周二代，其乐以武功命名。命名之法，不外乎文德和武功二途，故曰"尽矣"。

译文

从前舜制作五弦之琴来演奏《南风》，夔开始制乐以赏赐诸侯。由此看来，天子的制乐，是用来赏赐有德的诸侯的。作为诸侯，如果德行隆盛，尊重教化，五谷丰登，做到了这几点才能够被赐以乐。所以，凡是治下人民劳困的，赏给他的舞队就人员稀少；凡是治下人民安乐的，赏给他的舞队就人员众多。所以，观察诸侯的舞队，就可以知道他的德行；这就好比听到某人的谥号，就可以知道他的生前行事一样。尧之乐叫《大章》，意思是尧的德行昭彰。黄帝之乐叫《咸池》，意思是黄帝之德普施天下。舜之乐叫《韶》，意思是舜能绍继尧之德行。禹之乐叫《夏》，意思是禹能发扬光大尧舜之德。以上都是以文德命名的，如果再加上以武功命名的殷周之乐，命名的方式也就全了。

天地之道，寒暑不时则疾，风雨不节则饥。教者[1]，民之寒暑也，教不时则伤世。事者，民之风雨也，事不节则无功。然则先王之为乐也，以法治也，善则行象德矣。夫豢豕为酒，非以为祸也；而狱讼益繁，则酒之流生祸也[2]。是故先王因为酒礼。壹献之礼[3]，宾主百拜，终日饮酒而不得醉焉。此先王之所以备酒祸也。故酒食者，所以合欢也；乐者，所以象德也；礼者，所以缀淫也[4]。是故先王有大事，必有礼以哀之；有大福，必有礼以乐之。哀乐之分，皆以礼终。乐也者，圣人之所乐也，而可以善民心，其感人深，其移风易俗易[5]，故先王著其教焉。

注释

①教：指乐而言。下文“事”指礼。

②流：过度，过量。

③壹献之礼：孔颖达说：“谓士之飨礼，唯有一献。言所献酒少也。从初至末，宾主相答而有百拜。言拜数多也。是意在于敬不在酒也。”

④缀：通“辍”，停止。

⑤其移风易俗易：下“易”字原脱，据王念孙校补。

译文

按照天地运行的规律，该热不热该冷不冷人就会生病，风雨不调就会发生饥荒。乐教对于人民来说就好比是寒暑交替，乐教不及时就会损害世道人心。礼制对于人民来说就好比是风雨，礼制没有节制办事就不会奏效。由此看来，先王的制乐，就是用它来作为治理人民的一种方法，用得好就能使人们的行为合乎道德。譬如养猪酿酒，本来不是为了制造祸端，但是打官司的却日益增多，这就是饮酒无度造成的。先王有鉴于此，就特地制定了饮酒之礼。就为一次敬酒，宾主之间就要行很多礼，这样一来，即令整天饮酒也不至于喝醉。这就是先王防备酗酒闹事的方法。所以喝酒吃饭，是为了皆大欢喜，增进友谊。乐是用来表现德行的，礼是用来制止越轨行为的。所以先王有了死丧之类大事，一定要用适当的礼表示悲哀；先王有了喜庆之类的大事，一定要用适当的礼表示欢乐。悲哀和欢乐的程度，都以礼的规定作为标准。乐是圣人所喜欢的，因其可以改善民心，感人至深，容易移风易俗，所以先王才注重乐的教化。

夫民有血气心知之性，而无哀乐喜怒之常，应感起物而动[1]，然后心术形焉。是故志微、噍杀之音作[2]，而民思忧；啴谐、慢易、繁文、简节之音作，而民康乐；粗厉、猛起、奋末、广贲之音作[3]，而民刚毅；廉直、劲正、庄诚之音作，而民肃敬；宽裕、肉好、顺成、和动之音作[4]，而民慈爱；流辟、邪散、狄成、涤滥之音作[5]，而民淫乱。是故先王本之情性，稽之度数[6]，制之礼义，合生气之和，道五常之行[7]，使之阳而不散，阴而不密，刚气不怒，柔气不慑，四畅交于中，而发作于外，皆安其位而不相夺也。然后立之学等，广其节奏，省其文采，以绳德厚，律小大之称，比终始之序，以象事行[8]，使亲疏、贵贱、长幼、男女之理皆形见于乐。故曰：“乐观其深矣。”

注释

①应感起物而动：《汉书·礼乐志》无“起物”二字，文义更顺。

②志微：《汉书》作“纤微”。噍杀（jiāoshài）：急促而衰微。

③贲：通“愤”。

④肉好：璧的周边叫肉，其孔叫好。此处譬喻声音的圆转而润泽。

⑤狄成：王引之说：狄，通“逖”。“成”是“戉”字之讹，而戉又通“越”。总之，“狄成”就是《吕氏春秋·音初》篇的“逖越”。今按：据王说则“逖越”为轻佻之义。

⑥度数：指十二律上生下生，损益之度数。

⑦道：引导。五常之行：仁、义、礼、智、信五种道德。

⑧以象事行：使五声各像其代表之物。如宫象君、商象臣等。

译文

人都具有血气，又有知好歹的本性，但其喜怒哀乐的感情却不是固定不变的。这取决于外界是怎样的感动人的内心，人的内心也就表现出相应的感情。譬如说，在演奏细微急促的曲调时，人们就感到忧郁；在演奏宽和、平缓、含义丰富而节奏简明的曲调时，人们就感到舒畅；在演奏粗厉、发声有力而收声昂奋、充满激情的曲调时，人们就感到振奋；在演奏清明、正直、端庄、诚恳的曲调时，人们就感到肃然起敬；在演奏宽舒、圆润、流畅、柔和的曲调时，人们就感到慈爱；在演奏流荡、邪僻、轻佻、放纵的曲调时，人们就感到淫乱。所以先王在作乐时，必依据人的性情，参考音律的度数，使其清浊高下各得其宜。既合乎造化的平和，又依循五常的德行，使其阳气发扬而不至流散，阴气收敛而不至闭塞，含刚毅之气而不至发怒，有柔顺之气而不至胆怯，四者交融于中而表现在外，皆安于其位而不互相妨害。然后订立学习的进度，增益其节奏，审查其文采，以量度德的厚薄。同时比照音律度数的匀称，排列章节起讫的次序，以使五声各像其代表之物，使亲疏、贵贱、长幼、男女之间的伦理关系都表现在乐中。所以古人说："从乐当中可以观察到发人深省的东西。"

土敝则草木不长，水烦则鱼鳖不大，气衰则生物不遂，世乱则礼慝而乐淫[1]。是故其声哀而不庄，乐而不安，慢易以犯节，流湎以忘本，广则容奸[2]，狭则思欲[3]，感条畅之气[4]，而灭平和之德，是以君子贱之也[5]。

注释

①慝（tè）：邪恶。《史记·乐节》作"废"。

②广：谓声缓。

③狭：谓声急。

④条畅：《史记》作"涤荡"。王念孙说：条畅，读为"涤荡"。涤荡之气，即与平和之气相反之气。

⑤是以君子贱之也：从"夫民有血气心知之性"至此，为《乐言》篇。

译文

土地贫瘠，草木就不生长；在搅混的水里，鱼鳖就长不大；阴阳之气衰弱，生物就长不成熟；世道混乱，礼就会废弛而乐就放纵无拘。因为放纵无拘，所以听起来其声悲哀却不庄重，快乐却不安详，散漫简易而节奏紊乱，流连缠绵而无所归宿，声一宽缓就包含着邪恶，声一急促就挑动情欲，感发出人们的跌宕情绪，消灭人们平和的德性。所以，君子是鄙视这种音乐的。

凡奸声感人，而逆气应之；逆气成象[①]，而淫乐兴焉[②]。正声感人，而顺气应之；顺气成象，而和乐兴焉[③]。倡和有应，回邪曲直[④]，各归其分，而万物之理，各以类相动也。是故君子反情以和其志，比类以成其行。奸声乱色，不留聪明[⑤]；淫乐慝礼，不接心术；惰慢邪辟之气，不设于身体。使耳目、鼻口、心知、百体皆由顺正，以行其义。然后发以声音，而文以琴瑟，动以干戚[⑥]，饰以羽旄，从以箫管，奋至德之光，动四气之和[⑦]，以著万物之理[⑧]。是故清明象天，广大象地，终始象四时，周还象风雨，五色成文而不乱[⑨]，八风从律而不奸[⑩]，百度得数而有常[⑪]，小大相成[⑫]，终始相生，倡和清浊，迭相为经[⑬]。故乐行而伦清，耳目聪明，血气和平，移风易俗，天下皆宁。故曰：乐者乐也，君子乐得其道，小人乐得其欲。以道制欲，则乐而不乱；以欲忘道，则惑而不乐。

注释

①成象：郑注："谓人乐习焉。"

②淫乐：儒家最卑视之乐，如所谓"郑、卫之音"。

③和乐：儒家最推崇之乐。如上文所说的尧乐《大章》、舜乐《韶》等。

④回：乖违。

⑤聪明：听觉与视觉。

⑥动：谓舞蹈。

⑦四气：指上文所说的阴、阳、刚、柔四气。

⑧以著万物之理：大体上就是上文"使亲疏、贵贱、长幼、男女之理皆形见于乐"的意思。

⑨五色：王引之认为是乐器具备五色。

⑩八风从律而不奸：王引之说：八风，指八音，即金、石、丝、竹、匏、土、革、木八种不同材料所制乐器之音。这一句话就相当于《尚书·尧典》的"八音克谐，无相夺伦"。律：论次。奸：干犯。

⑪百度：即百刻。古代以刻漏计时，一昼夜分为一百刻。

⑫小大：五声之中，宫声最大，羽声最小。大者音低，小者音高。

⑬迭相为经：指五音十二律在不同的月份里交替为主。

译文

凡是邪恶之声影响于人，人身上的邪恶之气就与之呼应；邪恶之气成为一时的风尚，于是淫乐就产生了。凡是纯正之声影响于人，人身上的纯正之气就与之呼应；纯正之气成为一时的风尚，于是和乐就产生了。一唱一和，互相呼应。乖违与邪僻，弯曲与直正，各有各的朋类，这也就是说天下万物都贯穿着这么一条理：同类相应。所以君子就摒弃淫溺之情，以调和自己的心志，效法好的榜样以成就自己的德行。邪恶的声不听，杂乱的色不看；淫荡之乐和非礼之礼，心中根本没有它的位置；惰慢歪邪的习气，不让它沾染身体。使耳目、口鼻、心灵和身体的各个部分都沿着正道，以履行其职能。然后再发为声音，用琴瑟来伴奏；跳武舞时手执干戚，跳文舞时手执羽旄，用箫管来伴奏。这样的乐就能够展现至高道德的光辉，调动四气的协和，从而昭示万物之理。因此，这样的乐，其清澈明朗像天，其无所不载像地，其终而复始像四时，其周回旋转像风雨。虽然乐器的色彩五彩缤纷，但却井然有序。虽然八音杂奏，但也不互相干扰；乐舞虽富于变化，但也像百刻计时那样有一定之规。高音与低音相辅相成，十二律互相配合，或倡或和，或清或浊，轮番为主。所以，这样的乐流行就能使伦类向善，耳聪目明，心气平和，移风易俗，天下皆宁。所以说：乐这个东西，是让人快乐的。但是君子快乐的是得到了仁义，小人快乐的是满足了私欲。用仁义来约束私欲，其结果是得到快乐而不会迷乱；只顾私欲而忘掉仁义，就会陷入迷惑而得不到真正的快乐。

是故君子反情以和其志，广乐以成其教，乐行而民乡方，可以观德矣。德者，性之端也。乐者，德之华也。金石丝竹，乐之器也。诗，言其志也。歌，咏其声也。舞，动其容也。三者本于心，然后乐气从之[①]。是故情深而文明，气盛而化神。和顺积中而英华发外，唯乐不可以为伪。

注释

①气：通“器”。

译文

所以前面说过，君子要摒弃淫溺之情以调和自己的心志，推广乐教来完成教化，乐教推行则人民就归向仁义之道，至此，就可以通过乐教看到君子之德了。所谓德，是人性的发端。所谓乐，则是由德开放出来的花朵。金石丝竹，是乐器。诗是抒发人的心志的，而歌则是拉长声调表达心志的声音，舞则是用种种姿态表达心志的动作。诗、歌、舞三者都是发自内心，然后用乐器为之伴奏。因此，乐所表达的心志，情感深厚而文采鲜明，气氛浓烈而使人潜移默化。和顺的品德积累于心，才能使乐的精华表现于外。有什么样的德，便有什么样的乐，只有乐是虚伪不了的。

乐者，心之动也。声者，乐之象也。文采节奏，声之饰也。君子动其本[①]，乐其象，然后治其饰。是故先鼓以警戒[②]，三步以见方[③]，再始以著往，复乱以饬归[④]，奋疾而不拔[⑤]，极幽而不隐。独乐其志，不厌其道；备举其道，不私其欲。是故情见而义立，乐终而德尊，君子以好善，小人以听过。故曰："生民之道，乐为大焉。"

注释

①本：指心。

②是故句：从此句到"极幽而不隐"，是描写反映武王伐纣的《大武》之乐的演奏情况。

③方：谓方将欲舞。

④乱：乐曲的结束部分。

⑤拔：仓促。

译文

乐是内心活动的表现。声是乐的表现形式。文采节奏是对声的修饰。君子从内心的感动出发，喜爱其表现形式，然后还要讲究文采节奏。例如《大武》之舞，首先要击鼓让众人做好准备，然后踏三次步表示即将舞蹈；一曲既了，再从头开始，以表示第二次出兵才灭掉了商。舞到最后阶段又整齐地回到原来的舞位。舞者步伐迅疾，但不慌乱；表情深刻，但不隐晦。整个舞蹈表现了只有武王能够在其快意之时不忘仁义，完全地施行仁义以利天下，而不是为了私欲。因此，人们不但可以从中看到武王伐纣之事，还可以看出武王伐纣之义。《大武》曲终，武王的德尊地位也昭然显示。观看《大武》，君子会愈益增加其好善之心，小人也会借以反省自己的过错。所以说："治民之道，乐是最重要的。"

乐也者，施也。礼也者，报也[①]。乐，乐其所自生；而礼，反其所自始。乐章德，礼报情反始也。所谓大辂者[②]，天子之车也；龙旂九旒[③]，天子之旌也；青黑缘者[④]，天子之宝龟也；从之以牛羊之群。则所以赠诸侯也[⑤]。

注释

①乐也者四句：郑注："言乐出而不反，而礼有往来也。"

②大辂：天子所乘之车。按：从"所谓大辂者"以下数句，与上下文义不类，疑此上有脱简。

③龙旂九旒：旂上画有龙，且有九根飘带，飘带上亦皆画有龙。

④青黑缘：指龟甲的边缘呈青黑色。只有千岁之龟才有此色。

⑤所以赠诸侯也：从"凡奸声感人"至此，为《乐象》篇。

译文

乐是让人听和看的，只求施予，不求报答。礼则是有来有往，既讲施予，也讲报答。乐是欢乐其发自内心的心情，而礼则要追溯其所从来的起点。乐要表明内在之德，礼则要报答恩情饮水思源。所谓大辂，乃是天子之车；所谓龙旂九旒，乃是天子的旌旗；有青黑色边缘的龟甲，乃是天子的宝龟；再加上成群的牛羊。所有这些东西，都是天子用来赠送来朝将去的诸侯的。

乐也者，情之不可变者也。礼也者，理之不可易者也。乐统同，礼辨异。礼乐之说，管乎人情矣。穷本知变，乐之情也。著诚去伪，礼之经也。礼乐偩天地之情[①]，达神明之德，降兴上下之神[②]，而凝是精粗之体[③]，领父子君臣之节。是故大人举礼乐，则天地将为昭焉。天地䜣合[④]，阴阳相得，煦妪覆育万物[⑤]，然后草木茂，区萌达[⑥]，羽翼奋，角觡生[⑦]，蛰虫昭苏，羽者妪伏，毛者孕鬻，胎生者不殰[⑧]，而卵生者不殈[⑨]，则乐之道归焉耳。

注释

①偩（fù）：依顺。

②降兴：犹言感动。

③凝是：郑注云："凝，成也。"未注"是"字。孔颖达把全句疏通为"言礼乐之能成就正其万物大小之体也"。今姑以"化育"二字对译之。

④䜣（xīn）：同"欣"。

⑤煦妪（xǔyǔ）：覆育。以天降之气养物曰煦，以地腾之气

养物曰妪。

⑥区（gōu）萌：植物出芽。蜷曲而出曰区，直出曰萌。

⑦觡（gé）：没有光滑外皮的角。角觡生，指兽类得到生养。

⑧殰（dú）：流产。

⑨殈（xù）：破裂。

译文

乐所表达的，是感情之不可变易者；礼所表达的，是道理之不可变易者。乐强调调和同一，礼强调区别差异。礼和乐的学说，贯通了全部人情。探索人们内心的本源，推知它的变化规律，这是乐的实质；发扬人们真诚的品德，除去那些虚伪的东西，这是礼的原则。礼和乐能够顺应天地的情意，通达鬼神的恩德，感动天神地祇降临，化育万物大小之体，调整君臣父子的关系。所以圣人推行礼乐，天地就会因此而变得光明起来。天地欣然交合，阴阳互相感应，万物莫不得到覆育。于是草木茂盛，作物萌芽，鸟儿展翅飞翔，兽类活蹦乱跳，蛰虫从冬眠状态中苏醒过来，鸟类孵卵育雏，兽类受孕育子，胎生的不至于流产，卵生的不至于蛋壳破裂。这一切都应归之于乐的功能。

乐者，非谓黄钟、大吕、弦歌、干扬也[①]，乐之末节也，故童者舞之。铺筵席[②]，陈尊俎，列笾豆，以升降为礼者，礼之末节也，故有司掌之。乐师辨乎声诗，故北面而弦；宗祝辨乎宗庙之礼，故后尸；商祝辨乎丧礼[3]，故后主人[4]。是故德成而上，艺成而下，行成而先，事成而后。是故先王有上有下，有先有后，然后可以有制于天下也[5]。

注释

①黄钟、大吕：黄钟是十二律中阳律之首，大吕是十二律中阴律之首。此以黄钟、大吕代表乐律。

②筵席：筵与席是同义词，浑言无别。析言之，则铺在下面挨着地面的叫筵，铺在筵上的叫席。

③商祝：熟悉商代丧葬礼仪的太祝。

④故后主人：郑玄注此前几句云："知本者尊，知末者卑。"也就是知其所以然者尊，只知其然者卑。

⑤有制于天下也：从"乐也者"至此句，为《乐情》篇。

译文

所谓乐，并非是指黄钟大吕、弹琴唱歌、举盾而舞，这些只不过是乐的细微末节，所以让儿童们表演表演就够了。所谓礼，也并非是指铺设筵席、陈设酒食、陈列礼器，以及登堂下阶、上前退后等，这些也只不过是礼的细微末节，所以让办事人员去办就可以了。乐师光懂得声律诗句，所以只能面北操弦；宗祝光懂得宗庙中的礼节，所以只能跟在尸的屁股后面赞助礼仪；商祝光懂得丧葬之礼，所以只能跟在孝子身后提醒礼仪。由此看来，凡是深明道理的应在上，只懂得技艺的应在下；深明道理的应在前，只懂得技艺的应在后。因为先王明白这种有上有下、有先有后的道理，所以才能为天下制礼作乐。

魏文侯问于子夏曰[①]："吾端冕而听古乐[②]，则唯恐卧。听郑、卫之音，则不知倦。敢问古乐之如彼，何也？新乐之如此，何也？"子夏对曰："今夫古乐：进旅退旅[③]，和正以广。弦匏笙簧[④]，会守拊鼓[⑤]。始奏以文[⑥]，复乱以武[⑦]。治乱以相[⑧]，讯疾以雅[⑨]。君子于是语，于是道古。修身及家，平均天下。此古乐之发也。今夫新乐：进俯退俯[⑩]，奸声以滥，溺而不止。及优侏儒[⑪]，獶杂子女[⑫]，不知父子。乐终不可以语，不可以道古。此新乐之发也。今君之所问者乐也，所好者音也。夫乐者，与音相近而不同。"

注释

①魏文侯：战国时魏国的建立者。名斯。公元前445—前396年在位。传说他曾拜子夏为师。

②端冕：身穿玄端（上身是缁衣，下身是杂色之裳），头戴礼冠。表示尊敬。古乐：谓先王之正乐。

③旅：共同。

④弦：指琴瑟等弦乐器。匏（páo）：笙类管乐器。

⑤拊鼓：两种打击乐器。拊，即拊搏。拊和鼓都是领奏乐器。击拊后堂上的其他乐器才合奏，击鼓后堂下的其他乐器才合奏。

⑥文：指鼓。

⑦武：指铙。复乱：《乐书》作"止乱"。乱：曲和舞的结

尾部分。

⑧相：即拊。参看注⑤。

⑨讯：治也。雅：乐器名。形如漆桶，但口小肚大，肚围两围，长五尺六寸，用羊皮蒙口，系有两根带子。有点像现在的腰鼓。

⑩俯：曲也。言不齐一。

⑪优：俳优。侏儒：矮子。古代杂技滑稽演员多以矮子充任。

⑫揉：通“糅”。

译文

魏文侯向子夏问道：“我穿上礼服戴上礼帽神情恭敬地去听古乐，就唯恐打瞌睡。要是听郑、卫之音，反倒不知疲倦。请问古乐让我产生那样的感觉是何原因，而新乐又让我产生这样的感觉又怎样解释。”子夏回答道：“现在先说古乐：舞蹈时同进同退，整齐划一；唱歌时曲调平和中正而宽广。各种管弦乐器都在静候拊鼓的指挥，拊鼓一响，众乐并作。开始表演时击鼓，结束表演时击铙。用相来调节收场之歌曲，用雅来控制快速的节奏。表演完毕，君子还要发表一通议论，借古喻今，当然不外乎都是修身齐家治国平天下的道理。这就是古乐的演奏情形。再说新乐：舞蹈的动作参差不齐，唱歌的曲调邪恶放荡，使人沉湎其中而不能自拔。再加上俳优侏儒的逗趣，男女混杂，父子不分。表演完毕，让人无法给以评论，也谈不上借古喻今。这就是新乐的演奏情形。现在您问的是乐，而您所喜欢的是音。乐这个东西，与音相近而不相同。”

文侯曰："敢问何如？"子夏对曰："夫古者天地顺而四时当，民有德而五谷昌，疾疢不作而无妖祥[①]，此之谓大当。然后圣人作，为父子君臣，以为纪纲。纪纲既正，天下大定。天下大定，然后正六律[②]，和五声，弦歌诗颂，此之谓德音。德音之谓乐。《诗》云：'莫其德音，其德克明。克明克类，克长克君，王此大邦，克顺克俾。俾于文王，其德靡悔。既受帝祉，施于孙子[③]。'此之谓也。今君之所好者，其溺音乎[④]？"

注释

①疢（chèn）：热病，也泛指病。妖祥：灾祸的先兆。

②六律：实指六律、六吕，即十二乐律。

③《诗》：见《诗·大雅·皇矣》。《皇矣》是周人自叙其开国历史的史诗之一。莫：《广雅·释诂》："莫，布也。"类：勤施无私曰类。俾：当作"比"，谓择善而从。悔：谓小过失。施（yí）：延及。

④溺音：使人意志消沉之音。

译文

文侯说："请问此话怎讲？"子夏答道："古时候天地运行正常，四季风调雨顺，人民道德高尚而五谷丰登，疾病不生，也没有灾祸，这叫做太平盛世。然后圣人兴起，定下君臣父子的名分，作为人际关系的准则。准则有了，于是天下大治。天下大治，然后考正乐律，调和五声，演奏乐器来歌唱，创作诗篇来赞颂，这就叫做‘德音’。德音才能称作乐。《诗经》上说：‘王季的美名传播四方，他的德行能够普照天下。既能普照天下，又能施惠于民，所以能够为人师表，能够成为国君，统治一方，能够顺应民心，能够择善而从。等到文王继位，他的道德高尚，连一点小毛病也没有，不但能得到上天的赐福，还能把福泽传给子孙。’说的就是这个意思。如今您所喜好的，大概是叫做溺音的玩意儿吧!”

文侯曰：“敢问溺音何从出也？”子夏对曰：“郑音好滥淫志，宋音燕女溺志[①]，卫音趋数烦志[②]，齐音敖辟乔志[③]。此四者，皆淫于色而害于德，是以祭祀弗用也[④]。《诗》云：‘肃雍和鸣，先祖是听[⑤]。’夫肃肃，敬也；雍雍，和也[⑥]。夫敬以和，何事不行？为人君者，谨其所好恶而已矣。君好之，则臣为之。上行之，则民从之。《诗》云：‘诱民孔易[⑦]。’此之谓也。然后圣人作，为鞉、鼓、椌、楬、埙、篪[⑧]，此六者，德音之音也[⑨]。然后钟、磬、竽、瑟以和之，干、戚、旄、狄以舞之[⑩]，此所以祭先王之庙也，所以献酬酳酢也[⑪]，所以官序贵贱各得其宜也，所以示后世有尊卑长幼之序也。钟声铿，铿以立号，号以立横[⑫]，横以立武。君子听钟声，则思武臣。石声磬[⑬]，磬以立辨，辨以致死。君子听磬声，则思死封疆之臣。丝声哀，哀以立廉，廉以立志。君子听琴瑟之声，则思志义之臣。竹声滥[14]，滥以立会，会以聚众。君子听竽笙箫管之声，则思畜聚之臣。鼓鼙之声讙[15]，讙以立动，动以进众。君子听鼓鼙之声，则思将帅之臣。君子之听音，非听其铿锵而已也，彼亦有所合之也[16]。"

注释

①燕：安宁。

②趋数：郑玄注："读为'促速'，声之误也。"

③敖辟：即傲僻。乔：通"骄"。

④此四者三句：郑玄说："言四国皆出此溺音。祭祀不用淫乐。"

⑤《诗》云二句：见《诗·周颂·有瞽》。《有瞽》是周王合乐祭祖之诗。

⑥夫肃肃四句：顾炎武说："《诗》本'肃''雍'一字，前引之二字者，长言之也。"长言之，盖拖长声调之谓也。

⑦《诗》云句：见《诗·大雅·板》。孔：很，甚。

⑧鞉（táo）：有柄的摇鼓，俗称"拨浪鼓"。椌楬（qiāng qià）：即柷和敔。埙（xūn）：古代用陶土烧制的一种吹奏乐器。篪（chí）：古代用竹管制成的一种吹奏乐器。

⑨德音之音：上述六种乐器发出的声音质素单一，所以是道德之音。后"音"字作乐器解。

⑩狄：通"翟"，野鸡尾巴上的长毛。文舞所执道具。

⑪献酬酳（yìn）酢：献、酬都是敬酒，酳是食毕以酒漱口，酢是回敬酒。这里是泛指宴饮宾客的各种礼仪。

⑫横（guǎng）：通“犷”。谓充满勇气。

⑬磬：《乐书》作“硁”（kēng），谓声音果劲。

⑭滥：谓宽广。

⑮讙：通：“喧”。

⑯彼亦有所合之也：从“魏文侯问于子夏”至此，为《魏文侯》篇。

译文

文侯又问道：“请问溺音从何而来呢？”子夏答道：“郑国之音多是男女偷情，使人心志淫荡；宋国之音留恋妻妾，使人意志消沉；卫国之音节奏急促，使人心情烦乱；齐国之音傲慢邪僻，使人志骄意满。这四国之音，都偏重于色情而有害于道德，所以不用之于祭祀的。《诗经》上说：‘肃雍和鸣之音，祖先才喜欢听。’所谓肃肃，就是肃敬之义；所谓雍雍，就是和谐之义。如果能做到既肃敬又和谐，还有什么事办不成呢？当国君的，能对自己的好恶采取谨慎态度就好了。因为国君喜欢什么，臣下也就跟着喜欢什么；君长做什么，百姓也就跟着做什么。《诗经》上说：‘诱导民众是很容易的。’说的就是这个道理。然后才有圣人出来，制成鞉、鼓、椌、楬、埙、篪，这六种乐器，是能够发出德音的乐器。然后再用钟、磬、竽、笙来伴奏，使文质相杂，再加上手执干、戚、旄、翟的舞蹈。这样的乐就可以用来祭祀先王之庙了，就可以用来设宴接待宾客了，就可以用来排列官爵高低、身份贵贱而无不得当了，就可以启示后人，使他们懂得有尊卑长幼的次序了。钟声洪亮，洪亮就可以用来发号施令，有了号令就会使人充满勇气，充满勇气则战无不胜。因此，君子听到钟声，就会想到武将。磬声坚定有力，坚定有力的声音使人明辨是非，明辨是非就会为真理献身。因此，君子听到磬声，就会想到那些为保卫国家而捐躯之臣。琴瑟之声悲哀，悲哀的声音使人清廉刚正，清廉刚正就会守志不阿。因此，君子听到琴瑟之声，就会想到刚正不阿之臣。管乐器的声音宽广，宽广的声音使人会合，会合就能聚众。因此，君子听到管乐器的声音，就会想到善于安抚百姓之臣。鼓鼙之声喧闹，喧闹的声音让人激动，激动就会率众前进。因此，君子听到鼓鼙之声，就会想到将帅之臣。由此看来，君子听音乐，并不是只听那铿锵悦耳的声音，而是要从乐声中听出某种会心的东西来。”

宾牟贾侍坐于孔子[①]，孔子与之言。及乐，曰：“夫《武》之备戒之已久[②]，何也？”对曰：“病不得其众也。”“咏叹之[③]，淫液之[④]，何也？”对曰：“恐不逮事也。”“发扬蹈厉之已蚤[⑤]，何也？”对曰：“及时事也。”“《武》坐，致右[⑥]，宪左[⑦]，何也？”对曰：“非《武》坐也[⑧]。”“声淫及商，何也？”对曰：“非《武》音也。”子曰：“若非《武》音，则何音也？”对曰：“有司失其传也。若非有司失其传，则武王之志荒矣。”子曰：“唯。丘之闻诸苌弘[⑨]，亦若吾子之言是也。”

注释

①宾牟贾：人名。复姓宾牟，名贾。其余不详。

②备戒：指击鼓警众。已：太，甚。

③咏叹：指歌声之曼长。

④淫液：谓声音绵延不绝。

⑤已蚤：太早。蚤，通“早”。实谓舞一开始。

⑥致：谓膝至地。

⑦宪：通“轩”，抬起。

⑧非《武》坐也：孙希旦说：“《武》乱（结束时）皆坐，坐则当两足皆致于地，今乃致其右而轩其左，则非《武》坐也。”

⑨苌（cháng）弘：春秋时周大夫，字苌叔。事迹略见《国语·周语下》。传说孔子曾问乐于苌弘。

译文

宾牟贾在孔子身边陪坐，孔子和他谈话。当话题涉及乐时，孔子问道：“《大武》表演开始前长时间的击鼓警众，你说象征什么呢？”宾牟贾答道：“象征武王开始伐纣时担心得不到众诸侯的支待。”孔子又问：“《武》乐的曲调曼长，绵延不绝，这又象征什么呢？”宾牟贾答道：“象征武王担心诸侯率兵迟到，赶不上参加战斗。”孔子又问：“舞蹈一开始就威武雄壮地举手顿足，这又象征什么呢？”宾牟贾答道：“这象征及时抓住战机，速战速决。”孔子又问：“《武》舞的跪姿是右膝着地，左膝抬起，这象征什么呢？”宾牢贾答道：“您所说的跪姿不是《武》舞的跪法。”孔子又问：“有人说《武》乐之歌有贪图商朝政权的意思，这是为什么呢？”宾牟贾答道："这根本就不是《武》乐之音。"孔子又问："如果不是《武》乐之音，那又是什么音呢？"宾牟贾答道："这恐怕是乐官传授有差错。如果不是乐官传授有差错，那就是武王一时糊涂了。"孔子说："是的。我从苌弘那儿听来的，和您所讲的一模一样。"

宾牟贾起，免席而请曰[①]："夫《武》之备戒之已久，则既闻命矣[②]。敢问迟之迟而又久[③]，何也？"子曰："居，吾语女。夫乐者，象成者也。总干而山立，武王之事也。发扬蹈厉，大公之志也[④]。《武》乱皆坐，周召之治也[⑤]。且夫《武》，始而北出，再成而灭商，三成而南，四成而南国是疆，五成而分，周公左，召公右，六成复缀，以崇天子[⑥]。夹振之而驷伐[⑦]，盛威于中国也。分夹而进，事蚤济也[⑧]。久立于缀，以待诸侯之至也。且女独未闻牧野之语乎[⑨]？武王克殷，反商[⑩]，未及下车，而封黄帝之后于蓟[⑪]，封帝尧之后于祝[⑫]，封帝舜之后于陈[⑬]。下车而封夏后氏之后于杞[⑭]，投殷之后于宋[⑮]，封王子比干之墓[⑯]，释箕子之囚[⑰]，使之行商容而复其位[⑱]。庶民弛政，庶士倍禄。济河而西，马散之华山之阳而弗复乘，牛散之桃林之野而弗复服[⑲]，车甲衅而藏之府库而弗复用[⑳]。倒载干戈，包之以虎皮，将帅之士使为诸侯，名之曰

'建櫜'[21]。然后天下知武王之不复用兵也。散军而郊射：左射，《狸首》[22]；右射，《驺虞》[23]；而贯革之射息也[24]。裨冕[25]，搢笏，而虎贲之士说剑也[26]。祀乎明堂而民知孝。朝觐[27]，然后诸侯知所以臣。耕藉[28]，然后诸侯知所以敬。五者[29]，天下之大教也。食三老、五更于大学[30]，天子袒而割牲，执酱而馈，执爵而酳，冕而总干，所以教诸侯之弟也[31]。若此，则周道四达，礼乐交通，则夫《武》之迟久，不亦宜乎[32]!"

注释

①免席：避席，离席。表示尊敬。

②闻命：领教。指自己的回答得到孔子的肯定。

③迟之迟：指舞者每节舞结束时都要在舞位（即所谓"缀"）上久立不动。二"迟"字皆读zhì，等待。

④大公：即吕尚，俗称姜太公。

⑤召（shào）：指召公姬奭（shì），周武王弟。因采邑在召（今陕西岐山西南），故称。曾佐武王灭商，被封于燕。成王时任太保，与周公旦分陕（今河南陕县）而治，陕以西由他治理。

⑥且夫《武》十句：这是解说《武》舞的六节表演过程及其象征意义的。武舞的缀位有四：西边南端为第一缀，西边北端为第二缀，东边北端为第三缀，东边南端为第四缀，很象正方形的四个角的位置。每一节舞毕，即顺序移动一个缀位。第一节是象征武王出兵至孟津等待诸侯，舞毕，由第一缀进至第二缀。第二节是象征武王率领诸侯东进灭商的，舞毕，进至第三缀。第三节

是象征武王克商后又回师南向，所以舞毕进至第四缀。第四节是象征南方被收入版图的，所以舞毕大约仍是停留在第四缀未动。第五节是象征周公、召公一左一右辅佐天子的，所以舞者由一行变为两行，一向第三缀前进，一向第二缀前进。第六节象征武王回师镐京，受到诸侯拥戴，所以又回到第一缀。成：一曲终了，一节结束。　缀：舞位。

⑦振：郑注："振铎以为节。"驷：通"四"。伐：一击一刺为一伐。

⑧事：犹"为"也。

⑨牧野之语：谓对《武》乐的评论。此"语"，即上文"君子于是语"之语。牧野：古地名。在今河南淇县西南，距殷都朝歌（今淇县）很近，是武王大败殷军之处。

⑩反：郑玄说是"及"字之误。

⑪蓟（jì）：古地名。在今北京市西南。

⑫祝：古国名。在今山东长清县东北。

⑬陈：古国名。都宛丘（今河南淮阳），在今河南东部和安徽一部分。

⑭杞：古国名。在今河南杞县。

⑮宋：古国名。都商丘（今河南商丘县）。武王封殷纣庶兄微子启于此。

⑯比干：殷纣的叔父。殷纣淫乱不止，比干强谏，纣怒，说："我听说圣人的心有七个孔。"于是比干被剖心而死。死后未以礼葬，乃增大其坟头，故曰封。

⑰箕子：也是纣的叔父。纣杀比干，箕子惧，乃佯狂为奴，而纣又囚之。

⑱使之句：郑玄说："行，犹视也。使箕子视商礼乐之官，贤者所处，皆令反其居也。"

⑲桃林：古地区名。在今河南灵宝以西，陕西潼关以东地区。

⑳衅：谓以血涂物。《史记》此字作“弢”。弢是弓套，引申为包裹义。译文从《史记》。

㉑建櫜（gāo）：谓不再用干戈。建，通“鞬”，藏弓之袋。櫜：收藏兵器的袋子。按：“名之曰建櫜”句当在“包之以虎皮”句后，文义方顺。

㉒《狸首》：逸《诗》篇名。据《射义》，诸侯射箭以《狸首》之曲为节拍。

㉓《驺虞》：《诗·召南》篇名。天子射箭以《驺虞》之曲为节拍。

㉔贯革：穿透铠甲。贯革之射是军射，重在杀伤，与习礼之射目的不同。

㉕裨冕：礼服礼帽。

㉖虎贲（bēn）之士：谓勇士。贲，通“奔”。如虎奔（追赶）兽，故称。

㉗朝觐：据《周礼·大宗伯》，诸侯朝见天子，“春见曰朝，夏见曰宗，秋见曰觐，冬见曰遇”，这里是以部分代全体。

㉘耕藉：耕藉的目的是保障祭祀所用粢盛。

㉙五者：指郊射、裨冕、祀乎明堂、朝觐、耕藉。

㉚食（sì）三老、五更：天子以父兄之礼供养三老、五更，目的是为诸侯作出孝悌的榜样。

㉛弟：通“悌”。

㉜不亦宜乎：从“魏文侯问于子夏曰”至此，为《宾牟贾》篇。

译文

宾牟贾闻言站起，离开席位，恭恭敬敬地问道："关于《武》乐表演开始前为什么要长时间击鼓警众等问题，已经领教了。而舞者每舞完一节都要亮相好大一会儿，请问这是象征什么呢？"孔子说："请坐下，听我慢慢给你讲。首先要明白，乐这种东西，它是象征已经完成之事的。从《武》的细节上讲，舞者手持盾牌，稳立如山，这象征武王的威重之容。舞者举手顿足，威武雄壮，这象征太公的必胜决心。《武》舞表演到最后演员都跪了下来，这象征周公、召公的以文治替代武功。再从《武》乐的表演过程来讲，第一节象征武王北出孟津等待诸侯会合，第二节象征武王灭商，第三节象征回师向南，第四节象征南国归入版图，第五节时舞者分为两列，这象征周公和召公一左一右地辅佐天子，第六节时舞者回到表演开始的位置，这象征诸侯凯旋，尊崇武王为天子。在表演过程中，有时在舞队的两侧各有一人摇动铎铃，而舞者以戈矛四度击刺，这象征军威雄壮，威振中国；有时舞者像将帅部署士卒，又摇动铎铃夹队而进，这象征要早一点渡河伐纣。至于舞者站在舞位上久立不动，这象征武王在等待各路诸侯的到来。再说，你难道没有听说过对《武》乐的评论吗？武王战胜了殷纣王，来到了殷都，未等下车，就把黄帝的后代封于蓟，把帝尧的后代封于祝，把帝舜的后代封于陈。下车以后又封夏禹的后代于杞，把商汤的后代安置于宋，整修了王子比干的墓，把箕子从牢中释放出来，让他去寻访商代的礼乐之官并且官复原位。为民众废除了殷纣的苛捐杂税，为一般士人成倍地增加俸禄。然后渡过黄河向西，把驾车的马放牧于华山南面，表示不再用它们拉战车；把牛放牧于桃林的原野，表示不再役使它们；把兵车铠甲盖好包好以后收藏到府库里，表示不再使用它们。把干戈等武器倒放，用虎皮包裹起来，这叫做‘把干戈束之高阁’。把带兵的将帅封为诸侯。这样一来，普天之下都知道武王不再用兵打仗了。解散了军队，在郊外的学宫举行射箭比赛。诸侯在东郊习射时，奏《狸首》之曲；天子在西郊习射时，奏《驺虞》之曲。战场上那种穿透铠甲的射箭停止了。大家都穿上了礼服，戴着礼帽，腰插笏板，而勇士也不身带佩剑了。天子在明堂祭祀祖先，而民众也就懂得孝道了。诸侯定期朝见天子，然后诸侯就懂得如何做臣下了。天子亲自耕种藉田，然后诸侯就懂得如何敬祖了。这五件事，是对天下进行教化的重大举措。在太学中宴请三老、五更，天子袒开衣襟亲自切割牲肉，捧着酱请他们吃，端起酒请他们漱口，还头戴礼帽，手执盾牌，为他们起舞。这是示范诸侯怎样敬老养老。像这样，周代的教化就普及四海，礼乐都得到贯彻，而这又非一朝一夕之功，由此看来，舞者每舞完一节都要亮相好大一会儿，不也是理所当然的吗？”

君子曰：礼乐不可斯须去身。致乐以治心[①]，则易直子谅之心油然生矣[②]。易直子谅之心生则乐，乐则安，安则久，久则天，天则神，天则不言而信，神则不怒而威。致乐以治心者也。致礼以治躬则庄敬[③]，庄敬则严威。心中斯须不和不乐，而鄙诈之心入之矣。外貌斯须不庄不敬，而易慢之心入之矣。故乐也者，动于内者也；礼也者，动于外者也。乐极和，礼极顺，内和而外顺，则民瞻其颜色而弗与争也，望其容貌而民不生易慢焉。故德辉动于内[4]，而民莫不承听；理发诸外[5]，而民莫不承顺。故曰：致礼乐之道，举而错之天下[6]，无难矣。

注释

①致乐以治心：郑注：“致，犹深审也。乐由中出，故治心。”

②子：通“慈”。

③致礼以治躬：郑注：“躬，身也。礼自外作，故治身。”

④德辉：谓面部颜色润泽。

⑤理：指举动皆合规矩。

⑥错：通“措”，施也。

译文

君子说：礼乐不可片刻离身。深刻体会乐的作用并用以陶冶内心，平易正直慈爱诚信的心就会自然而然地产生。有了平易正直慈爱诚信之心就自然感到快乐，感到快乐就会心神安宁，心神安宁就会生命长久，久而久之就会被人信之如天，畏之如神。这就有如天虽不言，而四季的交替从不失信；神虽不怒，而人人敬畏其威。这就是深刻体会乐的作用从而陶冶内心的结果。深刻体会礼的作用并用来整饬自身的外貌，就会给人以庄重恭敬之感，这种庄重恭敬之感又会使人感到威严。如果内心有片刻的不和不乐，卑鄙诈伪的念头就会乘隙而入；如果外貌有片刻的不庄不敬，轻易怠慢的心志就会乘隙而入。所以说，乐这个东西，是影响人的内心的；礼这个东西，是影响人的外貌的。乐追求的目标在于和，礼追求的目标在于顺。内心和悦而外貌恭顺，那么民众只要看到他的脸色就不会与他相争了，只要望见他的容貌就不敢有轻慢的念头了。由此可见，面色和善发自内心而民众莫不乐于听从，动作中规展现于外而民众莫不乐于顺从。所以说：深刻的体会礼乐之道，并将它用来治理天下，就没有什么难办的事情了。

乐也者，动于内者也。礼也者，动于外者也。故礼主其减，乐主其盈。礼减而进，以进为文；乐盈而反，以反为文[①]。礼减而不进则销，乐盈而不反则放。故礼有报[②]，而乐有反。礼得其报则乐，乐得其反则安。礼之报，乐之反，其义一也[③]。

注释

①礼减而进四句：郑玄说："进，谓自勉强也。反，谓自抑止也。文，犹美也、善也。"

②报：通"褒"，亦进取之义。

③礼之报三句：谓不温不火，适得其中为最好。

译文

乐这个东西，是影响到人的内心的；礼这个东西，是影响到人的外貌的。所以礼注重谦逊退让，乐注重丰满充实。礼虽注重谦让，但也要自我勉励，以自我勉励为美；乐虽注重丰满充实，但也要自我抑制，以自我抑制为美。礼注重谦让，如不自我勉励，就会由于谦让过分而导致礼数有缺。乐注重充实，如不自我抑制，就会由于充实过头而导致放纵。所以礼讲究自我勉励而乐讲究自我抑制。礼做到了讲究自我勉励就会感到快乐，乐做到了讲究自我抑制就会感到安宁。礼的自我勉励，乐的自我抑制，都是为了做到恰到好处，所以二者的道理是一样的。

夫乐者，乐也，人情之所不能免也。乐必发于声音①，形于动静②，人之道也。声音、动静，性术之变，尽于此矣。故人不耐无乐③，乐不耐无形，形而不为道④，不耐无乱⑤。先王耻其乱，故制《雅》《颂》之声以道之⑥，使其声足乐而不流⑦，使其文足论而不息，使其曲直、繁瘠、廉肉、节奏足以感动人之善心而已矣⑧，不使放心邪气得接焉。是先王立乐之方也。是故乐在宗庙之中，君臣上下同听之，则莫不和敬；在族长乡里之中⑨，长幼同听之，则莫不和顺；在闺门之内，父子兄弟同听之，则莫不和亲。故乐者，审一以定和⑩，比物以饰节⑪，节奏合以成文，所以合和父子君臣、附亲万民也。是先王立乐之方也。故听其《雅》《颂》之声，志意得广焉；执其干戚，习其俯仰诎伸，容貌得庄焉。行其缀兆⑫，要其节奏⑬，行列得正焉，进退得齐焉。故乐者，天地之命⑭，中和之纪，人情之所不能免也。

注释

①乐必发于声音：如“嗟叹之，咏歌之”是也。

②形于动静：如“手之舞之，足之蹈之”是也。

③耐：古“能”字。下同。

④形：指声音、动静。道：通“导”。下同。

⑤乱：乱子。小而至于淫乱，大而至于亡国。

⑥《雅》《颂》：《诗经》内容和乐曲分类的名称。《雅》是朝廷的乐曲，《颂》是宗庙祭祀的乐曲。这是所谓典雅纯正之声。

⑦流：淫放。

⑧繁瘠：王念孙据《荀子》与《史记》校，说当作“繁省”，是。

⑨族长乡里：皆古代行政单位。百家为族，二百五十家为长，一万二千五百家为乡，二十五家为里。此处是泛指。

⑩一：谓中音。指五音中之宫声。

⑪比物：谓配合上各种乐器。

⑫缀兆：缀是舞位的标志。兆是舞者活动的范围。

⑬要：会，符合。

⑭命：王念孙据《荀子》《史记》校作“齐”，是。“齐”是合同而化之义。

译文

音乐和舞蹈，是让人快乐的，这是人之常情，不可或缺。

人有了快乐的事，一定要通过声音来表示，一定要表现于动作，这也是人之常情。声音和动作，作为表达人的心情变化的手段，也不外乎就这两点了。所以人不能没有快乐，快乐又不能不通过声音和动作表现出来，对这种表现如果不给以引导，就不能不出乱子。先王认为出乱子是件丢人的事，所以特地制定《雅》《颂》之声加以引导，使声的曲调足以让人感到快乐而不放荡，使其文辞足以讲求义理而不塞窒，使其声调的曲折与平直、复杂与简单、刚强与柔和、急促与缓慢足以感动人的善心就可以了，不要使放荡之心与邪恶之念影响人心。这就是先王制乐的原则。所以这样的乐，如果在宗庙之中演奏，君臣上下一道来听，就无不和谐肃敬；在地方上演奏，长幼一道来听，就无不和洽顺从；在家门内演奏，父子兄弟一道来听，就无不和睦相亲。所以，这样的乐，是审定一个基调以定调和之音，再配上各种乐器表现其节奏，使节奏合成为乐章，就可以用来使父子、君臣各安其位，和谐相处，使普天之下的百姓亲附。这就是先王制乐的原则。这样的乐，听其《雅》《颂》之声，纯正的思想就会占据脑海；手执盾斧一类的舞具，练习舞蹈的俯仰屈伸姿态，容貌就会变得庄严。按照固定的舞位舞域行进，与乐曲的节奏取得一致，行列就很规矩，进退就很整齐。所以，乐可以说是天地之间最能合同的东西，是协调世间万物的纲纪，是人情不可缺少的东西。

夫乐者，先王之所以饰喜也；军旅鈇钺者[①]，先王之所以饰怒也。故先王之喜怒，皆得其侪焉[②]：喜则天下和之，怒则暴乱者畏之。先王之道，礼乐可谓盛矣[③]。

注释

①铁钺：大斧。可以杀人。此泛指刑戮。

②侪（chái）：同辈，同类。

③礼乐可谓盛矣：从“君子曰”到此句，是《乐化》篇。

译文

乐这个东西，是先王用来表示喜悦的；军队和刑罚这一套，是先王用来表示愤怒的。由此看来，先王的喜悦和愤怒，都找到了相应的表达手段：先王喜悦，则百姓们也跟着喜悦；先王愤怒，则暴乱之徒就害怕。先王的治国之道，礼乐可是起了重大的作用啊。

子赣见师乙而问焉[1]，曰：“赐闻声歌各有宜也。如赐者宜何歌也？”师乙曰：“乙，贱工也，何足以问所宜？请诵其所闻，而吾子自执焉。宽而静，柔而正者，宜歌《颂》。广大而静，疏达而信者，宜歌《大雅》。恭俭而好礼者，宜歌《小雅》。正直而静，廉而谦者，宜歌《风》。肆直而慈爱者，宜歌《商》。温良而能断者，宜歌《齐》。夫歌者，直己而陈德也。动己而天地应焉，四时和焉，星辰理焉，万物育焉。故《商》者，五帝之遗声也。商人识之[2]，故谓之商。《齐》者，三代之遗声也。齐人识之，故谓之《齐》。明乎《商》之音者，临事而屡断。明乎《齐》之音者，见利而让。临事而屡断，勇也。则利而让，义也。有勇有义，非歌孰能保此[3]？故歌者上如抗，下如队[4]，曲如折，止如槁木，倨中矩[5]，句中钩[6]，累累乎端如贯珠。故歌之为言也，长言之也。说之[7]，故言之；言之不足，故长言之；长言之不足，故嗟叹之；嗟叹之不足，故不知手之舞之，足之蹈之也。”——子贡问乐[8]。

注释

①子赣：即子贡。姓端木，名赐。子贡是字。按：本节有数处错简与衍文，今已并据郑注改正。师乙：名叫乙的乐官。

②识（zhì）：记下。

③保：郑玄注：“保，犹安也，知也。”

④队：同“坠”。

⑤中（zhòng）：合乎。矩：画直角或方形的曲尺。

⑥句：同“勾”。钩：圆规。

⑦说：同“悦”。

⑧子贡问乐：当是篇题。上古篇题在后。但据《别录》，此为《师乙》篇。

译文

子贡去拜访师乙而向他请教，说：“我听说唱歌要适合各人的性格。像我这样性格的人适合唱什么歌？”师乙答道：“我是一个卑贱的乐工，哪里配得上回答您的问题。我只能告诉您一点我知道的情况，听了以后，由您自己作出判断。宽厚安静、柔和正直的人，适合唱《颂》。志意宏大而安静，疏朗通达而诚信的人，适合唱《大雅》。恭慎而好礼的人，适合唱《小雅》。正直而安静、廉约而谦让的人，适合唱《国风》。坦率而慈爱的人，适合唱《商》。温良而果断的人，适合唱《齐》。唱歌这件事，就是直接表达自己的心情，展示自己的品德。自己唱了起来以后，会觉得天地也在响应，阴阳和顺，星辰按序运行，万物各得其所。《商》是五帝遗留下来的歌曲，因为商代人把它记了下来，所以叫做《商》。《齐》是三王遗留下来的歌曲，因为齐国人把它记了下来，所以叫做《齐》。明白《商》曲真谛的人，遇事总能果断。明白《齐》曲真谛的人，能够见利而让。遇事总能果断，这是勇；能够见利而让，这是义。这种有勇有义的人，如果不是通过歌声表达出来谁能知道？所以就歌者的旋律变化来说，或上仰而高亢，或下降而低沉，或拐弯如物之折断那般干脆，或停顿如枯树那般沉寂，平直之音合乎曲尺，回环之音合乎圆规，连绵不断之音恰似一串珍珠。所以唱歌也是说话，只不过是拉长声调地说话罢了。心里高兴，就想说话；说话还不足以表达这种高兴，就拖长声调来说；拖长声调还不足以表达，那就加上咏叹吁嗟；咏叹吁嗟还不足以表达，那就情不自禁地手舞足蹈。”——子贡问乐。